W9-CBZ-015

LOS 5
NIVELES DE
LIDERAZGO

Los libros del Dr. John C. Maxwell le pueden enseñar a usted a ser un VERDADERO éxito

Relaciones

25 Maneras de ganarse a la gente

Seamos personas de influencia

El poder de las relaciones

Actitud

El ABC de la actitud

El lado positivo del fracaso

Piense en obtener un cambio

Actitud de vencedor

Equipamiento

Las 17 cualidades esenciales de un jugador de equipo

Las 17 leyes incuestionables del trabajo en equipo

Desarrolle los líderes alrededor de usted

Vive tu sueño

Compañeros de oración

El talento nunca es suficiente

El mapa para alcanzar el éxito

Sé todo lo que puedas ser

El poder de una alianza en la iglesia

Cómo lograr resultados día a día

Liderazgo

Las 21 leyes irrefutables del liderazgo

Las 21 cualidades indispensables de un líder

Los 21 minutos más poderosos en el día de un líder

Líder de 360°

Desarrolle el líder que está en usted

Los 5 Niveles de Liderazgo

Oro Puro

El ABC del liderazgo

Liderazgo, principios de oro

Liderazgo excitante

LOS 5 NIVELES DE LIDERAZGO

DEMOSTRADOS PASOS PARA MAXIMIZAR SU POTENCIAL

JOHN C. MAXWELL

CENTER
STREET

NEW YORK   BOSTON   NASHVILLE

Los 5 Niveles de Liderazgo
Título en inglés: The 5 Levels of Leadership
© 2011 por John C. Maxwell
Publicado por Center Street
Hachette Book Group
237 Park Avenue
New York, NY 10017

Todos los derechos reservados. Ninguna porción de este
libro podrá ser reproducida, almacenada en algún sistema de recuperación, o
transmitida en cualquier forma o por cualquier medio —mecánicos, fotocopias,
grabación u otro— excepto por citas breves en revistas impresas, sin la autorización
previa por escrito de la editorial.

Las citas de la Escritura marcadas RVR1960 han sido tomadas de la Santa Biblia,
Versión Reina-Valera 1960 © 1960 Sociedades Bíblicas en América Latina; © renovado
1988 Sociedades Bíblicas Unidas. Usadas con permiso.

Center Street es una división de Hachette Book Group, Inc. El nombre y el logo
de Center Street son una marca registrada de Hachette Book Group, Inc.

La casa publicadora no es responsable por sitios Web, o su contenido, que no sean
propiedad de dicha casa publicadora.

ISBN: 978-1-45550-430-5

Visite nuestro sitio Web en www.centerstreet.com
Impreso en Estados Unidos de América

Primera edición: Octubre 2011
10 9 8 7 6 5 4 3 2

*Este libro está dedicado a EQUIP (www.iequip.org) y a
todos aquellos que forman parte del liderazgo de esta
organización. Las cinco reglas de EQUIP: Todos los días...*

1. Pensamos globalmente
2. Evaluamos nuestra estrategia de liderazgo
3. Creamos recursos
4. Desarrollamos instructores, compañeros y donantes asociados
5. Capacitamos líderes para entrenar líderes

*Millones de líderes se están entrenando debido a los
esfuerzos de ustedes. ¡Gracias!*

Índice

RECONOCIMIENTOS

Gracias a:
Charlie Wetzel, mi escritor;
Stephanie Wetzel, mi administradora de medios sociales;
Linda Eggers, mi secretaria ejecutiva.

Usted puede tener un plan audaz de liderazgo para su vida

El liderazgo es una de mis pasiones. Así como enseñarlo. He dedicado más de treinta años de mi vida a ayudar a otros a aprender lo que sé acerca de liderazgo. Es más, cada año paso aproximadamente ochenta días enseñando liderazgo. En los últimos años he hecho eso en seis continentes. El tema es inagotable. ¿Por qué? Porque todo se consigue o se pierde desde el liderazgo. Si usted pretende lograr un impacto positivo en el mundo, aprender a dirigir mejor le ayudará a conseguirlo.

En todos los años en que he enseñado a liderar ha habido una conferencia que me han pedido dar más a menudo que cualquier otra, desde West Point hasta Microsoft y en naciones de todo el mundo. La conferencia explica cómo funciona el liderazgo, y provee una estrategia para aprender a convertirse en líder. Se trata de Los 5 Niveles de Liderazgo.

Mi creencia de que todo se consigue o se pierde desde el liderazgo se solidificó en 1976, y me puso en un viaje de liderazgo en el que me encuentro hasta el día de hoy. Comencé el viaje haciendo muchas preguntas. *¿Cómo define usted el liderazgo? ¿Qué es un líder? ¿Cómo funciona el liderazgo?* Por desgracia las respuestas comunes de la gente a esas preguntas no son muy útiles. Algunas personas identifican el liderazgo con obtener una posición de líder. Sin embargo, he conocido malos líderes en buenos cargos y buenos líderes sin ninguna posición en absoluto. ¿No es así? Hay quienes dicen del liderazgo: "No lo puedo describir, pero sé cuándo lo veo". Aunque eso podría ser cierto, no ayuda a nadie a aprender a liderar.

La conclusión a la que llegué desde el principio es que liderar es influir. Si las personas logran aumentar su influencia en otros, pueden dirigir de manera más eficaz. Al reflexionar en eso se me empezó a cristalizar en la mente la idea de cómo funciona el liderazgo. Ese concepto resultó en Los 5 Niveles de Liderazgo, que tardé aproximadamente cinco años en desarrollar. Desde entonces lo he estado enseñando. Y cada vez que lo presento, una de las preguntas que la gente me hace siempre es: "¿Cuándo escribirá un libro al respecto?" Como usted puede ver ahora, al fin estoy respondiendo esa pregunta.

Usted puede aprender herramientas prácticas de liderazgo

En las estanterías de la gente hay un montón de libros sobre liderazgo. ¿Por qué debe usted leer este? Porque funciona. Los 5 Niveles se han usado para entrenar líderes en empresas de todo tamaño y configuración, desde negocios pequeños hasta compañías entre las cien mejores de los Estados Unidos. Se han usado para ayudar a empresas sin fines de lucro a ayudar a dirigir voluntarios. Además se han enseñado en más de ciento veinte países alrededor del mundo. Cada vez que hablo al respecto, la gente hace preguntas y observaciones. Todo esto ha contribuido a que Los 5 Niveles de Liderazgo se fortalezcan y profundicen más. El concepto está probado y comprobado. Además, brinda otra variedad de beneficios:

Los 5 Niveles de Liderazgo proveen un panorama claro acerca del liderazgo

¿Cómo hacer que la gente entienda el liderazgo? A quienes no están dotados naturalmente para liderar, el tema puede parecerles un misterio; para ellos es como caminar por un pasillo oscuro. Tienen la sensación de a dónde desean ir, pero no logran ver hacia delante ni saben dónde yacen los problemas y las dificultades. Para muchas personas en el mundo académico, liderar es un ejercicio teórico, una ecuación cuyas variables son dignas de investigación, estudio y debate riguroso. Por el contrario, Los 5 Niveles de Liderazgo son visualmente sencillos, de modo que cualquiera pueda aprenderlos.

Los 5 Niveles de Liderazgo se enfocan más en liderar que en ser líder.

El liderazgo es un proceso, no una posición. Hubo ocasiones en que los términos *liderazgo* y *administración* se usaban de manera intercambiable. Creo que ahora la mayoría de personas reconocen que existe una importante diferencia entre los dos vocablos. En el mejor de los casos, administración es cuando las cosas no cambian.

> **El liderazgo es un proceso, no una posición.**

El liderazgo trata con personas y sus dinámicas, que están en constante cambio. Nunca permanecen estáticas. El desafío del liderazgo es crear cambios y facilitar el crecimiento. Esto exige movimiento, el cual, como usted verá pronto, es inherente a avanzar de un nivel de liderazgo al siguiente.

Los 5 Niveles de Liderazgo llevan a liderar en pasos comprensibles

El tema del liderazgo puede ser abrumador y confuso. ¿Dónde comienza el liderazgo? ¿Qué debemos hacer primero? ¿Qué procedimientos debemos utilizar? ¿Cómo podemos tener influencia en otros? ¿Cómo desarrollar un equipo productivo? ¿Cómo ayudar a seguidores a convertirse en líderes por sí mismos? Los 5 Niveles de Liderazgo responden a esas preguntas usando pasos comprensibles.

Los 5 Niveles de Liderazgo proveen un plan audaz y claro para el desarrollo del liderazgo

Cuando las personas cavilan en su viaje al interior del liderazgo muy a menudo piensan en una trayectoria profesional. ¡En lo que deberían estar pensando es en desarrollar su propio liderazgo! El buen liderazgo no tiene que ver con avanzar uno mismo sino con avanzar su equipo. Los 5 Niveles de Liderazgo proveen pasos claros para el crecimiento del liderazgo. Dirijamos bien a las personas y ayudemos a los miembros de nuestro equipo a convertirse en líderes eficaces, y casi estará garantizada una trayectoria profesional.

Los 5 Niveles de Liderazgo alinean prácticas, principios y valores de liderazgo

Cuando desarrollé Los 5 Niveles concebí cada nivel como una práctica que se podría usar para liderar con mayor eficacia. Conforme pasaba el tiempo y usaba y enseñaba los niveles, me di cuenta que estos en realidad eran principios. He aquí la diferencia: una práctica es una acción que podría funcionar en una situación pero no necesariamente en otra. Un principio es una verdad externa que es tan confiable como una ley física. Por ejemplo, cuando Salomón afirmó: "La blanda respuesta quita la ira; mas la palabra áspera hace subir el furor", estableció un principio universal y eterno. Los principios son importantes porque actúan como un plano, permitiéndonos tomar decisiones sabias. Si adoptamos un principio, y lo asimilamos, se convierte en parte de nuestros valores. Los 5 Niveles influyen en mi vida cotidiana de liderazgo.

Visión general de Los 5 Niveles de Liderazgo

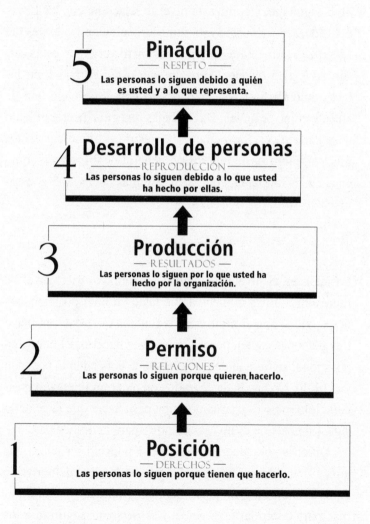

5 **Pináculo**
— RESPETO —
Las personas lo siguen debido a quién es usted y a lo que representa.

4 **Desarrollo de personas**
— REPRODUCCIÓN —
Las personas lo siguen debido a lo que usted ha hecho por ellas.

3 **Producción**
— RESULTADOS —
Las personas lo siguen por lo que usted ha hecho por la organización.

2 **Permiso**
— RELACIONES —
Las personas lo siguen porque quieren hacerlo.

1 **Posición**
— DERECHOS —
Las personas lo siguen porque tienen que hacerlo.

Cada una de las subsiguientes secciones de este libro está dedicada a uno de Los 5 Niveles. En ellas usted aprenderá la ventaja, la desventaja y las mejores conductas para ese nivel, las creencias que ayudan a un líder a avanzar al nivel siguiente, y cómo este nivel se relaciona con las Leyes del Liderazgo. Si usted está familiarizado con las Leyes del Liderazgo aumentará su comprensión al ver cómo estas calzan en Los 5 Niveles. Pero aunque usted es nuevo en las leyes entenderá el concepto básico detrás de cada una de ellas, y cómo se aplica. Hay además una guía de crecimiento para cada nivel. Sin embargo, antes de profundizar en los niveles quiero darle una visión general de ellos y de cómo encajan, y también compartir algunas ideas sobre estos niveles.

Nivel 1: Posición

Posición es el nivel más bajo del liderazgo, es el nivel de ingreso. La única influencia que tiene un líder posicional es la que viene con el título para la función que se desempeña. Las personas siguen porque tienen que hacerlo. El liderazgo posicional se basa en los *derechos* que conceden la posición y el título. No hay nada de malo con tener un liderazgo posicional, lo malo es usar la posición para hacer que la gente lo siga. La posición es un mal sustituto para la influencia.

Quienes solo alcanzan el Nivel 1 podrían ser jefes, mas nunca son líderes. Tienen subordinados, no miembros de equipo. Confían en reglas, medidas, políticas y organigramas para controlar a su gente. Las personas seguirán a los líderes posicionales solo dentro de los límites establecidos de la autoridad que ellos poseen. Y por lo general su gente los sigue solamente si reciben la orden de hacerlo. Cuando piden esfuerzos o tiempo extra, casi nunca lo obtienen.

Los líderes posicionales generalmente tienen dificultades para trabajar con voluntarios, con jóvenes, y con gente muy educada. ¿Por qué? Porque no tienen influencia, y porque la gente descrita tiende a ser más independiente.

La posición es el único nivel que para poder ganarlo no se necesita habilidad ni esfuerzo. A cualquiera se le puede nombrar para un cargo.

Nivel 2: Permiso

El Nivel 2 se basa totalmente en *relaciones*. En el nivel Permiso la gente sigue porque quiere hacerlo. Cuando a usted le gustan las personas y las valora, empieza a desarrollar influencia en ellas. Desarrolla confianza. El ambiente se vuelve mucho más positivo, ya sea en la casa, en el trabajo, en una diversión, o en un voluntariado.

La estrategia para los líderes en el Nivel 2 no es conservar su posición, sino conocer

> A usted le pueden gustar las personas sin liderarlas, pero no las puede liderar sin que le gusten.

a los suyos y encontrar la manera de llevarse con ellos. Los líderes averiguan quiénes son aquellos con quienes trabajan. Los seguidores averiguan quiénes son sus líderes. La gente construye relaciones sólidas y duraderas.

A usted le pueden gustar las personas sin liderarlas, pero

no las puede liderar sin que le gusten. De eso es lo que trata el Nivel 2.

Nivel 3: Producción

Uno de los peligros de lograr el nivel Permiso es que el líder puede estancarse allí. Pero los buenos líderes no solo crean un ambiente laboral agradable. ¡Logran que se hagan las cosas! Por esto deben subir al Nivel 3, el cual se basa en *resultados*. En el nivel Producción obtienen influencia y credibilidad, y la gente empieza a seguirlos debido a lo que los líderes han hecho por la organización.

Muchos aspectos positivos comienzan a darse cuando los líderes alcanzan el Nivel 3. Se hacen las cosas, se mejora la moral, aumentan las ganancias, la rotación de personal se disminuye y se logran los objetivos. También en el Nivel 3 entra en acción el dinamismo.

Liderar e influir en otros se vuelve divertido en este nivel. Se ha sabido que el éxito y la productividad solucionan gran cantidad de inconvenientes. Así lo expresó el ex mariscal de campo de la NFL, Joe Namath: "Cuando se está ganando, nada duele".

En el Nivel 3 los líderes se pueden convertir en agentes de cambio. Pueden enfrentar problemas difíciles y asuntos peliagudos. Pueden tomar decisiones complicadas que serán determinantes. Pueden llevar a su gente a otro nivel de eficacia.

Nivel 4: Desarrollo de Personas

Los líderes llegan a ser grandes, no debido a su poder sino a causa de su habilidad para potenciar a otros. Eso es lo que hacen los líderes en el Nivel 4. Se valen de su posición, sus relaciones y su productividad para invertir en sus seguidores y desarrollarlos hasta que estos lleguen a ser líderes por derecho propio. El resultado es la *reproducción*; los líderes de Nivel 4 se reproducen.

Con la Producción se ganan partidos, pero con el Desarrollo de Personas se ganan campeonatos. Hay dos cosas que siempre suceden

> Los líderes llegan a ser grandes, no debido a su poder sino a causa de su habilidad para potenciar a otros.

en el Nivel 4. Primera, el trabajo en equipo va a un nivel más elevado. ¿Por qué? Porque una mayor inversión en las personas profundiza las relaciones, les ayuda a conocerse mejor, y les fortalece la lealtad. Segunda, aumenta el rendimiento. ¿Por qué? Porque hay más líderes en el equipo, y estos ayudan a mejorar el rendimiento de todos.

Los líderes de Nivel 4 cambian las vidas de quienes lideran. En consecuencia, obtienen seguidores debido a lo que estos líderes han hecho personalmente por ellos. Y las relaciones entre ambas partes a menudo duran toda la vida.

Nivel 5: Pináculo

El nivel más encumbrado y difícil de liderazgo es el Pináculo. Aunque la mayoría de personas pueden aprender a escalar de los niveles 1 al 4, el Nivel 5 no solo requiere esfuerzo, habilidad e intencionalidad, sino también un gran nivel de talento. Solo líderes dotados naturalmente logran alguna vez llegar a este nivel superior. ¿Qué hacen los líderes en el Nivel 5? Desarrollan personas que llegan a ser líderes de Nivel 4.

Individuos respetuosos, agradables y productivos pueden establecer cierto grado de influencia con otros y ganar seguidores con relativa facilidad. Es difícil desarrollar seguidores que lideren solos. La mayoría de líderes no lo hacen porque se necesita mucho más trabajo que simplemente liderar seguidores. No obstante, desarrollar líderes hasta el punto en que estos puedan y deseen desarrollar a otros líderes es la más difícil de todas las tareas del liderazgo. Pero he aquí las retribuciones: Los líderes de Nivel 5 desarrollan organizaciones de Nivel 5; crean oportunidades que otros no crean; implantan un legado en lo que hacen; las personas los siguen por lo que estos líderes son y por lo que representan. En otras palabras, el liderazgo de estos líderes obtiene una *reputación* positiva. Como resultado, los líderes de Nivel 5 muchas veces trascienden su posición, su organización y a veces su industria.

Aspectos de Los 5 Niveles de Liderazgo

Ahora que usted está familiarizado con los distintos niveles, deseo compartir algunas ideas que le ayudarán a comprender cómo estos niveles se relacionan entre sí.

1. Usted puede subir un nivel, pero nunca deja atrás el anterior

Ahora que hemos visto los niveles y aprendido lo básico acerca de ellos, usted podría suponer que un líder avanza en ellos dejando un nivel atrás para llegar al siguiente, como si subiera una escalera. Pero la verdad es que nunca se deja atrás un nivel después de que se lo ha alcanzado. Al contrario, usted simplemente lo usa de base. Si piensa en eso por un momento concordará en que es lógico. Si usted empieza con una posición de liderazgo y cimienta relaciones con quienes supervisa, ¿renuncia a su posición para hacerlo? No. No se deja la posición para avanzar, pero si usted gana correctamente el Nivel 2 no tendrá que volver a confiar en su posición.

Una vez cimentadas las relaciones con otras personas y habiendo alcanzado un nivel de productividad, ¿abandona usted o rechaza esas relaciones? ¡Más le vale que no lo haga! Si lo hace volverá a encontrarse otra vez en el Nivel 1.

Los líderes no cambian un nivel por otro. Añaden un nuevo nivel al anterior. Se trata de un proceso de construcción.

2. No se está en el mismo nivel con cada persona

El liderazgo es dinámico, y cambia de relación en relación. Lo mismo pasa con Los 5 Niveles de Liderazgo. En mi lugar de trabajo yo podría estar en un nivel diferente con cada una de cinco personas que allí laboran. El primer día de trabajo de una persona, esta reconocerá tan solo mi posición, mientras otra en quien me he invertido y a quien he levantado para liderar seguramente me pondrá en el Nivel 4.

Si en casa he sido un buen padre, podría hallarme en Nivel 4 con mis hijos. Si he sido un papá ausente podría estar en el Nivel 1. Quizás mi vecino contiguo me vea en Nivel 2.

¿Ha lanzado usted alguna vez una visión a su equipo, obteniendo una variedad de respuestas a este comunicado? ¿A qué lo ha atribuido? ¿Desiguales orígenes de los oyentes? ¿Diferentes niveles de inteligencia? ¿Distintos niveles de capacitación o experiencia? ¿Diferentes personalidades? Creo que todos estos factores entran en juego, pero con frecuencia el más impactante es el nivel de liderazgo en que usted se halla con cada individuo. Las personas le responderán basándose en el nivel de liderazgo en que usted se encuentre con ellas. Y eso está sujeto a cambio.

Lograr un nivel de liderazgo no es como obtener un título, ni como establecer un récord atlético. No se consigue y luego se deja. Es más como tener que correr una carrera todos los días para demostrar habilidad. La única excepción es el Pináculo. Aquellos líderes que avanzan al Nivel 5 a veces reciben honor por estar allí en

> Las personas le responderán basándose en el nivel de liderazgo en que usted se encuentre con ellas.

base a su reputación y no solo a su interacción personal. Pero en cualquier nivel es importante observar que un líder no siempre permanece allí de forma automática. Es necesario ganar el nivel de liderazgo con cada persona, y ese nivel puede subir o bajar en cualquier momento.

3. Mientras más se avanza, más fácil es liderar

He aquí una buena noticia. A medida que usted se esfuerza por avanzar en los niveles de liderazgo descubrirá que se hace más fácil liderar. Cada avance le permite ser más eficaz en liderar a otros porque la influencia aumenta cuando usted avanza a un nivel superior. Al aumentar la influencia, más personas le seguirán con mayor facilidad. Limitada influencia equivale a limitado liderazgo. Mayor influencia equivale a mayor eficacia. Eso es sentido común. Sin embargo, también hay malas noticias: ¡No es fácil escalar los niveles de liderazgo! Si fuera fácil, todo el mundo sería líder de Nivel 5.

4. Mientras más se avanza, más tiempo y compromiso se necesita para alcanzar un nivel

¿Qué es más difícil, que se nos dé una posición de liderazgo (Nivel 1) o conseguir permiso de la gente para dirigirla (Nivel 2)? Eso es muy evidente. Se necesita tiempo, esfuerzo y compromiso para desarrollar relaciones positivas con las personas. ¿Y para pasar del Nivel 2 al 3? Creo que es más difícil volverse productivo constante que hacer amigos. Aun más difícil, y que requiere mucho más tiempo, es ir al Nivel 4, donde se desarrollan personas que llegan a ser buenos líderes. Y puede tomar toda una vida convertirse en líder de Nivel 5 que desarrolla líderes que a su vez desarrollan otros líderes.

Hace años recuerdo haber visto una caricatura *Ziggy* de Tom Wilson en que el personaje de la tira cómica estaba en la senda del triunfo, y más adelante de él se podía ver un letrero que decía: "Prepárese a pagar peaje". Ese sería un buen consejo para cualquiera que desee escalar Los 5 Niveles de Liderazgo. No hay manera fácil de llegar a la cima. Y cada vez que usted avanza, paga. Cada vez que quiera subir un nivel tendrá que comprometerse más, deberá dar más, tendrá que usar más energía. Y eso mismo hará su gente. Nadie logra algo grande dando lo mínimo. Ningún equipo gana campeonatos sin hacer sacrificios y sin esforzarse al máximo.

5. Escalar niveles ocurre lentamente, pero se puede bajar con mucha rapidez

Como he dicho, se necesita tiempo para escalar los niveles de liderazgo.

—¿Cuánto tiempo tardaré en convertirme en líder de Nivel 5? —me han preguntado.

—Mucho más del que crees —es mi respuesta.

Construir siempre es más lento que destruir. Muchas cosas tienen que estar bien para avanzar a niveles superiores, pero a veces solo se necesita algo malo para que alguien caiga. Por ejemplo, piense en cuánto tiempo se necesita para construir una gran relación con una persona. Pero si usted hace algo que hace perder la confianza con ese individuo, la relación se puede acabar de modo permanente en un abrir y cerrar de ojos.

> Muchas cosas tienen que estar bien para subir a niveles más altos, pero a veces solo se necesita algo malo para que alguien caiga.

Si bien es inquietante pensar en lo rápido que se puede caer de un nivel de liderazgo, espero que usted se consuele en esto: Una vez que ha escalado a los niveles más altos, los niveles que acaba de dejar actúan como una red de seguridad. Así que mientras más niveles usted haya subido, más seguro es su liderazgo. Por ejemplo, si en el Nivel 3 toma algunas decisiones malas que arruinen su productividad o la del equipo, las relaciones que ha desarrollado podrían impedir que lo despidan. El único nivel sin una red de seguridad es el más bajo: Posición. En ese nivel no se tienen muchas posibilidades de cometer equivocaciones. Esa es otra buena razón para abrirse paso en los niveles de liderazgo.

6. Mientras más se avanza, mayor es la retribución

Puede que usted tenga que dar más para subir a los niveles más altos de liderazgo, pero también obtiene más. Como líder, su rentabilidad sobre la inversión aumenta con cada nivel. En el Nivel 2 se puede adquirir confianza y el derecho de liderar. En el Nivel 3 se añade a la productividad de la organización. En el Nivel 4 se multiplica esa productividad porque cada vez que se agrega otro líder a una organización, aumenta toda la potencia del equipo de ese líder. En el Nivel 5 el crecimiento y la productividad se vuelven exponenciales a medida que se agregan líderes a la organización que no solo dirigen a otros, sino que también crean generaciones de desarrollo de liderazgo que se mantienen en continua productividad.

Cuanto mejores sean los líderes en una organización, mejores se vuelven todos en ella. Cuando la productividad es alta, la química buena, la moral elevada, y el ímpetu fuerte, las retribuciones aumentan.

7. Subir más siempre requiere mayor crecimiento

Cada vez que un líder avanza a un nivel superior de liderazgo necesita mayor habilidad; por eso cada paso de crecimiento requiere más desarrollo de su parte. Pero he aquí la buena noticia. Cada nivel de liderazgo logrado actúa como una plataforma desde la cual el líder puede llegar al siguiente nivel.

He aquí cómo funciona esto. Para avanzar a un nuevo nivel los líderes asumen riesgos. En los niveles más bajos los riesgos son menores y más fáciles de alcanzar. Por ejemplo, para pasar del Nivel 1 al 2 los líderes se arriesgan a iniciar relaciones. A medida que llegan a niveles más altos aumentan los riesgos. Por ejemplo, los líderes en el Nivel 3 pueden unir al equipo a fin de tratar de lograr un objetivo elevado, tan solo para fracasar; eso podría costar la credibilidad del líder, detener el dinamismo, y desmotivar a los miembros del equipo. Pero he aquí la buena noticia: Todo riesgo en un nivel superior es una extensión natural de las habilidades que para entonces los líderes han desarrollado. Una persona ajena podría mirar a un líder y decir: "Vaya, en realidad se salió de lo establecido y asumió un gran riesgo". Pero el extraño quizás no vea el crecimiento que ocurrió en el líder. Para cuando deba tomar un riesgo, ese líder será más maduro.

Crecer como líder requiere una combinación de crecimiento intencional y experiencia de liderazgo. Si las personas confían solo en la experiencia sin aprendizaje voluntario y sin preparación para el siguiente nivel, no progresarán como líderes.

> Crecer como líder requiere una combinación de crecimiento intencional y experiencia de liderazgo.

Por otra parte, si solo se preparan mentalmente pero no obtienen experiencia a través de riesgos y recompensas, sufrimientos y errores, entonces tampoco progresarán. Se necesita lo uno y lo otro, además de alguna cantidad de talento. Pero no se puede tener control sobre cuánto talento se posee. Solamente se puede controlar lo que se logra hacer con ese talento.

Podemos ver esta dinámica cuando los atletas intentan pasar del nivel universitario al profesional. Todos tienen un grado de talento. Lo que ayuda a quienes triunfan es el crecimiento proyectado *y* la experiencia. Los atletas que solo confían en su experiencia universitaria a menudo no logran su anhelo. Y los que se preparan física y mentalmente pero nunca obtienen verdadera experiencia de juego, con frecuencia tienen el mismo resultado negativo. Se necesita lo uno y lo otro para triunfar.

Si usted posee un don natural para liderar, es probable que tenga pasión por crecer. Le gusta ver cómo se edifican cosas. Esto es parte de su ímpetu. Siga adelante. Si tiene una cantidad más modesta de talento, no pierda la esperanza. Puede compensar mucho siendo un estudiante muy esforzado de liderazgo, aprovechando así al máximo toda oportunidad. Sea como sea, recuerde que el éxito en cualquier nivel le ayuda a ser más triunfador en todos los demás niveles. Así que esfuércese para ganarse el nivel en que ahora se encuentra. Esto lo preparará para el futuro.

8. No escalar los niveles limita tanto a usted como a su equipo

La Ley de la Tapa en *Las 21 leyes irrefutables del liderazgo* establece: "La habilidad de liderar determina el nivel de eficacia de una persona". En resumen, la eficacia para hacer las cosas y la habilidad para trabajar por medio de otros siempre está limitada por el liderazgo. Si su liderazgo es un 4 de 10, entonces su eficacia no será mayor de 4. Además, la Ley del Respeto establece: "Las personas siguen de manera natural a líderes más fuertes que ellas". Eso significa que si usted sigue siendo un 4, ¡entonces nunca atraerá ni conservará líderes mejores que un 3![1]

Una de las cargas del liderazgo es que a medida que avanzamos, también avanza la gente que lideramos. Alcanzar nuestro potencial crea un ambiente para que otros alcancen su potencial. Cuando los líderes dejan de avanzar es necesario hacer dos preguntas:

> Una de las cargas del liderazgo es que a medida que avanzamos, también avanza la gente que lideramos. Alcanzar nuestro potencial crea un ambiente para que otros alcancen su potencial.

"¿Pueden mejorar?" y "¿Mejorarán?" Algunos no pueden; han llegado a su límite. Otros no. El problema no es de capacidad sino de decisión y de actitud. Si las personas están dispuestas a mejorar y a cambiar sus actitudes, el cielo es el límite.

La habilidad que usted tiene hoy para liderar es lo que es. Usted no puede cambiar el pasado, pero sí puede cambiar el futuro. A partir de ahora tiene una alternativa relacionada con su capacidad de liderar. Si aprende a escalar los niveles de liderazgo, mejorará su habilidad para liderar. Y eso influirá de modo positivo en toda su capacidad general de liderar. Sin embargo, si decide no crecer como líder es mejor que se acostumbre a estar dondequiera que hoy esté, porque es muy probable que su situación no mejore.

9. Cuando usted cambia posiciones u organizaciones rara vez permanece en el mismo nivel

¿Qué sucede cuando los líderes cambian de empleo y empiezan a liderar un nuevo grupo de gente? Si usted supone que se quedan en el mismo nivel de liderazgo, se equivoca. Cada vez que dirige personas diferentes, usted vuelve a empezar el proceso. No lo reconocerán como desarrollador de personas de Nivel 4 si usted no ha trabajado con ellas. Eso es algo que usted debe ganar. Lo mismo pasa en los niveles 3 y 2; se empieza de nuevo en el Nivel 1. No obstante, hay buenas noticias. Si usted llegó al Nivel 4 con algún otro grupo de personas, ya sabe cómo llegar allí. Y al haberlo hecho antes podrá subir los niveles mucho más rápido que la vez anterior.

Cada vez que usted atraviese el proceso con un nuevo grupo, alcanza aun mayor destreza en ese proceso; y después de haberlo pasado algunas veces no se desanimará ante la posibilidad de tener que repetirlo con otros. Por ejemplo, durante veinticinco años lideré en el mundo religioso. En esa época trabajé en cuatro organizaciones distintas, y en cada una debí trepar los niveles de liderazgo con las personas que encontré. Por suerte, en ese mundo pude alcanzar el Nivel 4 con muchas personas, incluso con muchas que estaban fuera de esas organizaciones en particular. Sin embargo, todo cambió cuando empecé a enseñar liderazgo en el mundo comercial. Volví a empezar en el Nivel 1 con varias personas. No permití que eso me intimidara ni me desalentara. Estaba dispuesto a probarme a mí mismo y a volver a abrirme paso a través de los niveles. Y ahora, quince años después disfruto la credibilidad que me he ganado forjando relaciones, siendo productivo en ese mundo, y desarrollando líderes.

Los líderes posicionales son renuentes a tener que empezar otra vez. Al pensar en el liderazgo como un destino y no como atravesar un proceso (un sustantivo en lugar de un verbo) desean conservar lo que tienen. Su esperanza es hacerlo una sola vez y asunto terminado. Los buenos líderes están dispuestos a volver a ganarse su ingreso al liderazgo porque entienden que la experiencia de liderar casi siempre les exige volver a comenzar desde el fondo más de una vez.

10. No se puede ascender los niveles yendo solos

Uno de mis dichos favoritos es: "Si usted cree estar liderando pero nadie lo está siguiendo, entonces solo está dando un paseo". Esa idea capta la verdadera naturaleza del liderazgo y también expresa la visión más importante acerca de Los 5 Niveles de Liderazgo. Para triunfar como líder usted debe ayudar a otros a subir los niveles. Si nadie le sigue, usted no se

> "Liderar es aceptar a las personas donde están, y luego llevarlas a alguna parte".
> —C. W. Perry

está moviendo del Nivel 1 a los Niveles 2 y 3. Si otros lo siguen mientras sube los niveles, pero estos no se están volviendo líderes, entonces usted no ha alcanzado el Nivel 4. Y si la gente que usted desarrolla no está en el Nivel 4 desarrollando generaciones de líderes, entonces usted no llegará al Nivel 5. Todo el proceso incluye a otras personas y se enfoca en ayudarlas. Como lo expresara el cuáquero C. W. Perry: "Liderar es aceptar a las personas donde están, y luego llevarlas a alguna parte". ¡De eso es lo que se tratan Los 5 Niveles de Liderazgo!

Es hora de pasar al siguiente nivel

Confío en que usted tenga ahora una comprensión básica de Los 5 Niveles de Liderazgo y de cómo funcionan. Pero imagino que ahora se estará preguntando: *¿En qué nivel estoy con la mayoría de mi gente?* Hago esta afirmación porque esa es una pregunta que la gente desea que se le conteste cada vez que enseño Los 5 Niveles.

Le ayudaré a hacer eso en un momento, pero primero le diré esto: Comprender Los 5 Niveles de Liderazgo y saber en cuál de ellos se encuentra con cada persona determinará cómo usted las dirige. Los buenos líderes no lideran a todo el mundo de la misma forma. ¿Por qué? Porque cada individuo es diferente, y usted no está en el mismo nivel de liderazgo con cada uno. Los líderes eficaces interactúan con los seguidores basados en:

- Dónde se hallan con ese seguidor específico,
- Dónde el seguidor percibe que se encuentra el líder, y
- Dónde los seguidores están en su propio desarrollo de liderazgo.

Cada uno de estos factores entra en juego cuando usted evalúa su liderazgo y se esfuerza en desarrollarlo.

Creo que todo individuo tiene la capacidad de mejorar en el liderazgo. Convertirse en líder no es un asunto místico; se puede enfocar de manera muy práctica, y todo el mundo posee el potencial de avanzar a un nivel superior de liderazgo.

¿Cuál es su potencial? ¿Tiene usted la capacidad y el deseo de convertirse en líder de Nivel 3, 4 ó 5? Solo hay una manera de averiguarlo. Acepte el desafío del liderazgo, dé el mayor esfuerzo al crecimiento, y sumérjase en ese liderazgo. Si está dispuesto a aceptar el reto, no se arrepentirá, porque no hay mejor manera de aumentar su influencia positiva en el mundo y de añadir valor a otros que incrementar la habilidad que usted tiene para liderar.

Creo que este libro, con sus guías para crecer en cada nivel, le ayudará a atravesar el proceso y a escalar. Mi deseo es que aproveche la lectura y que crezca mucho, y como afirma mi buen amigo Zig Ziglar: "Nos vemos en la cima".

Guía de crecimiento

Cómo medir su actual nivel de liderazgo

He aquí un cuestionario de cuatro segmentos para ayudarle a entender dónde está usted en el viaje de liderazgo con relación a Los 5 Niveles. Quiero animarle a que deje de leer y de inmediato se tome el tiempo necesario para evaluar su propio nivel. Completar las secciones 1 y 2 no debe requerir una gran inversión de su tiempo. La sección 3 podría tardar un poco más, ya que involucra a otras personas, pero por favor iníciela también, pues su propósito principal es verificar si sus instintos y la percepción que usted tiene de sí mismo están correctos en la sección 2. La sección 4 le brindará comprensión de dónde se halla en conjunto con su equipo, y deberá hacerla después de haber terminado las secciones 1, 2 y 3.

Si usted realiza este trabajo de preparación estará en mejor posición de crecer en su liderazgo a medida que lea y se ocupe del resto del libro.

Parte 1: Características del nivel de liderazgo

Esta primera sección se aplica a su liderazgo en general. Lea por favor las diez declaraciones siguientes. Ponga una marca al lado de las que sean verdaderas para usted. Conteste usando su primer instinto. Por favor, no intente saltarse ninguna declaración, y tampoco regrese para cambiar alguna de sus respuestas.

Nivel 1

- [ ] No tengo que recordarles a quienes trabajan para mí que yo soy el líder.
- [ ] Considero a cada persona que trabaja para mí como un ser individual, y que no solo existe en términos de función o papel.
- [ ] Casi todos los días espero poder ir a trabajar.
- [ ] Reconozco que la posición que se me ha dado es una oportunidad para aprender, y no una turba a la que debo vigilar.
- [ ] Quienes laboran para mí están dispuestos a trabajar muy por encima de lo que describen sus obligaciones.

☐   Sé que tratar los problemas de las personas es parte de liderar, y he aceptado eso como parte del trabajo.

☐   Tengo el deseo de aprender más acerca del liderazgo y convertirme en mejor líder.

☐   Pienso en mi empleo en términos del trabajo que se debe lograr y doy poco énfasis a mi trayectoria profesional y a las posiciones que deseo conseguir en el camino.

☐   Uno de mis principales objetivos es ayudar a la gente que trabaja para mí.

☐   La mayoría de personas encuentran fácil trabajar conmigo.

Si marcó ocho o más de las declaraciones anteriores como verdaderas para usted, entonces probablemente ya se estableció como líder de Nivel 1 y ha comenzado a avanzar hacia los niveles superiores. Pase a la siguiente sección de la prueba. Sin embargo, si marcó menos de ocho declaraciones, entonces quizás aún no ha dominado el Nivel 1, y aquí es donde tal vez empieza su trabajo en el desarrollo de liderazgo personal. ¿Por qué? Porque usted solo es tan bueno como el nivel más bajo que haya dominado.

Nivel 2

☐   La gente fuera de mi departamento o área de responsabilidad respeta mis opiniones y a menudo me pide consejo.

☐ Conozco mis fortalezas y debilidades, y casi nunca me desubico en mi trabajo.

☐ En realidad me gusta la mayoría de personas y deseo ayudarlas.

☐ Soy muy consecuente y ecuánime en mi interacción con la gente que trabaja para mí.

☐ Cuando digo algo a los miembros de mi equipo siempre saben que pueden contar con eso porque soy confiable.

☐ He desarrollado sólidas relaciones con todas las personas que trabajan para mí.

☐ Quienes trabajan conmigo me encuentran agradable y amable casi todo el tiempo.

☐ Cuando debo tener una conversación franca con miembros de mi equipo para corregir errores u ocuparme de los problemas, lo llevo a cabo sin dejar que pase mucho tiempo.

☐ Creo que los empleados quieren más que solamente el pago justo del día por un justo día de trabajo; la mayoría desea ánimo y yo se los doy.

☐ He desarrollado relaciones con todos los que trabajan para mí.

Si marcó ocho o más de las declaraciones anteriores como verdaderas para usted, entonces pase a la siguiente sección. Si no, podría dejar para más tarde el resto de la parte 1 de la prueba porque sus respuestas indican que aún no ha dominado el Nivel 2, ni piensa como líder de ese nivel. Si decide acabar la parte 1 esta vez, sea consciente por favor de que aunque marque ocho o más declaraciones en secciones posteriores, no puede hallarse en los niveles más altos de liderazgo porque aún no ha ganado el Nivel 2. Esto también se aplica al contestar las declaraciones de los niveles posteriores.

Nivel 3

☐ Constantemente obtengo objetivos y metas en mi trabajo.

☐ Gente valiosa siempre quiere trabajar conmigo y con mi equipo.

☐ Las personas me ven como experto en mi ramo y buscan aprender de mí.

☐ Siempre me estoy fijando y cumpliendo metas, aunque mis superiores no me las pongan.

☐ Mi rendimiento en el trabajo lleva a menudo al equipo a un nivel superior.

☐ Entrego lo mejor de mí a todo lo que hago.

☐ Me siento cómodo con la idea de que otros vean cómo me desempeño y sigan mi ejemplo.

☐ Se me conoce como un solucionador de problemas, y con frecuencia realizo tareas difíciles.

☐ Mi trabajo es muy constante en una base diaria.

☐ Poseo sistemas y rutinas que me ayudan a rendir en un nivel bastante superior.

Si marcó ocho o más de las declaraciones anteriores como verdaderas para usted, entonces pase a la siguiente sección. Si no, sus respuestas indican que aún no ha dominado el Nivel 3, ni piensa como líder en este nivel.

Nivel 4

☐ Programo y llevo a cabo la capacitación y el desarrollo para todos los miembros de mi equipo de manera regular y constante.

☐ Cuando llegan las fechas límite o el trabajo se vuelve urgente, no cancelamos nuestras sesiones de capacitación y desarrollo.

☐ Constantemente tomo riesgos cediendo a las personas responsabilidades y autoridad que les exigirán el máximo esfuerzo.

☐ Paso gran cantidad de tiempo cada mes asesorando líderes prometedores.

☐ Conozco muy bien las fortalezas y debilidades de todas las personas que lidero.

☐ Individualizo la forma en que capacito, desarrollo y guío a mi gente.

☐ Paso el tiempo más estratégico e importante de tutoría con quienes tienen mayor capacidad, talento y potencial.

☐ Poseo antecedentes de movilizar personas de cargo en cargo para ayudarles a encontrar dónde calzan mejor.

☐ Continuamente estoy aconsejando a la gente, y no solo durante evaluaciones formales.

☐ Otros consideran a mi equipo o departamento como el mejor entrenado (o uno de los mejores) en la organización.

Si marcó ocho o más de las declaraciones anteriores como verdaderas para usted, entonces pase a la siguiente sección. Si no, sus respuestas indican que aún no ha dominado el Nivel 4, ni piensa como líder en este nivel.

Nivel 5

☐ Puedo enumerar varias personas específicas a quienes he animado a que me declaren crudas verdades, y lo hacen con regularidad.

☐ Estoy utilizando mi influencia para inculcar valores en mi organización.

☐ El rumbo de mi organización está establecido por mí o por un equipo del cual formo parte.

☐ He desarrollado muchos líderes que son desarrolladores de líderes.

☐ Disfruto la interacción y la amistad de un pequeño círculo de líderes con quienes realizo el viaje del liderazgo.

☐ Aún estoy en la cúspide, y el impacto positivo que hago es fuerte.

☐ Puedo nombrar al menos una persona que estaría lista a intervenir y tomar mi lugar si yo decidiera dejar mi actual posición.

☐ Tengo influencia fuera de mi organización.

☐ Gente de fuera de mi industria específica acude a mí en busca de consejo sobre el liderazgo.

☐ Estoy usando mi influencia y mis recursos para causas más grandes a mí mismo o a mi organización.

En el liderazgo, usted solo es tan bueno como el nivel más bajo que haya dominado. Por eso quiero recordarle tan solo que aunque haya obtenido una nota alta en niveles elevados, si salió mal en un nivel inferior su liderazgo está en realidad en un nivel más bajo. Allí es donde tendrá que centrar su atención al trabajar con personas, a fin de mejorar la habilidad que usted tiene para liderar.

Parte 2: Evaluación para miembros individuales del equipo. Punto de vista del líder.

Para cada persona que usted supervisa directamente (informes directos), conteste por favor sí o no a las preguntas en la siguiente hoja de trabajo. (Asegúrese de completar la parte 2 antes de seguir a la parte 3.)

EVALUACIÓN DE MIEMBRO INDIVIDUAL DEL EQUIPO

Nombre del miembro del equipo: **Fecha:**

_____   _____

Nivel 1

Sí   No   Esta persona lo reconoce a usted como su líder.

Sí   No   Esta persona estaría de acuerdo en que usted es adecuado para el cargo que detenta.

Sí   No   Esta persona reconocería que usted ve su posición como una oportunidad para ganarse su lugar en el escalafón del liderazgo, y no como un privilegio utilizado para avance personal.

Nivel 2

Sí   No   Usted sabe cosas acerca de la familia y la vida privada de esta persona fuera del trabajo.

Sí   No   Usted conoce las fortalezas y debilidades de esta persona.

Sí   No   Usted conoce las esperanzas y los sueños de esta persona.

Sí   No   Usted está comprometido a ayudar a esta persona a triunfar en el trabajo que realiza.

Sí   No   Esta persona confía en usted y usted confía en ella.

Nivel 3

Sí No Esta persona respeta la habilidad y las cualidades profesionales que usted tiene.

Sí No Esta persona busca en usted consejo y conocimientos especializados.

Sí No Esta persona se ha vuelto más productiva a causa de la influencia de usted.

Sí No Esta persona reconocería que el equipo es más productivo debido al liderazgo de usted.

Sí No Esta persona concordaría en que el equipo que usted tiene contribuye a la visión y el propósito de la organización.

Nivel 4

Sí No Usted ha brindado a esta persona capacitación específica que la ha ayudado a desempeñarse mejor.

Sí No Usted ha guiado a esta persona o la ha puesto en un proceso de desarrollo que la ha ayudado a ser mejor líder.

Sí No Esta persona está ahora dirigiendo a otros porque usted le ha brindado oportunidades de dirigir y la ha capacitado.

Sí No Esta persona es constantemente leal y solidaria, y siempre le ha dado a usted el beneficio de la duda.

Nivel 5

Sí No Esta persona no solo lidera a otros, sino que ha entrenado a quienes lidera para que desarrollen líderes, gracias al aporte de usted.

Sí No Esta persona podría realizar el papel que usted desempeña con gran posibilidad de éxito si usted cediera su puesto.

Sí No Esta persona lo defiende y aboga por usted ante otros de modo que consiga el respeto de ellos, incluso antes de toparse con ellos.

EVALUACIÓN

De esta evaluación usted puede sacar dos enseñanzas: Primera, en base a sus respuestas puede entender dónde se encuentra usted con relación a cada persona en Los 5 Niveles de Liderazgo. Si en una sección contestó más *no* que *sí*, entonces no ha llegado a ese nivel con esa persona. (Más bien estaría en el nivel inferior.)

Lo segundo que puede aprender es dónde debe usted esforzarse por mejorar. Una respuesta negativa a cualquier declaración le indica dónde debería trabajar en algún grado.

Parte 3: Evaluación del liderazgo. Punto de vista del miembro del equipo.

Pida a cada uno de quienes se le reportan directamente que llenen la siguiente hoja de trabajo. Si desean pueden hacerlo de manera anónima. En esta evaluación utilice el mismo criterio que empleó para evaluar la parte 2.

Observe que aunque usted sea un buen líder, podría tener un empleado o voluntario que se niegue a ponerlo en cualquier otro nivel diferente al 1. Usted puede tratar de atraer a esa persona al Nivel 2 y luego progresar, pero nada le garantizará que se deje atraer por usted.

EVALUACIÓN DEL LIDERAZGO

Nombre del líder: **Fecha:**

_____   _____

Lea por favor cada declaración y responda *sí* o *no* en referencia al líder cuyo nombre aparece en esta evaluación. No hay respuestas buenas o malas. Esta declaración está diseñada tan solo para describir la interacción que usted tiene con esa persona. (Si así lo desea, puede contestar anónimamente.)

Nivel 1

Sí   No   Usted reconoce a esta persona como su líder.

Sí   No   Esta persona es apropiada para la posición de liderazgo que ocupa.

Sí   No   Esta persona trata la posición de liderazgo como una oportunidad para ganarse un lugar en el escalafón del liderazgo, y no como un privilegio que debe utilizar para progreso personal.

Nivel 2

Sí   No   Este líder se preocupa por la familia y la vida personal de usted fuera del trabajo y con regularidad le pregunta al respecto.

Sí   No   Este líder le conoce a usted sus fortalezas y debilidades.

Sí   No   Este líder conoce y respeta las esperanzas y sueños que usted tiene.

Sí   No   Este líder está comprometido a ayudarle a triunfar en el trabajo.

Sí   No   Usted confía en este líder, y él confía en usted.

Nivel 3

Sí   No   Usted respeta la capacidad profesional y las cualidades de este líder.

Sí   No   Usted confía en el consejo y la experiencia de esta persona.

Sí   No   Usted se ha vuelto más productivo debido a la influencia de este líder.

Sí   No   El equipo al que usted pertenece es más productivo debido al liderazgo de esta persona.

Sí   No   Usted y el equipo del que forma parte contribuyen a la visión y el propósito de la organización.

Nivel 4

Sí   No   Usted ha recibido de parte de este líder capacitación específica que le ha ayudado a desempeñarse mejor.

Sí   No   Esta persona lo ha guiado o lo ha desarrollado para ayudarle a convertirse en mejor líder.

Sí   No   Actualmente usted está liderando a otros como resultado de oportunidades y entrenamiento recibidos de esta persona.

Sí   No   Usted cree en este líder y automáticamente le da el beneficio de la duda.

Nivel 5

Sí   No   Usted está capacitando y se encuentra desarrollando a otros líderes gracias a la contribución e influencia de este líder en particular.

Sí   No   Usted podría desempeñar el papel de esta persona con gran probabilidad de éxito porque ese líder le ha ayudado a prepararse para ello.

Sí   No   Este líder ha cambiado la vida de usted, y usted lo defiende y aboga por él o ella ante otros líderes.

Una vez terminada la evaluación, por favor devuelva este documento al líder cuyo nombre está en la parte superior de la hoja.

Parte 4: Evaluación del actual nivel de liderazgo

	PARTE 1 # VERDADERO	PARTE 2 # EN CADA NIVEL	PARTE 3 # EN CADA NIVEL	NIVEL PREDOMINANTE
NIVEL 1				
NIVEL 2				
NIVEL 3				
NIVEL 4				
NIVEL 5				

Usted puede obtener una "instantánea" de su liderazgo haciendo lo siguiente:

1. En la columna titulada Parte 1 registre la cantidad de declaraciones con las que está de acuerdo que sean verdaderas en cada sección de la evaluación.
2. En la columna titulada Parte 2 registre la cantidad de miembros de su equipo que estén en cada nivel con usted en base a la evaluación que usted hace de ellos.
3. En la columna titulada Parte 3 registre la cantidad de personas que usted pone en cada nivel según las respuestas que dieron a la evaluación.

4. Ahora sume las líneas. ¿Qué nivel de liderazgo tiene mayor puntuación? Lo más probable es que este indique su actual nivel de liderazgo con la mayor parte de personas en su equipo. (Esto no pretende ser científicamente válido. Solo es una herramienta para ofrecerle una visión de sí mismo.)

Tenga en cuenta esta evaluación mientras lee el libro. La Guía de Crecimiento al final de cada sección le ayudará a mejorar sus habilidades de liderazgo y a subir a niveles superiores con su gente.

Nivel 1:
POSICIÓN

Es un gran lugar para visitar, pero usted no querrá vivir allí

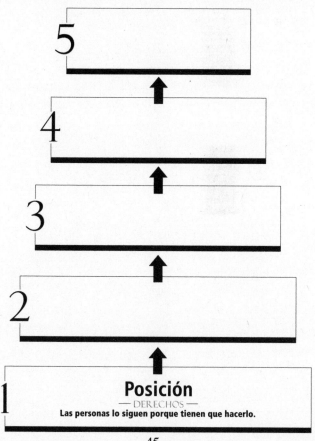

5

4

3

2

1 **Posición**
— DERECHOS —
Las personas lo siguen porque tienen que hacerlo.

Tradicionalmente el liderazgo empieza con Posición. Alguien se une al ejército y se convierte en recluta, quien lucha para ganar rangos superiores. Una persona consigue un empleo, junto con el cual viene por lo general un título o una descripción del trabajo: obrero, vendedor, camarero, oficinista, contador, administrador, etc. La Posición constituye el lugar de inicio para todo nivel de liderazgo. Es la planta baja y la base sobre la cual se debe construir el liderazgo. Sobre esa base se debe desarrollar verdadera influencia.

Hubo una época en que la gente confiaba mucho en la posición para liderar, lo cual no sorprende al considerar que antes las posiciones hereditarias de liderazgo se transmitían de padre a hijo (y a veces a hija) dentro de las familias. Los príncipes de convertían en reyes y sus decisiones eran ley... para bien o para mal. En la mayoría de naciones industrializadas ya no existen esas épocas. Es verdad que aún hay países con reyes y reinas, pero incluso en la mayoría de ellas, como en Inglaterra, los monarcas gobiernan con el permiso del pueblo, y por lo general los líderes son realmente elegidos. La posición da una oportunidad, pero con ella generalmente viene muy poco poder verdadero, excepto en gobiernos donde son nefastas las sanciones por no estar de acuerdo con el sistema.

No hay nada de malo con tener un liderazgo de *Posición*. Cuando una persona recibe un cargo de liderazgo por lo general se debe a que alguien en autoridad vio talento y potencial en ella. Y con ese título y esa posición vienen algunos derechos y un grado de autoridad para liderar a otros.

La posición es un buen lugar para empezar. Y como todo nivel de liderazgo, tiene sus ventajas y desventajas. Comencemos por ver lo bueno del nivel Posición de liderazgo.

Ventajas del nivel Posición

Usted ha sido invitado al escalafón del liderazgo

Así como existen aspectos positivos y negativos en cada temporada de la vida, también los hay para cada nivel de liderazgo. Si usted es nuevo en el liderazgo y recibe una posición, entonces hay cosas que celebrar. Le diré cuatro de ellas.

1. Generalmente se ofrece una posición de liderazgo a gente que tiene potencial para liderar

La mayoría de ocasiones en que las personas llegan a una posición de liderazgo se debe a que les fue concedida o determinada por alguien en autoridad. Eso tal vez parezca evidente. Pero piense en las implicaciones: casi siempre eso significa que la persona en autoridad cree que el nuevo líder posee algún grado de potencial para dirigir. Esa es una buena noticia. Por tanto, si usted es nuevo en el liderazgo y lo han invitado a liderar algo, entonces celebre el hecho de que alguien en autoridad cree en usted.

Recuerdo la primera vez que me concedieron una posición de liderazgo. Mi entrenador de básquetbol en el colegio me nombró como capitán de nuestro equipo. ¡Qué momento más emocionante fue ese! Cuando cierro los ojos aún logro recordar cómo me sentí al saber que el entrenador Neff tenía confianza en mí.

Después de hacer el anuncio, el hombre dijo a los demás jugadores que yo era un ejemplo de actitud positiva y trabajo duro. Pero después me llevó a un lado y me explicó que el título de capitán solo me brindaría una plataforma para demostrar mis habilidades de liderazgo, que no garantizaba que los jugadores me seguirían. Expresó que ganar eso sería mi responsabilidad.

Los mejores líderes promueven personas al liderazgo basándose en el potencial que estas tengan para liderar, y no en políticas, antigüedad, credenciales o conveniencia. John Wooden, el legendario entrenador de baloncesto de UCLA,

> Los mejores líderes promueven personas al liderazgo basándose en el potencial que estas tengan para liderar, y no en políticas, antigüedad, credenciales o conveniencia.

quien fue un líder grandioso, me dijo en cierta ocasión que no escogía capitán para su equipo hasta después de algunos partidos en la temporada. Esperaba todo ese tiempo porque quería ver qué jugador se destacaba y merecía el honor. Se señala que a menudo Wooden decía a su equipo: "No me digan lo que van a hacer, ¡muéstrenme lo que van a hacer!

Si usted tiene una nueva posición de liderazgo, entonces déjeme darle la bienvenida al primer paso en su trayecto de liderazgo. Usted tiene un sitio en la mesa y lo han invitado a ser parte del "juego de liderazgo". Tendrá oportunidades de expresar su opinión y de tomar decisiones. Su meta inicial debería ser mostrar a su líder y a su equipo que usted merece la posición que ha recibido.

2. Una posición de liderazgo significa autoridad reconocida

Cuando alguien recibe una posición y un título por lo general con estos viene algún nivel de autoridad y poder. Con frecuencia al principio ese poder es muy limitado, pero eso es bueno porque la mayoría de líderes primero deben probarse con poco antes de dárseles más.

Volviendo a mi primera posición oficial de liderazgo (capitán del equipo de básquetbol), recuerdo que recibí ciertos privilegios nuevos. Antes de un partido me debía reunir en la mitad de la cancha con los árbitros y el capitán del otro equipo con el fin de hablar del partido que se iba a realizar. Podía además pedir tiempo para hablar con mis jugadores durante el partido y solicitar la colaboración del entrenador cuando estábamos en grupo. También hablaba al equipo en el vestuario antes y después de cada partido. Mi título me daba reconocimiento y autoridad. Sin embargo, también reconocía las limitaciones de tal reconocimiento y autoridad. Como expresa el *Manual del soldado de infantería* (1954): "Nadie es líder hasta que su nombramiento esté ratificado en las mentes y los corazones de sus hombres".

Como nuevo líder usted debe usar sabiamente la autoridad

concedida para hacer progresar al equipo y ayudar a las personas que lidera. Haga eso, y su gente comenzará a darle incluso mayor autoridad. Cuando esto sucede, usted gana liderazgo, no solo una posición.

3. Una posición de liderazgo es una invitación a crecer como líder

Siempre debería haber una relación entre recibir una posición de liderazgo y cumplir con lo que tal cargo demanda. Una de las principales exigencias es crecimiento personal. Temprano en mi vida aprendí esto de mi padre, quien solía decir: "A quien mucho se le da, mucho se le exige". Él creía que cada uno de nosotros había recibido mucho, y que teníamos la responsabilidad de aprender y crecer para que pudiéramos sacarle el máximo provecho a la vida.

El viaje a través de Los 5 Niveles de Liderazgo solo será victorioso si usted se dedica al desarrollo continuo. Si cree que la posición hace al líder tendrá dificultad para convertirse en un buen líder; estará tentado a detenerse y "pacer", lo que significa quedarse donde está y disfrutar los beneficios de la posición, en vez de crecer y llegar a ser el mejor líder que pueda.

A menudo pregunto al grupo: "¿Qué es *aquello* que usted cambiaría para mejorar la eficacia de su organización?" Por lo general se enumeran cosas que empiezan con P: productos, promociones, políticas, procesos, procedimientos, precios y personas. Nadie dice la respuesta más importante e impactante de todas: "¡YO! Cambiaría yo mismo para mejorar nuestra organización". No obstante, esa respuesta que nunca se oye es la clave del éxito. Si usted quiere liderar, debe crecer. La única manera de mejorar una organización es crecer y mejorar a los líderes. Si usted desea dejar huella, empiece consigo mismo.

Los líderes que hacen el mayor daño a una organización son los que creen que ya llegaron a donde debían llegar. Una vez que reciben el título o la posición deseados dejan de crecer. Dejan de innovar. Dejan de mejorar. Descansan en sus derechos y obstruyen todo lo que podría ocurrir. Aproveche al máximo esta oportunidad en el liderazgo y tenga como meta crecer como persona. Luche además por seguir creciendo. Los buenos líderes siempre son buenos aprendices. Para ser un líder eficaz usted debe creer que la posición de liderazgo que recibe es simplemente una invitación para crecer. Si hace eso y se convierte en un aprendiz toda la vida, continuamente aumentará su influencia con el tiempo. Además sacará el máximo potencial de su liderazgo, por grande o pequeño que este pudiera ser.

4. Una posición de liderazgo permite a líderes potenciales formar y definir su liderazgo

La mayor ventaja potencial para las personas invitadas a tomar posición de liderazgo es que este les brinda la oportunidad de decidir qué clase de líderes desean ser. La posición que reciben se podría definir, no así la oportunidad.

Cuando usted recién se convierte en líder, ¡su página de liderazgo está en blanco y puede llenarla en la forma que desee! ¿Qué clase de líder anhela ser? No se vuelva solo reactivo, desarrollando un estilo por necesidad. Piense detenidamente en esto. ¿Desea ser un tirano o un constructor de equipos? ¿Quiere derribar personas o levantarlas? ¿Aspira a dar órdenes o a hacer preguntas? Usted puede desarrollar cualquier estilo que desee mientras sea coherente con quién es usted.

Frances Hesselbein, presidente fundador y director de la junta de gobernadores del instituto De Líder a Líder, observó: "El liderazgo tiene mucho menos que ver con *hacer*, que con *ser*. Si usted ve el liderazgo como una bolsa de trucos de manipulación o de comportamientos carismáticos para hacer progresar sus propios intereses, entonces las personas tendrán todo el derecho de ser cínicas. Pero si su liderazgo fluye en primer lugar del carácter interior y de la ambición basada en rectitud, entonces con justicia puede pedir a las personas que se den de lleno a su organización y a la misión que esta tiene".

> El liderazgo trata mucho menos acerca de qué hacer, y mucho más acerca de quién ser.
> —Frances Hesselbein

Si usted es nuevo en el liderazgo, o en una posición de mando, este es el momento preciso para pensar en el estilo de liderazgo que desea desarrollar. (Si usted es un líder experimentado puede por supuesto reevaluar la forma en que lidera y hacer cambios. Sin embargo, estará trabajando en contra de las experiencias pasadas de su gente y tendrá que vencer las expectativas que tenga su equipo.) A medida que avance, ¿qué debe considerar? Tres aspectos.

¿Quién soy?

El buen liderazgo empieza con líderes que saben quiénes son. En su libro *It's Your Ship* [Este es su barco], el capitán Mike Abrashoff declara:

En resumen, la dura experiencia me ha enseñado que el verdadero liderazgo tiene que ver primero con entender quién soy, y luego con qué usar para crear una excelente organización. Los líderes deben dar a sus subordinados libertad para que desarrollen al máximo sus talentos. No obstante, la mayoría de obstáculos que limitan el potencial de las personas los activa el propio líder, y están enraizados en los propios temores, en las necesidades egoístas, y en hábitos improductivos de ese líder. Una transformación se produce cuando los líderes exploran a profundidad sus pensamientos y sentimientos a fin de comprenderse ellos mismos.[1]

Los líderes exitosos se esfuerzan por conocerse personalmente. Conocen sus fortalezas y debilidades. Entienden su temperamento. Saben qué experiencia personal les puede ayudar. Conocen sus hábitos de trabajo y sus ritmos diarios, mensuales y temporales. Saben con qué clase de personas trabajan mejor y con cuáles deben tener más sabiduría a fin de llegar a apreciarlas. Estos líderes poseen un sentido de hacia dónde van y cómo desean llegar allí. Como resultado saben qué son capaces de hacer, y su liderazgo es firme.

Conocerse personalmente en un nivel muy profundo no es algo fácil o rápido. Es un proceso largo y complicado en el que una parte no es especialmente divertida; pero usted debe enfrentarla si desea ser mejor líder. El conocimiento personal es básico para liderar con eficacia.

¿Cuáles son mis valores?

En un discurso acerca del valor de la sinceridad, Mark Twain contó en cierta ocasión esta historia: "Cierto día durante mi niñez me hallaba caminando por la calle y de pronto vi una carreta llena de sandías. Me encantaba la sandía, así que subí silenciosa y furtivamente a la carreta y sustraje una. Luego entré corriendo a un callejón cercano y hundí los dientes en la fruta. Sin embargo, no bien lo hube hecho me inundó una extraña sensación. Sin dudarlo un instante tomé mi decisión. Regresé hasta la carreta, puse en ella la sandía… y agarré otra que sí estaba madura".

Con todos los problemas que hemos presenciado en la industria bancaria, la implosión de Enron, y los fracasos de líderes políticos, creo que entendemos lo que puede ocurrir cuando la gente trata sus valores como sandías en la parte posterior de una carreta, y canjean una por otra. Cuando los líderes no tienen ni mantienen fuertes valores básicos, sus acciones impactan a muchas más personas que solamente a ellos mismos.

> Los valores que usted tiene son el alma de su liderazgo, y dirigen su conducta.

Los valores que usted tiene son el alma de su liderazgo, y dirigen su conducta. Antes de que pueda crecer y madurar como líder debe comprender claramente sus valores y comprometerse a vivir coherentemente con ellos, pues conformarán su conducta e influirán en la forma en que lidera.

Creo que mientras usted reflexiona en sus valores debe ordenar sus creencias en tres áreas básicas:

- **Valores éticos**: ¿Qué significa hacer lo correcto por los motivos correctos?
- **Valores relacionales**: ¿Cómo construir un ambiente de confianza y respeto con otras personas?
- **Valores de éxito**: ¿En qué objetivos vale la pena invertir la vida?

Si usted contesta estas preguntas y se compromete a vivir sus valores en estas tres áreas estará bien encaminado a fin de desarrollar la integridad que lo hace atractivo a los miembros del equipo y hace que ellos quieran seguir el liderazgo de usted.

Hace poco tiempo descubrí una encuesta de Opinion Research Corporation para Ajilon Finance que confirma esto. Se pidió a trabajadores estadounidenses que seleccionaran la característica más importante que debía tener un líder. Aunque trascendental para algunos, la mayoría de encuestados no identificaron experiencia, competencia, o ni siquiera equidad como lo primordial. He aquí los resultados de la encuesta:

POSICIÓN	CARACTERÍSTICA	PORCENTAJE
1	Liderar con el ejemplo	26%
2	Fuerte ética o moral	19%
3	Conocimiento del negocio	17%
4	Rectitud	14%
5	Inteligencia general y competencia	13%
6	Reconocimiento a empleados	10%[2]

Está claro que si los líderes tienen un sólido conjunto de valores éticos, con los que viven de acuerdo, entonces las personas los respetarán por cómo son y no por la posición que poseen.

Los líderes inmaduros tratan de utilizar su posición para estimular alto rendimiento. Los líderes maduros con conocimiento de sí mismos comprenden que un rendimiento alto y continuo no lo motiva posición, poder o reglas, sino valores reales y genuinos.

¿Qué prácticas de liderazgo deseo poner en práctica?

Herb Kelleher, ex presidente y director ejecutivo de Southwest Airlines, empezó su carrera como abogado. En esos primeros años aprendió algunas lecciones importantes acerca del liderazgo. Él afirma:

Mi mejor lección de liderazgo vino durante mis primeros días como abogado litigante. Queriendo aprender de los mejores abogados fui a ver cómo trataban sus casos dos de los litigantes más reconocidos en San Antonio. Uno permanecía sentado sin objetar nada, pero era muy amable con los testigos y establecía una buena relación con el jurado. El otro revelaba un carácter un tanto agresivo e iracundo. Ambos hombres parecían ganar todos los casos. Entonces comprendí que hay muchos caminos distintos para proceder, no un solo sendero correcto. Eso también se aplica al liderazgo. Individuos con diferentes personalidades, enfoques y valores triunfan no debido a que un grupo de valores o prácticas sea superior a otro, sino porque los valores y prácticas de ellos eran *genuinos.*

Si usted desea llegar a ser mejor líder no solo debe conocerse y definir sus valores; también debe vivirlos.

Mientras piensa en la forma en la cual definirá su liderazgo, tenga en cuenta qué clase de hábitos y sistemas practicará constantemente. ¿Qué ideará para organizarse? ¿Qué hará todos los días al llegar al trabajo? ¿Qué costumbres espirituales conservará para mantener el rumbo? ¿Cómo tratará a la gente? ¿Cuál será su ética? ¿Qué clase de ejemplo establecerá? Todas las cosas están a disposición de cualquiera. De usted depende definirlas. Y mientras más temprano emprenda el viaje del liderazgo, mayor será el potencial para obtener buenos resultados si empieza ahora mismo a desarrollar buenos hábitos.[3]

La conclusión es que una invitación a liderar personas es una invitación a marcar la diferencia. El buen liderazgo cambia vidas individuales. Forma equipos. Construye organizaciones. Impacta comunidades. Tiene el potencial de impactar el mundo. Pero nunca olvide que la posición es tan solo el punto de inicio.

Desventajas del nivel Posición

El verdadero liderazgo no es acerca de la Posición

Como todo lo demás en la vida, el nivel Posición de liderazgo tiene aspectos positivos y negativos. Cada uno de los niveles posee ventajas y desventajas. A medida que avance en los niveles usted descubrirá que las ventajas aumentan y las desventajas disminuyen. Al ser la Posición el nivel más bajo de liderazgo, tiene una gran cantidad de aspectos negativos. En el Nivel 1 veo ocho inconvenientes importantes:

1. Tener una posición de liderazgo a menudo es engañoso

La manera más fácil de definir el liderazgo es por posición. Una vez que usted obtiene una posición o un título, las personas lo identificarán con eso. Sin embargo, las posiciones y los títulos son muy engañosos. Una posición siempre promete más de lo que puede ofrecer.

Aprendí esta lección acerca del Nivel 1 cuando recibí mi primera posición de liderazgo en mi primera iglesia. Erróneamente creí que ser llamado el pastor significaba que yo era el líder. No pude haber estado más equivocado, como descubrí en mi primera reunión de la junta. Poco después de que empecé oficialmente la reunión como líder designado, el *verdadero* líder tomó el control. Se llamaba Claude, y había vivido toda la vida en el valle rural donde estaba ubicada la iglesia, y todo el mundo lo amaba. La influencia del hombre se hacía evidente cuando los demás miembros de la junta miraban hacia él y le hacían preguntas relacionadas con cada asunto. Pude haber salido de la reunión y a nadie le habría importado. Es más, ¡pude haber salido de la reunión y nadie lo habría notado!

Yo estaba sorprendido. En esa primera reunión y en las subsiguientes todas las miradas se enfocaban en Claude, el *verdadero* líder. Los miembros de la junta no me seguían, aunque yo tenía el cargo, el llamado, el título universitario correcto, la oficina, el salario… todo lo posicional. Claude no tenía nada de eso, y sin embargo los demás lo escuchaban con mucha atención.

Mi equivocación fue creer que me había convertido en líder debido a mi posición, en vez de reconocerla como una oportunidad para convertirme en líder. No entendía que aunque me habían dado ese liderazgo, aún no me lo había ganado. Yo era como el conductor en esta caricatura:[4]

DESFILE DE RISAS®

POR BUNNY HOEST AND JOHN REINER

"Esto realmente no te convierte en líder natural, Murray."

En ese entonces yo definía *liderazgo* como sustantivo: lo que yo era; y no *liderar* como verbo: lo que yo estaba haciendo. Liderazgo es acción, no posición. Cuando llegué a esa primera iglesia, Claude había estado ganando su influencia de liderazgo a través de muchas acciones positivas durante varios años. Y en consecuencia la gente lo seguía. Claude, quien era un agricultor práctico, me lo explicó así más adelante: "John, todas las letras antes o después de un nombre son como la cola de un cerdo. No tienen nada que ver con la calidad del tocino".

He llegado a aceptar el liderazgo como acción, y en conferencias y seminarios tanto en el país como en el extranjero trato de enseñar ese concepto a los líderes. Una de las maneras en que lo hago es a través de mi organización internacional de liderazgo sin fines de lucro, EQUIP, que ha entrenado a más de cinco millones de líderes en ciento sesenta naciones. Los instructores de la organización y yo hemos descubierto que el desafío principal en países en desarrollo es introducir la idea de liderazgo como acción en lugar de posición. Muchas veces los líderes en esos países tienen una mentalidad de "he llegado". Queremos hacerles entender una de las principales características del liderazgo: Los líderes siempre están llevando a la gente a alguna parte. No son estáticos. Si no hay viaje, no hay liderazgo.

> **Liderazgo es acción, no posición.**

> **Los líderes siempre están llevando a la gente a alguna parte. No son estáticos. Si no hay viaje, no hay liderazgo.**

2. Los líderes que confían en la posición para dirigir a menudo devalúan a las personas

Quienes dependen de la posición para su liderazgo casi siempre dan gran valor a mantenerse en sus cargos… muchas veces por sobre todo lo demás que hacen. Para ellos su posición es más importante que el trabajo que realizan, que el valor que agregan a sus subordinados, o que su contribución a la organización. Esta clase de actitud no hace nada por promover buenas relaciones con las personas. Es más, los líderes posicionales ven a menudo a los subordinados como una molestia, como dientes intercambiables de un engranaje en la máquina organizacional, o hasta como obstáculos problemáticos para los objetivos del líder de ascender a la posición siguiente. En consecuencia, departamentos, equipos u organizaciones que tienen líderes posicionales sufren una moral detestable.

Es común que para verse bien o para evitar que otros individuos surjan y los amenacen, los líderes posicionales hagan sentir insignificantes a esas personas. ¿Cómo?

No teniendo verdadera fe en ellas.

Suponiendo que ellas *no pueden*, en lugar de asumir que *sí pueden*.

Asumiendo que esas personas *no harán* en vez de creer que *sí harán*.

Viendo en ellas los *problemas* más fácilmente que el *potencial*.

Viéndolas como *pasivas* y como *activas*.

Los líderes que confían en sus títulos o en su posición para influir en otros simplemente no parecen llevarse bien con los demás. ¡A algunos ni siquiera parece *gustarles* la gente! ¿Por qué? En realidad es la pregunta de la gallina o el huevo. ¿No se llevan bien con nadie y como resultado confían en la posición? ¿O es debido a que confían en su posición que no toman el tiempo ni hacen el esfuerzo por llevarse bien con la gente? No lo sé. Quizás existan ambas clases de líderes posicionales. Sin embargo, sí sé esto: Esos líderes rechazan muchos de los aspectos humanos de liderar a otros. Pasan por alto el hecho de que todas las personas tienen esperanzas, sueños, deseos y metas. No reconocen que en calidad de líderes deben unir su visión con las aspiraciones de su gente en una manera que beneficie a todos. En resumen, no lideran bien porque no reconocen ni tienen en cuenta que liderazgo (de cualquier clase, en cualquier lugar, y por cualquier propósito) es relacionarse con personas.

3. Los líderes posicionales se alimentan de política

Cuando los líderes valoran la posición por sobre la habilidad de influir en otros, el ambiente de la organización por lo general se vuelve muy político. Hay mucha manipulación. Los líderes posicionales se enfocan en controlar y no en contribuir. Trabajan para ganar títulos. Hacen lo que esté en sus manos para tener el personal más numeroso y el mayor presupuesto posible... no para beneficiar a la misión de la empresa sino para expandir y defender su propio territorio. Y cuando un líder posicional es capaz de hacer esto, a menudo

> Los líderes posicionales se enfocan en controlar y no en contribuir.

incita a otros a hacer lo mismo porque le preocupa que las ganancias de otros signifiquen la pérdida que él pueda sufrir. Esto no solo crea un círculo vicioso de astucia, posturas y manipulación, sino también de rivalidad departamental y jerarquías.

Durante un breve período como líder joven trabajé en un

ambiente sumamente político como el que acabo de describir. Fue como trabajar en un polvorín. Existían muchas reglas implícitas y protocolos ocultos para conseguir citas con superiores o seleccionar con quién ir a almorzar. Había un gran énfasis en el uso de títulos adecuados para dirigirse a las personas. Y en gran parte la manera en que lo trataban a uno dependía del historial personal. Está por demás decir que no me fue bien en ese ambiente. Inmediatamente busqué un mejor lugar en el cual desarrollar mis habilidades de liderazgo. Cuando lo encontré y renuncié a ese empleo, me sentí muy feliz. ¡Y ellos también!

Todavía no he encontrado una organización altamente política que funcione con gran eficiencia y posea una elevada moral. Veamos tan solo nuestras instituciones gubernamentales y pensemos en los líderes que trabajan en ellas. Sin duda la mayoría de personas podrían hacer uso del adelanto, y salir del liderazgo posicional las ayudaría en gran manera.

4. Los líderes posicionales ponen los derechos por sobre las responsabilidades

Uno de mis personajes favoritos de televisión de todos los tiempos es Barney Fife, el comisario del pueblo de Mayberry en *El Show de Andy Griffith*. Don Knotts interpretaba a Barney, y junto con Andy Griffith, quien representaba al alguacil Andy Taylor, brindaron a Estados Unidos una de las historias de televisión de más éxito. He visto muchas veces todos los episodios.

Barney Fife era nuestro típico líder posicional; su deseo de sentirse importante y de tener autoridad creó muchos guiones humorísticos. Respaldado en un arma y una insignia, aprovechaba toda oportunidad para hacer saber a la gente que él mandaba. Como representante de la ley tenía derechos, los cuales deseaba que todo el mundo reconociera. Por desgracia para él (pero afortunadamente para nosotros en la audiencia), nadie lo tomaba en serio. El resultado era un caos cómico que parecía seguirlo adondequiera que iba.

Por el contrario, el alguacil Andy, quien todo el tiempo parecía ser una influencia tranquilizadora para su equivocado comisario, era quien ostentaba el verdadero poder y la autoridad. Pero casi nunca utilizaba su posición para que las cosas salieran bien. Ni siquiera portaba pistola. Todos sabían que él era el verdadero líder y que podía manejar cualquier situación. El enfoque de Andy estaba en su responsabilidad ante aquellos a quienes servía, no en exigir respeto ni en recibir los derechos que otorgaban su posición. *El Show de Andy Griffith* era una alegre diversión, pero también resultaba ser un análisis del liderazgo.

El poeta T. S. Eliot aseveró: "La mitad del mal de este mundo lo ocasionan individuos con deseos de sentirse importantes. … Su intención no es dañar. … Los absorbe la interminable lucha de pensar bien de sí mismos". Eso es lo que los líderes

> "La mitad del mal de este mundo lo ocasionan individuos con deseos de sentirse importantes. … Su intención no es dañar. … Los absorbe la interminable lucha de pensar bien de sí mismos".
> —T. S. Eliot

posicionales hacen: Cosas para hacerse ver y sentirse importantes.

Es inevitable que los líderes posicionales que dependen de sus derechos desarrollen una sensación de ser privilegiados. Esperan que su gente les sirva, en lugar de buscar maneras de servirles. Para ellos es más importante la descripción del cargo que la creación de oportunidades de empleo. Valoran el territorio por sobre el trabajo en equipo. En consecuencia, por lo general resaltan normas y reglamentos que los benefician, y hacen caso omiso de las relaciones. Esto no hace nada por promover el trabajo en equipo y crear un ambiente laboral positivo.

Solo porque se tenga el derecho de hacer algo como líder no significa que sea correcto hacerlo. No enfocarse en los derechos, y sí en las responsabilidades, es a menudo señal de madurez en un líder. A muchos de nosotros nos emocionó durante los primeros años de

> **Solo porque se tenga el derecho de hacer algo como líder no significa que sea correcto hacerlo.**

liderazgo la autoridad que obtuvimos y lo que podíamos hacer con ella. Ese poder puede ser estimulante, por no decir embriagante. Por eso Abraham Lincoln manifestó: "Casi todos los hombres pueden soportar la adversidad, pero si usted desea probar el carácter de alguien, dele poder". Cada uno de nosotros como líderes debe batallar para crecer y desarrollarse en un papel de liderazgo, sin confiar en nuestros derechos. Si podemos madurar de ese modo, empezaremos a dejar el enfoque de disfrutar la autoridad para beneficio propio, y ponerlo en utilizar esa autoridad para servir a otros.

5. Muchas veces el liderazgo posicional trae soledad

La frase "hay soledad en la cúspide" la debió acuñar un líder posicional… ¡o alguien con algún desorden de personalidad! El liderazgo no tiene que ser solitario. Es la gente la que lo hace así.

Los líderes posicionales pueden volverse solitarios si malinterpretan las funciones y el propósito del liderazgo. Ser un buen líder no significa tratar de ser el rey de la colina y pararse encima (y separarse) de los demás. El buen liderazgo tiene que ver con caminar al lado de las personas y ayudarles a avanzar. Si usted no se encuentra acompañado en la cima de la colina, se puede volver solitario. Es difícil tener soledad si hay otras personas a su lado.

> **Es difícil tener soledad si hay otras personas a su lado.**

Los líderes tipo "rey de la colina" crean un ambiente negativo de trabajo porque son inseguros y se sienten fácilmente amenazados. Se preocupan cada vez que ven personas con potencial que empiezan a ascender. Temen que su lugar en lo alto esté siendo amenazado. Como resultado apocan a las personas que muestran talento, tratando así de proteger su posición y mantenerse claramente por encima y por delante de todos los demás. ¿Cuál es el resultado frecuente? Las mejores personas, al sentirse menospreciadas y limitadas, dejan el departamento o la organización y buscan otra colina dónde trepar. Solo quedan individuos promedio o desmotivados. Y estos saben que su puesto está en el fondo. Eso desarrolla una cultura de "nosotros contra ellos", con el líder posicional parado solo en lo alto. El liderazgo no tiene que ser solitario. Quienes se sienten solitarios han creado una situación que los hace sentirse así.

6. Los líderes posicionales permanecen marcados y varados

Cuando comencé a liderar gente a principios de mi carrera aprendí una valiosa lección. Siempre traté de llevar nuevos líderes al éxito, y a menudo les ofrecí todo lo que podía hacer por ayudarles a convertirse en líderes establecidos: Una posición de liderazgo, mi tiempo, mi influencia, mi ejemplo, recursos y oportunidades de liderazgo. Y he aquí lo que descubrí: Si brindaba poco o nada a buenos líderes potenciales, aún así ellos triunfaban y llegaban a ser buenos líderes. Al contrario, cuando daba todo de mí a líderes mediocres, estos no triunfaban y no se podían establecer como líderes buenos. La posición no hace al líder... es el líder quien hace la posición.

Siempre que las personas utilizan su posición para liderar a otros por largo tiempo, sin desarrollar verdadera influencia, se estigmatizan como líderes posicionales y casi nunca obtienen más oportunidades de progresar en esa organización. Quizás avancen lateralmente, pero casi nunca hacia arriba.

Si usted ha sido un líder posicional, puede cambiar eso, y este libro le ayudará. Sin embargo, debe reconocer que mientras más haya confiado en su posición, más difícil le será cambiar la percepción de otros acerca de su estilo de liderazgo. Quizás hasta deba cambiar posiciones a fin de reiniciar el proceso de desarrollar influencia en otros.

7. La rotación de personal es alta con los líderes posicionales

Cuando las personas confían en sus posiciones para liderar, el resultado casi siempre es una elevada rotación de personal. Uno de los capítulos en mi libro *Oro Puro* se titula: "La

> **La gente renuncia a los individuos, no a las empresas.**

gente renuncia a los individuos, no a las empresas". Allí explico cómo muchas veces las personas aceptan un empleo porque desean ser parte de una empresa particular, pero cuando renuncian casi siempre se debe a que quieren alejarse de gente en particular. Los buenos líderes se van de una organización cuando tienen que seguir a líderes malos. Los buenos trabajadores se van cuando el ambiente de trabajo es mediocre. Entreviste a alguien que haya renunciado a un puesto de trabajo, y son muchas las posibilidades de que esa persona no haya abandonado su empleo sino a los individuos con quienes tenía que trabajar.[5]

Toda compañía tiene rotación de personal. Es inevitable. La pregunta que todo líder se debe hacer es: "¿Quién se está yendo?" ¿Se están yendo los 8s, 9s y 10s? ¿O los 1s, 2s y 3s?

Si están saliendo 8s y entrando 3s, hay problemas futuros. Las organizaciones con liderazgo de Nivel 1 tienden a perder su mejor gente y a atraer individuos promedio o debajo del promedio. Mientras más líderes de Nivel 1 tenga una organización, más se abre la puerta para que salgan personas de alto nivel y entren otras con nivel bajo.

Hace como un año, Linda Sasser, quien recientemente se convirtió en presidenta y directora ejecutiva de John Maxwell Company, me escribió una nota en que describía la dinámica que ocurre cuando empleados de más alto nivel se encuentran trabajando para un líder posicional. Ella afirma que estas personas con frecuencia se convierten en líderes perdidos. He aquí lo que Linda escribió:

Parece que a un líder de Nivel 1 le es difícil tener empleados de Nivel 3. ¡Los buenos líderes de nivel medio incomodan a líderes incompetentes! Aunque es verdad que los empleados abandonarán a un líder débil de Nivel 1, también es cierto que los líderes de Nivel 1 eliminarán a seguidores de Nivel 3. Ver que esto sucede delante de mis ojos me ha fascinado y por supuesto me ha causado tristeza.

Así que, ¿por qué los llamo líderes perdidos? Son recién llegados muy competentes llamados a liderar debido a su talento, pero que no obstante son reprimidos o expulsados por parte de jefes de Nivel 1, y por tanto quedan desempleados y perdidos entre todos los trabajadores desplazados.

Qué desperdicio de tiempo y talento. Cada vez que un líder posicional obliga a renunciar a un trabajador productivo o un líder potencial, la organización sufre. Es una realidad que una empresa no funcionará en un nivel más alto que su líder. Esto no ocurre así no más. Si un líder de Nivel 1 es el responsable, con el tiempo la organización será una empresa de Nivel 1. Si el líder se halla en Nivel 4, entonces la organización no llegará al Nivel 5... a menos que el líder crezca hasta ese nivel.

8. Los líderes posicionales obtienen lo mínimo de su gente, no lo máximo

¿Puede usted nombrar una organización que obtenga lo mínimo de su gente y sea la mejor en lo que hace? ¿Puede nombrar a un entrenador que consiga lo mínimo de los miembros del equipo y que haya ganado algún campeonato? ¿Puede nombrar un maestro que reciba lo mínimo de sus estudiantes y sin embargo ocupe los lugares más altos entre sus compañeros? ¿Puede nombrar una nación que obtenga lo mínimo de sus ciudadanos y sea respetada por el mundo? ¿Puede nombrar un matrimonio que presente una relación perdurable y extraordinaria cuando cada cónyuge da lo mínimo? No, apuesto a que no puede. ¿Por qué? Porque es imposible triunfar con personas que dan lo mínimo.

Quienes confían en sus posiciones y títulos son los más débiles de todos los líderes. Dan lo mínimo. Esperan que su posición les realice el trabajo duro en el liderazgo. En consecuencia, su gente también entrega lo mínimo. Algunas personas que trabajan para un líder posicional podrían al principio ser fuertes, ambiciosas, innovadoras y motivadas, pero casi nunca permanecen así. Típicamente se convierten en una de estas tres clases de individuos:

Los pendientes del reloj

A los seguidores que se desarrollan en ambientes de liderazgo de Nivel 1 les encantan los relojes y los quieren visibles todo el tiempo en todo el edificio. ¿Por qué? Porque evalúan según el reloj a cada instante en el trabajo. Antes del mediodía siempre que ven la hora piensan en términos de cuánto tiempo han permanecido allí. "He estado aquí dos horas". Después del almuerzo se enfocan en cuánto tiempo les queda. "Solo dos horas más, y me voy a casa". El reloj también los hace conscientes de las horas más importantes del día: el momento de descanso y el almuerzo.

En ambientes de liderazgo de Nivel 1 la moral de los empleados empieza a recuperarse después del descanso de la tarde porque comienza la cuenta regresiva hacia el punto culminante de su día: la hora de salida. Alrededor de las 4:30 se empieza a acrecentar la energía en el lugar. Las personas deambulan alrededor de la oficina guardando las cosas. Limpian sus escritorios para que nada pueda obstaculizarles la salida exactamente a las 5:00 p.m.

A las 4:45 transitan por ahí visitando y despidiéndose de sus compañeros. Después de todo, no quieren parecer groseros por no despedirse al salir volando hacia la puerta.

A las 4:50 van por última vez al baño, sin importar cuánto de su día podrían haber pasado allí. No querrán desperdiciar en el baño su valioso tiempo personal cuando pueden hacerlo en el tiempo de la empresa.

A las 4:55 reemplazan sus zapatos de trabajo por zapatillas de carreras. Esto asegura un veloz escape.

A las 4:58 se ponen en posición de salida y esperan el sonido del reloj.

A las 5:00 p.m. todos se han ido. Sus salidas se han coordinado, practicado y cronometrado a la perfección.

A las 5:02 ni un solo auto queda en el estacionamiento; esa mañana cada quien estacionó en reversa con mucho cuidado, listo para un rápido escape.

> Cuando las personas con quienes usted trabaja casi ni pueden esperar para dejar de trabajar, algo no está funcionando bien.

Pues sí, yo podría estar exagerando un poco. Pero esa descripción no está muy lejos de la verdad. Los que viven pendientes del reloj siempre saben cuánto tiempo les queda antes de llegar a casa, y nunca quieren trabajar un momento más allá de la hora de salida. Sin embargo, piense en esto: cuando las personas con quienes usted trabaja casi ni pueden esperar para dejar de trabajar, ¡algo no está funcionando bien!

Empleados que dan estrictamente lo necesario

Ya que los líderes posicionales en el Nivel 1 dependen de sus derechos para liderar y usan su posición de liderazgo como apalancamiento, quienes trabajan para ellos a menudo dependen de sus derechos como empleados y usan los límites de sus descripciones laborales como apalancamiento para hacer solamente aquello que se les exige. Si hacen esto con frecuencia y por bastante tiempo se convierten en individuos "estrictamente lo necesario". Hacen estrictamente lo necesario… para ir al lugar de trabajo, para que se les pague, y para conservar el empleo. La gran pregunta que les preocupa no es: "¿Qué puedo hacer para ser un empleado valioso?" En vez de eso preguntan: "¿Cuánto debo hacer para ser un empleado?" Nunca preguntan: "¿Cómo puedo progresar y conseguir un ascenso?" Solo preguntan: "¿Cómo puedo evitar que me despidan?"

> **Las personas no dan lo mejor de sí a líderes a quienes aprecian muy poco.**

Cuando la gente sigue a un líder porque debe hacerlo, hará solamente lo que tiene que hacer. Las personas no dan lo mejor de sí a líderes a quienes aprecian muy poco. Brindan sumisión reacia, no compromiso. Podrían ofrecer sus manos, pero sin duda no sus mentes ni sus corazones. Son como el personaje en esta caricatura de Randy Glasbergen:[6]

© 2001 por Randy Glasbergen.   www. glasbergen.com

"Yo siempre doy 110% a mi trabajo.
40% el lunes, 30% el martes, 20% el
miércoles, 15% el jueves, y 5% el viernes."

A los individuos "estrictamente lo necesario" les cuesta hacer acto de presencia en el trabajo. El único compromiso que muestran es sacar libre el máximo de días permitidos por cualquier razón. Algunos gastan bastante energía mental encontrando maneras creativas de no realizar su trabajo. ¡Ojalá pudieran usar ese gran esfuerzo en formas positivas!

Los mentalmente ausentes

En un ambiente de Nivel 1 siempre hay sujetos que quizás estén físicamente presentes, pero que se hallan mentalmente ausentes. No se acoplan mentalmente y solo aparecen para cobrar el sueldo. Esta actitud es muy perjudicial para una organización porque parece contagiar. Cuando alguien se marcha mentalmente y no recibe consecuencias por ello, con frecuencia otros lo siguen. La dejadez en el trabajo y el escape mental son contagiosos.

Es obvio que estar mentalmente desligados también es muy común. La organización Gallup ha rastreado esta situación por varios años y la ha visto fluctuar entre 15 y 20% en los Estados Unidos durante años recientes. En 2006 la firma publicó una encuesta en el *Gallup Management Journal* que muestra estadísticas del segundo trimestre de ese año. En esa época descubrieron que entre los trabajadores de dieciocho años o más en la nación, 15% (cerca de 20,6 millones de individuos) estaba activamente desenganchado. Gallup calculó que esto representaba a los empleadores $328 mil millones.[7] Y en un sondeo más reciente la encuestadora descubrió que más de la mitad de empleados alemanes estaba desligado de su trabajo.[8]

Clarence Francis, ex presidenta de General Foods, manifestó: "Se puede comprar el tiempo de un individuo; se puede comprar su presencia física en un lugar dado; hasta se puede comprar una cantidad medida de sus diestros movimientos musculares por hora. Pero no se puede comprar entusiasmo... no se puede comprar lealtad... no se puede comprar devoción de mente, corazón y alma. Todo esto se debe ganar". Las personas que confían en su posición de Nivel 1 casi nunca reciben de su gente más que "estrictamente lo necesario". Eso significa que no pueden lograr ningún gran nivel de éxito, porque los logros requieren más que eso. El éxito exige más de lo que la mayoría de personas están dispuestas a ofrecer, pero no más de lo que son capaces de dar. Lo que marca la diferencia es el buen liderazgo. Eso no se encuentra en el Nivel 1.

> El éxito exige más de lo que la mayoría de personas están dispuestas a ofrecer, pero no más de lo que son capaces de dar. Lo que marca la diferencia es el buen liderazgo.

Cuando quienes trabajan para un equipo, un departamento, o una organización dan poco de sí mismos, en el mejor de los casos los resultados son mediocres. Y la moral es pésima. Dick Vermeil, ex entrenador ganador del Súper Tazón, comentó: "Si no se invierte mucho, entonces la derrota no duele mucho y la victoria no es muy emocionante". Esa es una descripción muy buena de un ambiente de liderazgo de Nivel 1.

La mayor desventaja del liderazgo de Nivel 1 es que no

es creativo ni innovador. Es liderazgo que a duras penas sale adelante. Y si un líder se queda mucho tiempo en la *desventaja* del Nivel 1, podría encontrarse *fuera*. Si un líder falla en el Nivel 1, no le queda más alternativa que salir e ir de acá para allá en busca de otro empleo.

Mejores conductas en el Nivel 1

Cómo sacar el mayor provecho de su posición

Si usted ha estado liderando en el Nivel 1 y apoyándose en su posición o título para mantener las cosas en marcha, ¿está destinado a permanecer allí por siempre? ¡Absolutamente no! Todos los líderes pueden aprender a dirigir de manera distinta y avanzar en los niveles de liderazgo si están dispuestos a cambiar la forma en que lideran en el Nivel 1. ¿Cómo se puede aprovechar al máximo la posición de liderazgo mientras pasa del nivel posicional al de permiso? Se deben hacer tres cosas:

1. Deje de confiar en la posición para empujar a la gente

No hay nada de malo en tener una posición de liderazgo. Ese es el lugar de inicio para la mayor parte del liderazgo. Sin embargo, sí es malo tener una mentalidad posicional. Para convertirse en un líder eficaz de Nivel 1 usted debe dejar de usar su posición para presionar a los demás.

Los mejores líderes no utilizan su posición en absoluto

81

para lograr que se hagan las cosas. Usan otras técnicas. Para ayudar a nuevos líderes a aprender esta lección, a veces Linda Sasser pide a líderes potenciales que empiecen a liderar *antes* de recibir una posición de liderazgo, solo para ver cómo reaccionan y a fin de prepararles su avance en los niveles de liderazgo. Así describe ella lo que ocurre:

Cuando tengo un individuo a quien considero listo para dirigir le asigno un desafío que involucra sacrificio, valor y humildad. Debo asegurarme de que antes de darle un título, esa persona experimente el significado de ser líder. La decisión de liderar debe ser de ella, y necesito que compruebe que liderar no siempre es tan atractivo como parece. Por tanto, al candidato a líder le doy responsabilidad sin título, y no les digo a los demás que esta persona los estará dirigiendo. Sin tener título ni autoridad posicional, el nuevo líder tiene que averiguar cómo mejorar el rendimiento de sus compañeros de equipo.

Al principio el asunto le resulta difícil. A menudo la persona vuelve a mí con frustraciones y me pregunta: "¿Cómo puedo decirles qué hacer si no tienen obligación de seguirme?" Esto crea momentos perfectos de enseñanza y me permite cuestionar el enfoque al futuro líder. Le digo algo así: "¿Por qué les estás diciendo qué hacer? Un líder encuentra maneras de influir acción. ¿Les has preguntado cómo les puedes ayudar? Pregúntales qué desafíos tienen en su posición. Quizás haya una manera en que puedan trabajar juntos como equipo y hacer las cosas con mayor eficacia uno para el otro. Forma una relación con estas personas y muestra interés en ellas".

Con el tiempo es muy emocionante ver este proceso en la práctica. Lo que me asombra es lo que sucede *después* de que les doy el título a estos nuevos líderes. Sus compañeros de equipo a quienes estaban liderando por lo general se emocionan cuando la persona recibe una posición de liderazgo. Y la actitud de emoción en ellos se siente en todo el departamento. Todo esto ocurre debido a que el nuevo líder ha empezado a aprender que liderar no es cuestión de título o de tener una oficina, sino de influir y del hecho de que se puede impactar a otros.

Es fácil volver a caer en la situación de empujar a los demás, aunque esto no siempre sea eficaz. Christian Herter, ex gobernador de Massachusetts, lo aprendió de la manera más dura cuando se postuló para un segundo período en el cargo. Un día después de una atareada mañana de campaña en que no tuvo tiempo para almorzar, Herter asistió a un asado en una iglesia. Estaba muerto de hambre. Mientras avanzaba por la fila de servicio extendió el plato hacia la mujer que servía el pollo. Ella le puso una presa en el plato y se volvió hacia la siguiente persona en la fila.

—Discúlpeme —dijo el gobernador—. ¿Le importaría darme otra presa de pollo?

—Lo siento —contestó la dama—. Se supone que solo dé una presa por persona.

—Pero me muero de hambre —objetó el hombre.

—Lo siento, solo una presa por persona —resaltó la mujer.

El gobernador era un hombre modesto, pero también tenía hambre, así que decidió presionar un poco.

—Señora, ¿sabe usted quién soy yo? —preguntó—. Soy el gobernador de este estado.

—¿Sabe usted quién soy yo? —replicó ella—. Soy la encargada del pollo. ¡Muévase ahora, señor!

A nadie le gusta que le estén dando órdenes ni que alguien le restregue el cargo. La mayoría de personas responden mal al liderazgo posicional. ¿Cómo saber si se tiene un enfoque posicional en el liderazgo? Revise los siguientes conceptos, los cuales representan una mentalidad posicional. Los líderes de Nivel 1 piensan:

De arriba hacia abajo: "Estoy sobre usted".

Separación: "No dejes que la gente intime contigo".

Imagen: "Finge hasta obtenerlo".

Fortaleza: "Nunca dejes ver que estás teniendo dificultades".

Egoísmo: "Estás aquí para colaborar conmigo".

Poder: "Yo decido tu futuro".

Intimidación: "¡Haz esto o sabes lo que te espera!"

Normas: "El manual dice…"

Por el contrario, los líderes de alto nivel piensan de otro modo. Las siguientes frases captan cómo piensan los líderes de Nivel 2:

Hombro a hombro: "Hagámoslo juntos".

Inicio: "Te apoyaré".

Inclusión: "¿Qué piensas?"

Cooperación: "Juntos podemos lograrlo".

Servicio: "Estoy aquí para servirte".

Desarrollo: "Deseo agregarte valor".

Ánimo: "¡Creo que puedes hacerlo!"

Innovación: "Pensemos con originalidad".

El Nivel 2 se apoya en habilidades de las personas, no en el poder, para lograr que se hagan las cosas. Trata como seres humanos a quienes se lidera, no como simples subordinados.

La Ley de Whistler afirma: "Usted nunca sabrá quién tiene la razón, pero siempre sabrá quién es el que manda". Bueno, creo que Whistler debió haber conocido algunos líderes de Nivel 1. La verdad es que si usted tiene que decir a los demás que

> **"Usted nunca sabrá quién tiene la razón, pero siempre sabrá quién es el que manda".**
> *—Ley de Whistler*

es quien ordena, no es líder. Si sigue confiando en su posición para hacer que otros se muevan quizás nunca desarrolle influencia en ellos, y el triunfo que consiga siempre será limitado. Si quiere volverse un mejor líder, deje de lado el control y empiece a fomentar la cooperación. Los buenos líderes dejan de mangonear a la gente y empiezan a animarla. Ese es el secreto de ser un líder orientado hacia las personas, porque mucho del liderazgo es animar.

2. Cambie sus derechos por movimiento

El político y filósofo Nicolás Maquiavelo escribió: "No son los títulos los que honran a los hombres, sino los hombres lo que honran a los títulos". Él entendía la naturaleza del liderazgo y la verdadera debilidad de los títulos. Si usted desea sacar el máximo provecho de su posición en el Nivel 1, y honrar cualquier título que tenga, entonces no dependa de su posición ni de su título para liderar a otros. No ejerza los derechos que tiene. No se vuelva posesivo respecto de sus beneficios. Y no crea que merece su posición. El liderazgo no es un derecho sino un privilegio. Continuamente hay que ganárselo. Si usted se cree que merece algo, eso actuará en su contra.

Si usted siguió las primarias presidenciales en el 2008 pudo haber observado dos ejemplos elocuentes de cómo creerse con derechos puede impactar el liderazgo. En el lado republicano, Rudy Giuliani era el favorito inicial en las encuestas y mucha gente estaba segura que recibiría la denominación de su partido. Giuliani debió haber hecho una suposición similar, porque cuando empezaron las primarias decidió no participar en las primeras elecciones. Al contrario, esperó hasta la primaria realizada en Florida. Ese estado tenía muchos delegados y Giuliani creyó que iba a ganar con facilidad, y podía usar ese ímpetu para impulsarse y obtener la nominación presidencial. ¿Qué sucedió? John McCain, a quien los expertos políticos le daban pocas posibilidades de conseguir tal nominación, trabajó duro desde el principio y obtuvo un par de victorias, y la situación comenzó a cambiar. Para cuando entraron en juego las primarias en Florida, la nación favorecía a John McCain y se alejaba de Rudy Giuliani. Que este último se creyera con derechos quizás le hizo perder la nominación de su partido.

En la contraparte democrática, Hillary Clinton era la favorita inicial en las encuestas y muchas personas creían que ella recibiría la nominación de su partido. A diferencia de Giuliani, Hillary trabajó duro desde el principio, pero según parece creyó que tendría asegurada la nominación para el Súper Martes y pareció carecer de una estrategia para después de esa fecha. Mientras tanto, Barak Obama prosiguió su disciplinada campaña, ganó increíble impulso, y recibió la nominación. El resto, como dicen, es historia.

Los buenos líderes no dan nada por sentado. Siguen trabajando y liderando. Comprenden que el liderazgo se debe ganar e implantar. En cierto modo se mantienen insatisfechos, porque insatisfacción es una buena definición en una sola palabra para motivación. Los buenos líderes luchan por mantener a las personas y a la organización avanzando hacia la visión. Reconocen que a veces las organizaciones pueden estar llenas de cargos, pero que los equipos solo se pueden construir mediante buen liderazgo.

Es posible que a usted lo hayan nombrado para una posición de Nivel 1, pero tendrá que liderarse y liderar a otros por encima de esa posición. Debe estar dispuesto a renunciar a lo que usted es a fin de alcanzar lo que podría llegar a ser. Permita que una visión por marcar la diferencia lo levante a usted y a su gente por sobre los confines de descripciones laborales y pequeñas normas. Olvídese de sus derechos de líder. Enfóquese en su responsabilidad de influir en las personas que lidera. Cuando se recibe una posición o título aún no se ha llegado a donde se debe llegar. Es hora de empezar a avanzar y llevar a otros con usted.

3. Deje su posición y muévase hacia su gente

Quienes confían en la posición muchas veces creen erróneamente que es responsabilidad de sus subordinados acercárseles para tratar sus necesidades y deseos. Los buenos líderes comprenden que es responsabilidad de *ellos* ir hacia las personas. Los líderes son iniciadores.

El filósofo griego Sócrates expresó: "Quien ha de mover al mundo primero debe moverse a sí mismo". Si usted desea subir al Nivel 2 en su liderazgo debe salir de su territorio. Debe dejar de ser rey de la colina, bajarse de su lugar privilegiado, y relacionarse con su gente. Debe moverse más allá de la descripción de su labor, tanto en términos del trabajo que realiza, como en la forma en que interactúa con los miembros de su equipo. Debe hacer responsabilidad suya conocerlos, averiguar qué necesitan, y ayudarlos a fin de que el equipo gane.

> "Quien ha de mover al mundo primero debe moverse a sí mismo".
> —*Sócrates*

Para hacer algo nuevo en la vida debemos estar dispuestos a dejar nuestra zona cómoda. Eso involucra tomar riesgos, lo cual puede ser aterrador. No obstante, cada vez que salimos de nuestra zona cómoda y conquistamos nuevo territorio no solo ampliamos esa zona sino que también nos agrandamos. Si usted quiere crecer como líder, prepárese para la incomodidad. Pero sepa esto: los riesgos bien valen la recompensa.

Las leyes del liderazgo en el nivel Posición

Frecuentemente las personas quieren saber cómo armonizan los muchos conceptos en mis diferentes libros. Al haber enseñado durante años Los 5 Niveles de Liderazgo, el libro del que más me han hecho preguntas es *Las 21 leyes irrefutables del liderazgo*. "¿Qué leyes practica usted en el Nivel 1?", pregunta. La verdad es que cada ley se puede practicar en todo nivel. Sin embargo, también es verdad que ciertas leyes se aprenden mejor a medida que se crece y se avanza en Los 5 Niveles de Liderazgo. He incluido una explicación de las leyes del liderazgo que mejor se aplican a cada nivel. Sin duda no son necesarias para que alguien aprenda Los 5 Niveles, pero se proporcionan como referencia en caso de que puedan servirle en su proceso de crecimiento.

La Ley del Límite
La capacidad de liderazgo en una persona determina su nivel de eficacia

Toda persona tiene un límite en su potencial de liderazgo. No todos estamos dotados por igual. El desafío que enfrentamos es crecer y desarrollar nuestro pleno potencial de liderazgo, aumentando así el límite de nuestra capacidad de liderazgo.

El mayor obstáculo para el crecimiento de un líder es adquirir un pensamiento posicional. Cada vez que usted crea haber llegado a la cima, ya sea su posición muy baja o muy alta en la organización, ha reducido sus propias expectativas, ha subestimado su liderazgo, y ha caído en una mentalidad de estancamiento. Es imposible alcanzar el potencial de liderazgo permaneciendo en el Nivel 1.

Si usted está dispuesto a olvidar el título y la posición, y en lugar de eso se enfoca en su potencial, se quitará un gran peso que de otro modo lo derribaría. Si quiere hacer añicos los límites de su liderazgo y levantarlo, deberá avanzar más allá del Nivel 1.

La Ley del Proceso
El liderazgo se desarrolla diariamente, no en un solo día

Una posición de liderazgo se puede recibir en un día, pero desarrollar ese liderazgo es un proceso de toda la vida. Aquellos con mentalidad posicional afirman a menudo cosas como: "Hoy me convertí en líder". Lo que deberían pensar es: *Hoy recibí una posición de liderazgo. Me esforzaré cada día para ser mejor líder.* Eso es adoptar la Ley del Proceso. Hacer esta última clase de afirmación resalta que el nombramiento del liderazgo solo es un punto de inicio, y permanecer allí significa que en realidad nunca empezaría su viaje de liderazgo.

La Ley de Navegación
Cualquiera puede dirigir el buque, pero se necesita un líder para trazar el rumbo

Cuando recibimos una posición de liderazgo es prudente reconocer qué tan temprano nos hallamos en el camino del liderazgo y cuánto nos queda aún por aprender. La Ley de Navegación es un buen recordatorio de eso.

A mi amigo Bill Hybels le encanta navegar y es todo un marinero. Hace años él y yo, junto con nuestras esposas y dos parejas más, disfrutamos unos días de navegación en las Islas Vírgenes británicas. El barco que alquilamos venía con su capitán y su tripulación, pero también debimos participar en la navegación. El primer día Bill me puso a cargo del timón y me dio instrucciones mientras yo intentaba dirigir la nave. No fue fácil, pero a las pocas horas comencé a dominarlo.

¿Por qué menciono esto? Porque como marinero novato pude dirigir el barco, pero sin duda no podría haber trazado el rumbo. Se necesita un líder experimentado para hacer eso. Bill podía haberlo hecho, pero en nuestro caso esa fue tarea del capitán de la embarcación.

Si usted está en el Nivel 1 como líder, conozca sus limitaciones. Puede aprender a trazar el rumbo, pero para hacerlo debe subir a niveles más elevados de liderazgo.

Creencias que ayudan a un líder a avanzar al Nivel 2

Para pasar de ser un líder de Nivel 1 a líder de Nivel 2, usted primero debe cambiar la manera de pensar acerca del liderazgo. Nadie tiene que permanecer como líder posicional, aunque mientras más se haya apoyado en su posición más tendrá que cambiar la manera en que lidera y el modo en que los demás lo ven. Tendrá que ganar su salida del Nivel 1.

He aquí cuatro declaraciones que se deben asimilar antes de poder cambiar de líder de Posición a líder de Permiso:

1. Los títulos no son suficientes

Vivimos en una cultura que aprecia los títulos. Admiramos y respetamos a gente con títulos como doctor, director ejecutivo, máster, ganador del Premio de la Academia, ganador del Premio Nobel, vendedor del año, presidente, poeta laureado, etc. Sin embargo, ¿qué significan realmente esos títulos? Muy poco. A fin de cuentas son inútiles, y usted debe aprender a verlos de ese modo. Quienes hacen de sus carreras un objetivo para lograr ciertos títulos no se están preparando para ser los mejores líderes que pueden llegar a ser.

Quién es la persona y el qué trabajo hace es lo que

realmente importa; si es significativo y añade valor a la gente, entonces ese trabajo no necesita venir con un título. Muchas veces ni siquiera tenemos control sobre si recibimos un título o un premio. Y por cada persona que ha recibido reconocimiento hay miles más que se esfuerzan y que quizás merezcan mayor honor aun. No obstante continúan trabajando sin obtener crédito porque el trabajo mismo y el impacto positivo en otros son suficientes recompensas.

> Una posición no es un destino que valga la pena para la vida de alguien.

Desarrollar una conciencia de que los títulos tienen poco valor real y que el nivel Posición de liderazgo es el más bajo, produce una sana sensación de insatisfacción con el Nivel 1 así como un deseo de crecer. Una posición no es un destino que valga la pena para la vida de alguien. La seguridad no aporta propósito. El liderazgo debe ser activo y dinámico. Su propósito es crear cambio positivo.

2. El activo más valioso para un líder es la gente, no la posición

Si queremos ser mejores líderes no debemos enfocarnos en reglas y procedimientos para que se hagan las cosas o para seguir adelante. Debemos desarrollar relaciones. ¿Por qué? Porque la realidad es que quienes hacen las cosas son las *personas*, no el libro de instrucciones. Y puesto que las personas son el poder detrás de cualquier organización, ellas resultan ser el activo más valioso, y el más apreciable.

Aprender esta lección marcó una enorme diferencia en

mi vida de liderazgo. Durante los primeros años de mi carrera fui un líder de Nivel 1. Me enfocaba demasiado en la posición y me convertí en alguien motivado por ella. Continuamente me preguntaba: *¿Cuáles son mis derechos? ¿Es clara mi autoridad? ¿Dónde me hallo en el gráfico organizacional? ¿Cómo me comparo con otros líderes? ¿Cómo puedo escalar la escalera de éxito? ¿A quién debo conocer? ¿Cuál es el próximo paso en la senda de mi carrera?* La ansiedad por la posición produjo frustración dentro de mí. Si usted se enfoca en la posición nunca estará satisfecho si no se encuentra en la cima. (Irónicamente, si usted está enfocado en la posición y logra llegar a la cima, tampoco se sentirá satisfecho con eso.)

Siento decir que en ese entonces yo estaba dispuesto a usar a la gente para mejorar mi posición, en lugar de usar mi posición para mejorar a la gente. Eso no era lo correcto. Y no funcionó. Cuando al fin comprendí que confiar en la posición y mangonear a las personas no era la mejor forma de obtener lo mejor de ellas, mi actitud y mis acciones empezaron a cambiar. Comencé a poner a la gente por encima de la posición. En vez de asfixiar a las personas empecé a levantarlas. Inmediatamente comenzaron a notar que mi actitud había cambiado hacia ellas.

Me llevó algún tiempo desarrollar en la gente las habilidades que yo necesitaba para convertirme en mejor líder, pero no tardé nada en hacer saber a los demás que los valoraba, expresándoles mi aprecio e interesándome personalmente en ellos. De ahí que ese es un cambio que usted también puede hacer rápidamente. Y he aquí el beneficio inmediato: En el momento en que las personas notaron el cambio en mi actitud observé un cambio positivo en sus reacciones hacia mí. Comenzaron a ayudarme, lo cual a la vez me permitió ayudarles.

3. Un líder no tiene que tener todas las respuestas

Los líderes posicionales creen a menudo que deben tener todas las respuestas. Después de todo, si admiten que no saben algo, esto demuestra debilidad. Y si demuestran debilidad, ¿cómo se mantendrán en la cumbre y conservarán su valiosa posición? Un líder tiene que pensar de manera diferente para salir del Nivel 1.

Cuando empecé mi carrera al salir de la universidad creí ingenuamente que tenía todas las respuestas. A los pocos meses me di cuenta que no era así, pero temí admitirlo. Mi inseguridad e inmadurez me hicieron actuar como el Sr. Contesta-todo. No importaba lo lejos de mi experiencia que fuera la pregunta. Durante algunos años intenté el enfoque de liderazgo "fingir hasta conseguirlo". Sin embargo, yo no fingía muy bien, y otros podían darse cuenta. Por supuesto, ¡esa clase de enfoque en realidad no ayuda a obtener logros!

> Uno de nosotros no es tan inteligente como todos juntos.

Empecé a comprender que la labor de un líder no es saber todo sino atraer gente que sepa cosas que él o ella no conoce. Una vez que reconocí que uno de nosotros no es tan inteligente como todos juntos, dejé de reunir a las personas para darles las respuestas y comencé a acudir a otros para que me ayudaran a encontrar esas respuestas. Eso transformó mi liderazgo, no solo porque pude ser yo mismo y dejar de fingir que sabía más de lo que sabía, sino también porque aproveché el poder del pensamiento compartido.

4. Un buen líder siempre incluye a otros

Puesto que los líderes posicionales a menudo trabajan solos, aislados en lo alto de la colina del liderazgo mientras sus subordinados laboran juntos en la parte inferior, los equipos de estos líderes producen muy por debajo de sus capacidades. ¿Por qué? Porque el liderazgo aislado no motiva trabajo en equipo, creatividad, colaboración, ni logros elevados. Qué vergüenza, y qué pérdida de potencial.

La generación de mi padre tenía muchos líderes solitarios cuyo lema era "A mi modo o de ningún modo". Como resultado perdían muchas oportunidades. Avanzar en Los 5 Niveles de Liderazgo tiene que ver con las demás personas. Significa relacionarse bien con la gente. Requiere líderes que sean ejemplo para otras personas. Desafía a desarrollarlas y capacitarlas. Mientras más se avance en los niveles de liderazgo, más se comprende que el buen líder trata de dirigir junto *con* otros, no solo de liderar a otros. Esto requiere colaboración, compañía y sacrificio de ambiciones personales egoístas por el bien del equipo y de la visión de la empresa. Significa ser parte de algo más grande que uno mismo. Significa poner a los demás por delante y estar dispuestos a ir tan rápido como la gente que se lidera.

Un amigo me contó que cuando los infantes de marina entran en combate no usan insignia de rango. Una razón es que no quieren que oficiales y suboficiales sean blancos del enemigo. Pero existe otra razón: cuando los infantes entran en combate saben quién está a cargo. La cadena de mando ya se ha establecido claramente. Nadie necesita que se le recuerde eso. Sin embargo, no usar símbolos de rango también envía un claro mensaje de parte de los líderes a sus seguidores: Todos estamos juntos en esto. Vivimos o morimos juntos, sin tener en cuenta el rango.

Avanzar del Nivel 1 al 2 requiere el mayor cambio personal en un líder. Requiere un cambio de creencias y actitudes hacia otras personas y hacia el liderazgo. Pero he aquí la verdad: una vez que usted decide incluir a otros en el viaje del liderazgo se halla en buen camino para lograr el éxito en los demás niveles.

Guía para el crecimiento a través del Nivel 1

A medida que reflexiona en las ventajas, desventajas, creencias y mejores conductas del nivel Posición de liderazgo, use las siguientes pautas para que le ayuden a planificar su crecimiento.

1. **Agradezca a quienes lo invitaron al liderazgo**: Si alguna vez le pidieron que tomara una posición de liderazgo, esto es señal de que alguien creyó en usted. Sea que lo hayan invitado a liderar hace una semana o una década, nunca es demasiado tarde para expresar gratitud a quien lo invitó al escalafón de liderazgo. Saque tiempo para escribir una nota o un correo electrónico a fin de agradecer a esa persona y expresarle el impacto positivo que liderar ha producido en su vida.

2. **Dedíquese personalmente a crecer en el liderazgo**: Usted no crecerá como líder a menos que se comprometa a salir de su zona cómoda y trate de ser mejor líder de lo que es hoy. Escriba una declaración de compromiso para crecer que describa qué hará para lograrlo y cómo enfocará el asunto. Luego fírmela y

99

póngale fecha. Coloque la declaración en un lugar donde pueda revisarla en el futuro. Esto marca el día en que usted se comprometió a convertirse en el líder para el cual tiene potencial, así como a subir Los 5 Niveles de Liderazgo.

3. **Defina su liderazgo:** El Nivel 1 es el mejor sitio para pasar tiempo definiendo su liderazgo y para decidir qué forma desea darle. Use las tres preguntas contenidas en la sección Nivel 1 de este libro para describir la clase de líder que usted desea ser:

- ¿Quién soy?
- ¿Cuáles son mis valores?
- ¿Qué prácticas de liderazgo deseo establecer?

4. **Cambie de posición a potencial**: ¿Cómo ha expresado usted en el pasado las metas de su carrera? ¿Ha pensado en términos de destinos, como cargos y títulos específicos, o en términos del viaje, refiriéndose al trabajo que hará mientras trata de lograr la visión superior? Si ha pensado en términos de posición, cambie su enfoque. En lugar de eso, piense en el potencial de su liderazgo. ¿En qué clase de líder tiene usted el potencial de convertirse? ¿Qué clase de efecto positivo puede tener en la gente que lidera? ¿Qué tipo de impacto puede hacer usted en el mundo? Vuelva a escribir sus objetivos a fin de adoptar una mentalidad no posicional. Esto será determinante en su disposición de aprender y en la manera en que trate a los miembros del equipo.

5. **Enfóquese en la visión**: Una de las maneras de reducir el énfasis en título o posición es enfocarse más en la visión de la organización y pensar en usted mismo más como alguien que ayude a despejar el camino para que la gente realice esa visión. A fin de ayudarle a conseguirlo, dedique tiempo a escribir otra vez en esos términos la descripción de su trabajo. Apunte la visión de la organización y la manera en que su equipo o departamento ayuda a contribuir esa visión. Luego escriba maneras específicas en que puede facilitar las cosas para que los miembros de su equipo hagan su parte en el cumplimiento de esa visión.

6. **Cambie de normas a relaciones**: Si en el pasado usted ha confiado en normas, reglamentos y procedimientos para guiar a las personas que lidera, entonces debe cambiar a un enfoque más relacional del liderazgo. Empiece buscando valía en cada individuo que lidera; luego haga un esfuerzo especial para comunicar a cada uno cuánto lo aprecia. Las personas son el activo más valioso de cualquier organización. Asegúrese de tratarlas de esa manera.

7. **Inicie el contacto con los miembros de su equipo**: Si ha esperado que los miembros de su equipo acudan a usted para que los lidere, debe cambiar su enfoque y relacionarse con ellos. Salga de su oficina o cubículo e inicie contacto personal con cada uno. Haga que su objetivo sea conocerlos, expresarles su aprecio, animarlos y ofrecerles apoyo.

8. **No mencione su título o posición**: Si usted tiene la costumbre de aprovecharse del rango o de recordar a la gente su título o posición, comprométase a dejar de hacerlo. Incluso recomiendo llegar tan lejos como no mencionar su título en ningún momento cuando se presente. Haga lo posible por identificarse mucho menos con su título y posición, y más con cómo contribuir al equipo o a la organización.

9. **Aprenda a decir "No sé"**: Si usted ha creído que debe tener todas las respuestas, entonces cambie su enfoque hacia el liderazgo. Los buenos líderes no tienen todas las respuestas, pero sí consiguen personas que buscan las respuestas necesarias y las capacitan para conseguirlas. Empiece de inmediato a tener este enfoque. Durante el próximo mes, cuando alguien le pida una respuesta que usted no conozca, admítalo. Luego pida las opiniones de los miembros de su equipo. Si ellos no tienen la respuesta adecuada, pregúnteles si conocen a alguien que sí la tenga. Haga que la solución al problema sea de colaboración.

10. **Consiga un instructor de liderazgo**: A la mayoría de personas les resulta muy difícil crecer en el liderazgo sin la ayuda de alguien que esté por delante de ellas en el viaje. Piense en los mejores líderes que conozca personalmente, y pídale a uno de ellos que lo capacite o lo oriente. Pregúntele si puede reunirse con esa persona de cuatro a doce veces por año. Prepare siempre la reunión de modo diligente,

planificando qué preguntas hará y para qué problemas pedirá solución. Si no está preparado o no tiene
preguntas, no solicite una reunión. Nunca haga perder el tiempo a su mentor.

Nivel 2:
PERMISO

Usted no puede liderar personas a menos que estas le gusten

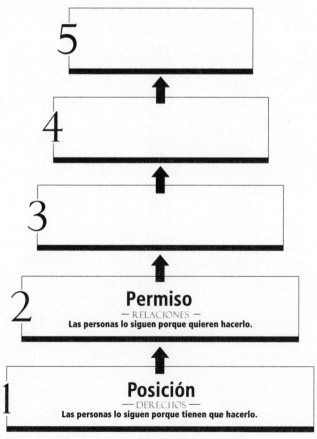

5

4

3

Permiso
— RELACIONES —
Las personas lo siguen porque quieren hacerlo.

2

Posición
— DERECHOS —
Las personas lo siguen porque tienen que hacerlo.

1

Pasar de Posición a Permiso produce el primer paso verdadero de una persona dentro del liderazgo. ¿Por qué digo esto? Porque liderazgo es influencia, nada más y nada menos. Los líderes que dependen de sus posiciones para movilizar personas casi nunca desarrollan influencia en ellas. Por lo general los subordinados hacen lo que el líder les pide porque creen que *tienen que* hacerlo, para recibir el pago, para mantener sus empleos, para evitar que los regañen, etc.

Por el contrario, cuando un líder aprende a actuar en el nivel Permiso, todo cambia. Las personas hacen más que simplemente cumplir órdenes. En realidad empiezan a seguir. Y lo hacen porque *desean* hacerlo de veras. ¿Por qué? Porque el líder comienza a influir en la gente por medio de la *relación*, no de la posición. Al construir relaciones se desarrolla una base para liderar eficazmente a otros. También se empiezan a derribar departamentos disfuncionales dentro de la organización a medida que la gente se conecta a través de las líneas entre sus descripciones laborales o departamentos. Mientras más barreras caigan y más relaciones se profundicen, más amplia se vuelve la base para liderar a otros. Cuando las personas se sienten apreciadas, atendidas, incluidas, valoradas y dignas de confianza, comienzan a obrar junto con su líder y entre ellas mismas. Y eso puede cambiar todo el ambiente laboral. El antiguo adagio es realmente cierto: La gente está de acuerdo con los líderes con quienes se lleva.

Las relaciones son parte esencial del éxito, sea que usted esté tratando de vender, entrenar, enseñar, liderar o simple-

> **La gente está de acuerdo con los líderes con quienes se lleva.**

mente realizar las tareas cotidianas de la vida. En el contexto de ventas, Jeffrey Gitomer, autor de *The Sales Bible* [La Biblia de las ventas] y *Jeffrey Gitomer's Little Red Book of Selling* [El librito rojo de Jeffrey Gitomer sobre cómo vender], utiliza la analogía del juego piedra-papel-tijeras para describir la importancia de las relaciones.

He aquí el juego de ventas "piedra, papel o tijeras":

Relación es más poderosa que precio.
Relación es más poderosa que entrega.
Relación es más poderosa que calidad.
Relación es más poderosa que servicio.

Eso también se puede decir acerca de liderar. Las relaciones tienen gran poder.

Avanzar al Nivel 2 representa un importante desarrollo en el liderazgo porque allí es donde los seguidores dan *permiso* a sus supervisores para que los lideren. Pasan por primera vez de ser subordinados a ser seguidores, ¡y eso significa que hay movimiento! Recuerde que liderazgo siempre significa que las personas se dirigen a algún lugar. No son estáticas. Sin viaje no hay liderazgo.

Ventajas del nivel Permiso

El lugar de trabajo se ha vuelto más agradable para todos

Hay muchas ventajas en el Nivel 2, debido a que el enfoque en la construcción de relaciones abre muchas sendas nuevas de liderazgo. He aquí mis cinco ventajas principales:

1. El liderazgo en el nivel Permiso hace más agradable el trabajo

Los líderes posicionales muchas veces enfocan sus esfuerzos en servirse o en servir a su organización, con muy poco respeto hacia los demás. Sin embargo, los líderes que avanzan al Nivel 2 cambian su enfoque de *yo* a *nosotros*. A ellos les gustan las personas y las tratan como seres humanos. Desarrollan relaciones y se ganan a la gente mediante interacción, en lugar de utilizar el poder de sus cargos. Ese cambio en actitud crea una transformación positiva en el ambiente laboral. El lugar de trabajo se vuelve más acogedor. Las personas empiezan a gustarse mutuamente. En el equipo comienza a desarrollarse química.

> Los líderes que avanzan al Nivel 2 cambian su enfoque de yo a nosotros.

La gente deja la mentalidad "tengo que hacerlo", y la reemplaza por "quiero hacerlo". El lugar de trabajo se vuelve más agradable para todos: líderes y seguidores por igual.

La clave para avanzar al nivel Permiso es tener la actitud correcta. Los líderes Nivel 2 ejemplifican las palabras de J. Donald Walters, quien aseveró: "El liderazgo es una oportunidad de servir".

A los líderes en el nivel Permiso les gustan las personas y desean ayudarlas. Las quieren ver triunfar. La actitud que prevalece es de servir a los demás y sacar a relucir lo mejor de aquellos con quienes se trabaja.

Lamento decir que en mi primera posición profesional de liderazgo centré gran cantidad de mi atención en mí mismo y en mi organización. Yo sabía a dónde quería ir, y al principio lo único que me importaba era llegar allí. Qué error. Me tomó un par de años cambiar mi actitud y desacelerar lo suficiente como para llegar a conocer a las personas y averiguar lo que les importaba. Esto marcó una gran diferencia en mi vida y mi liderazgo. Ahora, más de cuarenta años después, he cambiado de veras. Hoy mi mayor alegría viene de trabajar con mi equipo, y no de hacer el trabajo en sí. He pasado de amar mi trabajo y buscar personas que me ayuden, a amar a mi gente y buscar maneras de ayudarla. En consecuencia, el viaje se ha vuelto mucho más agradable.

2. El liderazgo en el nivel Permiso aumenta el nivel de energía

¿Qué sucede cuando usted pasa tiempo con personas que no le gustan en especial o a las que no les cae bien? ¿No le consume esto energía? Esa clase de ambiente abate a la mayoría de individuos. Incluso en un ambiente neutral, si usted está con personas que no conoce muy bien, ¿no requiere mucha energía llegar a conocerlas? Relacionarse con otros siempre resta energía. Al contrario, ¿qué ocurre cuando pasa tiempo con personas a quienes usted conoce y le gustan? ¿No le da esto energía? A mí sí. Pasar tiempo con gente que me gusta, sea en el trabajo, en la casa o mientras me divierto, es mi más grande gozo, y siempre me produce energía.

Las buenas relaciones crean energía, y proporcionan un tono positivo a la interacción de las personas. Cuando usted invierte tiempo y esfuerzo en conocer a la gente y construir buenas relaciones, esto se compensa de veras con mayor energía una vez que las relaciones se construyen. Y en esa clase de ambiente positivo y activo las personas están dispuestas a dar lo mejor de sí porque saben que el líder desea lo mejor para ellas.

3. El liderazgo en el nivel Permiso abre canales de comunicación

En el Nivel 2 el liderazgo posicional de arriba hacia abajo se reemplaza con relaciones hombro a hombro. Eso requiere y cultiva buena comunicación. En el nivel Permiso los líderes escuchan a las personas, y ellas los escuchan.

> En el Nivel 2 el liderazgo posicional de arriba hacia abajo se reemplaza con relaciones hombro a hombro.

La interacción de comunicación entre buenos líderes y

su gente en el Nivel 2 se puede encontrar en una cita de Jack Welch, ex presidente ejecutivo de General Electric. Él describe así a un líder ideal:

> Alguien que puede desarrollar una visión de lo que desea que su unidad o actividad realice y llegue a ser. El líder ideal es alguien capaz de articular a la unidad entera de qué se trata el asunto, y de conseguir aceptación en cuanto a la visión a través de participar el análisis, es decir escuchando y hablando. Además, [es alguien que] puede orientar el estudio de esa visión hacia un fin exitoso.[1]

Welch también comentó: "Por sobre todo, los buenos líderes son francos. Recorren sus organizaciones de arriba abajo y de un lugar a otro para llegar a la gente. No se apegan a canales establecidos. Son informales. Son justos con el personal. Les dan mucha importancia a ser asequibles".[2]

Creo que la mayoría de líderes por naturaleza son mejores para hablar que para escuchar. Sé que eso me ocurría al principio de mi viaje de liderazgo. Mi intención era comunicar mi visión a los demás y asegurarme que entendieran mi programa. Quería que la comunicación se diera en un solo sentido: de mí hacia ellos. El resultado fue que pocas personas estaban de acuerdo con mi liderazgo y mi visión. No me daba cuenta que el camino para la aceptación de una visión tiene doble vía de comunicación. Eso significaba que yo debía aprender a escuchar.

Hace poco me topé con una explicación del símbolo

chino para el verbo "escuchar". Creo que este símbolo ofrece una tremenda visión del concepto. La palabra, pronunciada "ting", se compone de símbolos más pequeños con significados específicos:[3]

Esos símbolos lo representan a *usted*, indicando que el enfoque está en la otra persona, no en usted mismo; el *oído*, la principal herramienta usada para escuchar; los *ojos*, que usamos para descubrir claves no verbales de comunicación, *atención total*, que cada persona merece si queremos oír todo lo que se dice; y el *corazón*, que indica que somos receptivos a la otra persona en un nivel emocional, y no solo intelectual. En otras palabras, cuando abro realmente los canales de comunicación en el Nivel 2 y escucho de veras, he aquí lo que debo dar a los demás:

Oídos: oigo lo que me dice.
Ojos: veo lo que me dice.
Corazón: Siento lo que me dice.
Atención total: Valoro lo que usted es y lo que dice.

Solamente haciendo esto podremos construir relaciones positivas y persuadir a la gente a que nos siga.

Cuando los líderes forjan relaciones en el Nivel 2 no solo crean mejor comunicación, también edifican una comunidad. El sociólogo Amitai Etzioni observó: "Cuando se usa el término *comunidad*, la idea que típicamente viene a la mente es un lugar en el cual las personas se conocen y se preocupan unas por otras… la clase de lugar en que la gente no pregunta simplemente: "¿Cómo estás?" como una formalidad, sino que se interesa en la respuesta". El liderazgo de Nivel 2 crea un ambiente en que las personas comienzan a trabajar juntas en un espíritu de comunidad y se comunican unas a otras de manera franca.

4. El liderazgo en el nivel Permiso se enfoca en el valor de cada individuo

El liderazgo de Nivel 2 se motiva en relaciones. Eso es posible solo cuando la gente se respeta y se valora mutuamente. Es imposible relacionarse bien con aquellos a quienes usted no respeta. Cuando en una relación disminuye el respeto, la relación se apaga. Usted puede preocuparse por personas sin liderarlas, pero no puede liderarlas de forma eficaz más allá del Nivel 1 sin preocuparse por ellas.

> Usted puede preocuparse por personas sin liderarlas, pero no puede liderarlas de forma eficaz más allá del Nivel 1 sin preocuparse por ellas.

Todos los grandes líderes valoran a las personas. Y levantan así la barra de valía en sus organizaciones. Uno de los más grandes líderes de nuestra época es Nelson Mandela, quien continuamente modeló un liderazgo que ponía gran valor en cada persona. La fortaleza y humildad de Mandela son legendarias; él siempre estuvo consciente de cuán importante era su actitud para su liderazgo. Este gran hombre observó: "Vea usted, cuando hay peligro, un buen líder se pone al frente. Pero cuando hay celebración, un buen líder permanece en la parte posterior. Si usted quiere la cooperación de los seres humanos que lo rodean, hágalos sentir que son importantes. Y hágalo siendo humilde".

Hace poco mientras viajaba por Sudáfrica me detuve en una librería en Johannesburgo y compré el libro *Leading like Madiba: Leadership Lessons from Nelson Mandela* [Cómo liderar al estilo Madiba: Lecciones de liderazgo de Nelson Mandela], de Martin Kalungu-Banda. Leí la obra en mi vuelo de Sudáfrica a Kenia; estaba llena de relatos personales de gente que había presenciado como su líder Nelson Mandela ponía gran valor en las personas y las levantaba. Una de mis historias favoritas trata de un próspero comerciante llamado Peter, a quien el presidente había invitado a desayunar en su casa.

El día de la cita, Peter se puso su mejor atuendo y pidió a uno de los choferes de su empresa, Dumi, que lo llevara a la casa del Sr. Mandela. Para asombro de Peter, su anfitrión lo estaba esperando en el estacionamiento. El hombre recordó:

Me sentí muy emocionado y honrado de que el Sr. Mandela estuviera esperándome afuera. Cálidamente nos saludó al chofer y a mí. Luego con un gesto nos señaló que entráramos a la casa. No obstante, en la forma tradicional de comportamiento y protocolo colectivo, el chofer se retiró en silencio y se quedó en el auto. El Sr. Mandela me invitó a la mesa de desayunar. Exactamente antes de empezar a comer, mi anfitrión pareció extrañar algo.

—Peter, ¿no eran dos ustedes ahí afuera? —inquirió.

—No, señor —contesté—. Vine solo.

—¿Y el otro caballero? —insistió Mandela.

—No, señor —repliqué—. Ese es solo un chofer. Puede esperar en el auto.

En ese momento el Sr. Mandela se puso de pie y salió hacia donde se hallaba el chofer. Se le presentó y le pidió que se nos uniera para desayunar. Luego se dirigió a la cocina.

—Dumi desayunará con nosotros —informó a los cocineros—. ¿Podemos tener otro plato, por favor?[4]

Peter nunca olvidó lo que Nelson Mandela hizo. Tampoco Dumi. Peter siguió diciendo: "Cuando los líderes aprenden a ver las personalidades que yacen detrás de esos títulos aparentemente humildes (choferes, guardias y sirvientes), los individuos en esos trabajos no solo se sienten apreciados sino que descubren nuevos horizontes en sus vidas, hacia los cuales se encaminan. En consecuencia llegan a rendir en gran manera en lo que hacen, y encuentran realización personal". Tal es el impacto que los grandes líderes pueden tener en los demás. Pero usted no tiene que ser un gran líder para interesarse en la gente. ¡Solo tiene que la tomar la decisión de hacerlo!

Nada inspira tanto a alguien como ser respetado y valorado por otros. Como líder de Nivel 2, las metas que usted tenga deberían incluir estar consciente de la singularidad de las personas y aprender a apreciar sus diferencias. Usted debe hacerles saber que importan, que las ve como seres humanos únicos, no solo como trabajadores. Esta actitud logra un impacto positivo en la gente, y fortalece el liderazgo que usted desarrolla.

Mi padre me dio un gran consejo a inicios de mi carrera ministerial: "Hijo, la gran mayoría de personas que atraviesan las puertas de la iglesia se sienten desechadas, inseguras y perdidas. Tu labor es cambiar aquello". Nunca lo olvido. Y durante mi carrera de veintiséis años como pastor siempre traté de seguir ese consejo. También intento ponerlo en práctica en mis relaciones comerciales. Incluso en casa. Cada día le hago saber a mi esposa Margaret cuánto la aprecio. Durante la crianza de nuestros hijos, mi esposa y yo tratamos de proveerles un ambiente de gran valoración y les brindamos amor incondicional. Como abuelos, Margaret y yo disfrutamos viendo a nuestros nietos desarrollarse igual que sus padres, y cada día les hacemos ver lo importantes que son para nosotros.

Existe un vínculo común en todos los grandes comercios, gobiernos, centros educativos e instituciones religiosas. Ese vínculo es que todos allí valoran y respetan a la gente. Como líder que avanza al Nivel 2, usted puede constituir un ejemplo para su organización.

5. El liderazgo en el nivel Permiso nutre la confianza

Los líderes que avanzan del Nivel 1 al 2 dejan de intentar impresionar a otros con el fin de mantener su posición, y empiezan a desarrollar confianza para conservar sus relaciones. Eso puede resultar difícil, porque con mucha frecuencia los líderes ponen mayor énfasis en impresionar a otros que en ser íntegros con la gente. Una historia en un libro de mi amigo Bill Hybels representa una ilustración clásica de lo que puede ocurrir cuando los líderes quieren impresionar a otros. Bill escribe:

A un coronel recién ascendido … le habían asignado una improvisada oficina recién construida durante la Guerra del Golfo. El hombre acababa de llegar y estaba organizando sus cosas cuando por el rabillo del ojo vio a un soldado raso que se acercaba llevando una caja de herramientas.

Queriendo parecer importante, el coronel giró y levantó rápidamente el teléfono.

—Sí, general Schwarzkopf, sí, sí por supuesto, creo que es un excelente plan. Cuenta con mi apoyo. Gracias por consultarlo conmigo. Nos volveremos a poner en contacto muy pronto, Norm. Que tengas buen día.

Entonces el hombre colgó dinámicamente, y se volvió.

—¿En qué le puedo servir? —preguntó al soldado raso.

—Ah, solo vine a conectarle su teléfono.[5]

La confianza es la base del nivel Permiso. Si usted tiene
integridad con la gente, desarrolla confianza. Mientras más
confianza desarrolle, más fuertes se vuelven las relaciones.
Mientras mejores sean las relaciones, mayor es el potencial de
que un líder obtenga permiso para liderar. Este es un proceso
de construcción que toma tiempo, energía e intencionalidad.

El jubilado almirante James Stockdale afirmó: "Cuando la
crisis llega, la gente se aferra a aquellos en quienes puede confiar... aquellos que no
están aislados sino invo-
lucrados". Ese es el poder
del Permiso. En momen-
tos de dificultad las relaciones son un refugio. En

> "Cuando la crisis llega, la gente se aferra a aquellos en quienes puede confiar... aquellos que no están aislados sino involucrados".
> —*James Stockdale*

tiempos de oportunidad son una rampa de lanzamiento. Se
requiere confianza para que la gente se sienta suficientemente
segura y así crear, compartir, cuestionar, intentar y arriesgarse.
Sin confianza el liderazgo es débil y es imposible trabajar en
equipo.

Desventajas del nivel Permiso

Sobre usted está la presión de construir relaciones positivas

Si usted es alguien relacional, como yo, quizás se esté diciendo: *¿Qué posible desventaja puede haber en desarrollar relaciones, edificar confianza, y ganarse el permiso de las personas para liderarlas? ¿No es bueno todo eso?* Mi respuesta tiene que ser negativa. Aunque es verdad que los positivos superan a los negativos, hay sin embargo algunas desventajas en el Nivel 2. He aquí algunas que he observado:

1. El liderazgo en el nivel Permiso parece demasiado blando a algunas personas

En ambientes enérgicos, de alto rendimiento, y de liderazgos duros, a muchas personas les podría parecer "blando" el liderazgo de nivel Permiso. Querer a la gente y ser relacional se puede ver como debilidad, especialmente por parte de líderes con una tendencia natural hacia la acción (en lugar del afecto). Por eso algunos individuos lo descartan. Qué error, y qué perjuicio para el liderazgo potencial.

He observado que la mayoría de personas empiezan a liderar enfocándose en aspectos "duros" del liderazgo, refiriéndose a la productividad, o en aspectos "suaves", refiriéndose al lado relacional. Quienes empiezan por el lado duro y se niegan a aprender destrezas más suaves a menudo se estancan en el Nivel 1. Desean ir al Nivel 3 de Producción, pero no pueden lograrlo sin aprender primero a ganarse el Nivel 2.

Por el contrario, quienes empiezan por el lado suave se abren paso con gusto y facilidad hacia el Nivel 2 de Permiso, pero si lo único que hacen es ganar relaciones también se estancan y no avanzan al Nivel 3 de Producción. Se necesita tanto Permiso como Producción para convertirse en buen líder.

Comencé mi carrera de liderazgo en el lado suave. Y esta es la buena noticia: Rápidamente construí relaciones con las personas. He aquí la mala noticia: Nunca quise tomar decisiones duras. Me era fácil amar a la gente, pero cuando amar a las personas creaba tensión para liderarlas, por lo general yo dejaba de liderarlas. Una de las razones tiene que ver con mi crianza. Me crié en un hogar amoroso, y como resultado creí erróneamente que podía amar a la gente hasta el tope. Pero también caí en la trampa de solo querer tomar decisiones que fueran aprobadas y aceptadas por todos. Me estanqué en el Nivel 2 debido a que mi "suavidad" se convirtió en un tope en mi liderazgo.

Se necesitó una crisis interna que finalmente me ayudó a ver lo que yo estaba haciendo mal. Ocurrió en mi primer pastorado, el cual fue en una iglesita rural al sur de Indiana. Cada año la congregación votaba para conservar o no al pastor. Como líder joven ese primer año en la iglesia, mis pensamientos y acciones se habían enfocado en hacer felices a todos. Había puesto todo mi poder en hacer eso, y creí que había triunfado.

Entonces vino la votación. Mientras viva nunca olvidaré los resultados: treinta y un votos por el SÍ, uno por el NO, y una abstención. ¡Quedé devastado! Cuando la meta es agradar *a todo el mundo*, y *alguien* no está agradado con uno, el asunto parece un fracaso. No podía creer que yo no le gustara a alguien. Y casi tan malo era el hecho de que yo ni siquiera le importara de un modo u otro a otra persona.

Esa noche después de que todos se fueran a casa, llamé a mi padre.

—Papá —le dije—. No sé lo que debería hacer. ¿Debo quedarme o debo irme?

Me impactó oírlo reír al otro lado de la línea.

—Hijo, créeme, debes quedarte —contestó—. Ese es el mejor voto que alguna vez recibirás.

Me quedé. Pero aún no estaba liderando bien. Durante los próximos meses me hice constantemente dos preguntas: ¿Quién votó en mi contra?, y ¿qué hice mal? Mi inmadurez me hacía creer que los buenos líderes siempre tenían aceptación de todo el mundo, que no tenían que tratar con conflictos, y que podían evitar la realidad de tomar decisiones difíciles. (A propósito, papá tuvo razón. En mi carrera ese es el mejor voto que alguna vez recibí.)

Me quedé atascado en esta clase de pensamiento por varios meses. Pero luego comprendí cuál era mi verdadero problema: Yo era un complaciente. Había tratado de hacer felices a todos. Esa era la meta equivocada. Como líder, mi objetivo debió haber sido ayudar a la gente, no hacerla feliz.

Entender eso cambió mi liderazgo. Por primera vez fui libre. Ya no era prisionero de la opinión de cada persona, lo cual era un lugar muy insalubre dónde estar. Me pude enfocar en hacer lo que creía mejor para la organización y la gente. Hacer feliz a todo el mundo no era algo responsable. Tampoco era posible. Esta comprensión me hizo más valiente y más realista al mismo tiempo.

A mi inclinación natural hacia el lado suave relacional yo debía agregar el lado duro del liderazgo. Seguramente otros debían aprender el lado suave y agregarlo al duro y productivo. El punto es que necesitamos ambos lados. Si usted es relacional sin ser productivo, ni usted ni su equipo obtendrán algún progreso. Si es productivo sin ser relacional podría tener un pequeño grado de progreso inicial, pero a la larga no cumplirá las metas porque o indispondrá a su gente o la quemará. Usted no triunfará en el liderazgo hasta que aprenda lo uno y lo otro.

2. El liderazgo en el nivel Permiso puede ser frustrante para personas emprendedoras

Quienes suelen obtener grandes logros quieren conseguir sus objetivos, ¡y lo ambicionan *ahora mismo*! Por lo general no desean frenarse por nada ni nadie. Liderar en el nivel Permiso requiere que los líderes hagan exactamente eso. Construir relaciones lleva tiempo. Este puede ser un trabajo muy lento.

Si en un extremo usted tiene gente de logros haciendo caso omiso de las relaciones, en el otro tiene personas muy relacionales que permiten que las relaciones se conviertan en un fin personal. Eso tampoco es sano. Es más, la razón más común de que los líderes no avancen al Nivel 3 es que se vuelven tan relacionales que pierden de vista el objetivo principal del liderazgo: ayudar a otros a trabajar juntos, avanzar en las metas, y lograr objetivos. Cuando las relaciones se convierten en un fin, entonces quienes van tras grandes logros y se enfocan en resultados finales se vuelven impacientes. Cuando eso ocurre, este tipo de personas trata a menudo de hacer dos cosas: dominar o irse. Usted como líder debe triunfar en lo uno y lo otro si desea tener éxito.

Si usted es una persona de muchos logros que ha recha-

> **Si usted pisa los dedos de las personas al subir, ellas podrían hacerlo trastabillar cuando baje.**

zado las relaciones en su liderazgo, podría estar diciéndose: *No he necesitado desarrollar relaciones para ser un buen líder. No creo que un líder necesite de veras el Nivel 2.* He aquí mi respuesta a eso: Mientras usted esté ganando, las personas estarán dispuestas a seguirlo, aunque sea duro con ellas o posicional en su liderazgo. Sin embargo, cuando usted lleva a las personas a tener logros sin detenerse a construir relaciones, una parte de ellas querrán verlo perder. Un dicho dice que si usted pisa los dedos de las personas al subir, ellas podrían hacerlo trastabillar cuando baje. Y por decir lo menos, si usted fracasa, ellas festejarán su caída y luego seguirán su camino.

3. Se puede abusar del liderazgo en el nivel Permiso

A la gente cuyo estilo de dirigir es no relacional por lo general suele vérsele como líderes sensatos. Los líderes posicionales muchas veces usan sus posiciones para distanciarse de los subordinados. A veces quienes se enfocan en grandes logros intimidan a sus seguidores. Pero cuando los líderes son relacionales, sus seguidores se les acercan de manera natural. Eso en ocasiones significa que estos últimos confundan amabilidad con debilidad; que crean que animar significa no tener que respetar límites; y que supongan que otorgar poderes significa tener libertad de hacer lo que se les venga en gana. En consecuencia, abusan de sus líderes.

Debo admitir que esto me ha ocurrido. Cuando he animado a personas, algunas han construido sobre ello. Otras han abusado de este proceder. Desarrollar relaciones íntimas con personas que trabajan conmigo ha dado como resultado algunas amistades de toda una vida y que aprecio profundamente. Pero también me ha producido algunas desilusiones que han durado muchísimo tiempo.

Mientras usted construye relaciones con gente en el Nivel 2, sin duda descubrirá que existen cuatro clases de individuos:

- **Aprovechados:** Quienes se valen de la relación solo para progresar ellos, pero no para usted o alguien más progrese. Le piden prestada su influencia pero se guardan el beneficio para sí.

- **Promotores:** Quienes aprovechan la relación de manera positiva, produciéndose así mejoras en ellos y en usted.

- **Conocidos:** Quienes se alimentan de la relación con usted pero que no hacen nada con ella. Merodean esperando que les llegue algo bueno, contentos con vivir de los éxitos de otros, y nunca se responsabilizan por crecer.

- **Amigos:** Quienes disfrutan su relación con usted, devolviendo la buena voluntad que les ha mostrado, y sin sacar ventaja injusta de esa relación.

Ser relacional es un riesgo, exactamente como cuando usted se da y se enamora. Por supuesto que puede mantenerse protegido y no salir herido, pero si lo hace tampoco tendrá la oportunidad de disfrutar relaciones profundas y gratificantes que enriquecerán su vida y las vidas de otros. Espero que usted decida construir relaciones. Yo tomé esa decisión a principios de mi vida de liderazgo, y aunque me han herido y ocasionalmente han abusado de mí, no me arrepiento. La mayoría de personas respetan la relación, la tratan de la manera adecuada, y me añaden gran valor.

4. El liderazgo en el nivel Permiso requiere apertura para ser eficaz

El escritor y pastor Rick Warren observa: "Usted puede impresionar a las personas desde cierta distancia, pero para influir en ellas debe acercárseles". Al hacerlo, ellas podrán verle las fallas. No obstante, Warren indica: "La cualidad más esencial para el liderazgo no es la perfección sino la credibilidad. La gente debe poder confiar en usted".

> "La cualidad más esencial para el liderazgo no es la perfección sino la credibilidad. La gente debe poder confiar en usted".
> —*Rick Warren*

La mayoría de personas no quieren admitir sus equivocaciones, sacar a luz sus errores, ni enfrentar sus deficiencias. No desean ser descubiertas. No intiman demasiado con otros debido a los aspectos negativos en sus vidas. Y si estos individuos logran una posición de liderazgo, la urgencia de ocultar sus debilidades se puede volver aun más fuerte. Casi todas las personas creen que deben mostrar mayor fortaleza como líderes. Sin embargo, si los líderes intentan mantener una fachada ante quienes lideran, no podrán construir verdaderas relaciones.

Para desarrollar auténticas relaciones en el nivel Permiso, los líderes deben ser auténticos. Deben admitir sus equivocaciones. Deben reconocer sus fallas y sus deficiencias. En otras palabras, deben ser las personas adecuadas. Ese es un lugar vulnerable en el cual hallarse para ser un líder. Y a la verdad, es una de las principales razones de que muchos líderes no avancen del Nivel 1 al 2 en el liderazgo.

5. El liderazgo en el nivel Permiso es difícil para quienes por naturaleza no son agradables

Si somos sinceros, debemos admitir que algunos individuos son naturalmente dotados con la gente. Interactúan bien con otros y les es fácil desarrollar relaciones. El Nivel 2 les llega de manera natural a tales personas. No obstante, ¿qué con aquellos que no están dotados de manera natural para trabajar con gente? Para ellos generalmente no es fácil avanzar al Nivel 2. Si desean obtener Permiso de otros, se deben esforzar para hacerse más agradables.

Durante años he observado a individuos que no funcionan bien con otros, y me he preguntado la razón. Mi conclusión es que en la mayoría de casos, a quienes no son agradables no les gusta mucho la gente. No estoy diciendo que ellos *odien* a los demás, sino que no se interesan lo suficiente por otros como para comprometer la energía necesaria a fin de hacer buenas conexiones con ellos.

Creo que las personas no se llevarán bien con otras a menos que estén dispuestas a ponerse detrás de ellas. ¿Cómo podemos hacer eso? ¿Cómo volvernos más agradables? Haciendo lo siguiente:

- Tome la decisión de preocuparse por otros. Gustar de las personas y preocuparse por ellas es una decisión que está dentro de su control. Si aún no lo ha hecho, tome la decisión.
- Busque algo agradable respecto de cada persona que conoce. Allí se encuentra ese algo. Esfuércese por averiguarlo.
- Descubra qué es agradable acerca de usted y haga lo posible por compartirlo con cada persona con quien se tope.

* Esfuércese cada día por expresar lo que le gusta de cada persona en su vida.

Si quiere ganar el permiso de la gente y liderar con eficacia en el Nivel 2, a usted deben gustarle las personas y además debe volverse más agradable.

6. El liderazgo en el nivel Permiso lo obliga a usted a tratar con la persona en su totalidad

El pionero en autos Henry Ford preguntó una vez: "¿Por qué siempre obtengo el individuo completo cuando lo que en realidad quiero es un par de manos?" Seamos realistas: las relaciones son problemáticas. Muchos líderes preferirían tratar con personas solamente en términos de su vida laboral. Pero la realidad es que cuando usted dirige a alguien, siempre trata con la persona en su totalidad... lo que incluye disfunciones, vida hogareña, problemas de salud, y caprichos.

Los buenos líderes entienden que la médula del liderazgo es tratar con individuos y trabajar con lo bueno, lo malo y lo feo en cada uno. Hacen esto en el Nivel 2. Los expertos en liderazgo Warren Bennis y Burt Nanus lo expresan de este modo:

> El liderazgo es un asunto esencialmente humano. Tanto universidades como empresas se equivocan al exagerar el énfasis en herramientas cuantitativas formales, problemas patentes, y casos de "relaciones humanas" ridículamente simplistas. Lo que hemos

descubierto es que mientras más alta la posición, más interpersonal y humana es la empresa. Nuestros máximos ejecutivos gastan casi 90% de su tiempo preocupándose con el caos de los problemas de la gente.[6]

Creo que si somos sinceros debemos admitir que el caos de los problemas de la gente es lo que puede hacer que el liderazgo no sea divertido. Muy a menudo, al llegar a conocer a otros y empezar a verles las fallas, nos desilusionamos de ellos. Y muchas veces terminamos como la mujer en una fiesta de cócteles que hacía lo posible por parecer feliz.

—¡Vaya! ¡Qué hermoso diamante! —exclamó otra dama observándole una gigante piedra brillante en el dedo.

—Sí —contestó ella—. Es un diamante Callahan.

—¡Me gustaría tener uno así!

—Por supuesto que no le gustaría —replicó con aspereza la dueña del diamante.

—¿Por qué no?

—Porque viene con la maldición Callahan.

—¿La maldición Callahan… qué es eso?

—¡El Sr. Callahan! —exclamó ella con un profundo suspiro y una mirada de desolación.

Mientras más aprendemos acerca de otros más podríamos desilusionarnos. ¿Por qué? Porque cada uno de nosotros tiene imperfecciones y hábitos irritantes. Todos fallamos. Después de la época Nixon, Billy Graham declaró: "Todo el mundo lleva por dentro un pequeño Watergate". Debemos aprender a aceptar eso con relación a otros y aún así seguir trabajando juntos.

Como líder usted podría estar tentado a construir relaciones solamente con individuos que le gustan o con quienes son muy compatibles e ignorar a otros. Sin embargo, al hacer eso tiene el potencial de perder mucha gente. Es importante recordar que aunque lo que tengamos en común podría forjar relaciones agradables, las diferencias son lo que en realidad las hacen interesantes. Los buenos líderes en el Nivel 2 tratan con éxito estas diferencias y las aprovechan para el beneficio del equipo y de la organización.

Los buenos líderes son capaces de considerar duras verdades, ver defectos en las personas, enfrentar la realidad, y hacerlo en un espíritu de gracia y verdad. No evitan problemas; los solucionan. El líder abolicionista Frederick Douglass dijo una vez que no se puede contar con obtener una cosecha sin arar, ni se puede esperar lluvia sin truenos y relámpagos. Los líderes que construyen relaciones entienden que el conflicto es parte del progreso. A menudo este conflicto es incluso constructivo.

Lo importante en el Nivel 2 es que la mayoría de desventajas del liderazgo viene de tratar con personas. Si a usted le importa la gente y la entiende, entonces espere que las cosas no resulten muy suaves. Si ingresa al liderazgo en el Nivel Permiso con esa expectativa, esta lo libera hasta llegar a liderar con actitud positiva y mentalidad abierta. Sepa que mientras la gente aún tenga pulso, usted tratará con caos y situaciones difíciles.

Mejores comportamientos en el Nivel 2

Cómo obtener permiso de la gente

Si usted se encuentra en un lugar en que debe empezar a trabajar para ganar personas en el Nivel 2, ¿qué debería hacer? ¿Cómo puede aprovechar al máximo la oportunidad de desarrollarse como líder relacional? Haga lo siguiente:

1. Relaciónese consigo mismo antes de tratar de relacionarse con otros

Uno de los secretos de conectarse con la gente y cimentar relaciones es conocerse y gustarse personalmente. En mi libro *Cómo ganarse a la gente* llamo a esto el Principio Espejo, el cual expresa: "La primera persona que debemos examinar es a nosotros mismos". El trabajo de edificar relaciones siempre tiene que empezar con uno mismo. ¿Qué significa eso?

La primera persona que debo conocer es a mí mismo: Autoconciencia

La naturaleza humana parece dotar a las personas con la

habilidad de formarse una opinión de todo el mundo menos de sí mismas. Muy poca gente está dotada con autoconciencia natural. Por consiguiente, ¿qué debo hacer? Estudiarme a mí mismo. Aprender mis fortalezas y debilidades. Pedir a otros que me evalúen. Entender la manera en que pienso, siento y actúo en todo tipo de situación. Entonces una vez que sé quién soy me olvido de mí y me enfoco en los demás. Me relaciono con otras personas desde un lugar de fortaleza.

La primera persona con quien me debo llevar bien es conmigo mismo: Autoimagen

Conozco personas que nunca se han llevado consigo mismas ni un solo día en sus vidas. No les gusta cómo se ven. O desearían haber sido dotadas de distintos dones o de una clase diferente de personalidad. No les gusta de dónde vienen o a dónde van. Hay muchas cosas que podemos cambiar de nosotros mismos y debemos esforzarnos en ello. Pero también hay muchas que no podemos cambiar; aceptémoslas. Tomemos el consejo de Thomas Jefferson: "En asuntos de conciencia, mantente como una roca; en asuntos de moda, sigue la corriente".

La primera persona que me causa problemas soy yo mismo: Honestidad con uno mismo

El humorista Jack Parr dijo sarcásticamente: "Al mirar hacia atrás, mi vida parece como una gran carrera de obstáculos, siendo yo el principal de ellos". La mayoría de individuos que no llegan a ninguna parte en la vida tienen que culparse a sí mismos. No creen en ellos mismos. Crean pro-

> **Es muy difícil engañarse uno mismo y triunfar al mismo tiempo.**

blemas y luego pretenden culpar a alguien más. Quieren cambiar pero no crecen. Es muy difícil engañarse uno mismo y triunfar al mismo tiempo. Hasta los pocos que logran arrancar no pueden continuar el viaje. Si usted quiere construir relaciones debe ser honesto: empiece consigo mismo.

La primera persona a la que debo cambiar es a mí mismo: Superación personal

Si desea mejorar en la vida, entonces lo primero que debe hacer es cambiar usted mismo para bien. El escritor Samuel Johnson advirtió: "Quien tiene tan poco conocimiento de la naturaleza humana como para buscar felicidad cambiando cualquier cosa que no sea su propia disposición, perderá la vida en inútiles esfuerzos y multiplicará el dolor que se propone eliminar". Muy a menudo buscamos fuera de nosotros el origen de nuestros problemas. La realidad es que muchos de esos problemas vienen de nuestro interior.

La primera persona que puede marcar la diferencia soy yo mismo: Responsabilidad personal

Todo logro importante comienza con mejoramiento personal y compromiso de marcar la diferencia. Tal persona toma luego la responsabilidad de transmitir esa diferencia a otros. Si no nos responsabilizamos por nosotros mismos, entonces no debemos esperar que nuestra vida sea diferente de lo que es ahora.

2. Desarrolle un estilo de liderazgo orientado en la gente

Los líderes en el nivel Permiso no dependen de reglas para dirigir personas. No dependen de sistemas. Y nunca tratan de gobernar con vara. (Cualquiera que lo hace debe saber que con el tiempo toda vara se rompe.) En lugar de eso usan un toque personal siempre que tratan con otros. Oyen, aprenden y luego lideran. Desarrollan relaciones. Tienen más que una política de puertas abiertas… saben que la puerta oscila para ambos lados. La atraviesan y se mezclan con su gente para relacionarse.

Herb Kelleher afirmó: "Liderar una organización tiene que ver tanto con el alma como con sistemas. El liderazgo eficaz encuentra su origen en la comprensión. A menos que un líder conozca a fondo la humanidad; es decir, que tenga sensibilidad hacia las esperanzas y aspiraciones de quienes lidera, y que sea capaz de analizar las fuerzas emocionales que motivan la conducta, será incapaz de producir y de tener éxito a pesar de cuán a menudo se ofrezcan otros incentivos".

> "Liderar una organización tiene que ver tanto con el alma como con sistemas. El liderazgo eficaz encuentra su origen en la comprensión".
> —*Herb Kelleher*

Otra manera de decirlo es que los buenos líderes *nunca* dejan de lado a los demás en cualquier cosa que hagan. Siempre los tienen en cuenta: dónde están, qué creen, qué sienten. Toda pregunta que hacen está expresada en el contexto de las personas. Saber qué debe hacer no basta para convertir a alguien en buen líder. El hecho de que algo sea bueno no necesariamente significa que la gente permitirá que se haga. Los buenos líderes tienen eso en cuenta. Además piensan y planifican en consecuencia.

Si usted desea triunfar en el Nivel 2 debe pensar menos en términos de sistemas y más en términos de las emociones de las personas. Más en términos de capacidad humana y menos en términos de regulaciones. Más en términos de aceptación y menos en términos de procedimientos. En otras palabras, debe pensar en la gente antes que en progresar. Para hacer eso como un líder de nivel Permiso debe exhibir un estado de ánimo consecuente, mantener una actitud optimista, poseer un oído presto a escuchar, y mostrar a otros su auténtico yo.

3. Practique la regla de oro

Una de las críticas del liderazgo de Permiso es que este se puede volver manipulador. Concuerdo en que líderes que ponen énfasis en motivar a la gente pueden usar el liderazgo para beneficio personal a expensas de otros. Hay una línea muy delgada entre manipular a las personas y motivarlas. No obstante, al seguir la regla de oro un líder de nivel Permiso puede mantener en control esa tendencia y no pasar de la motivación a la manipulación.

Muchas veces me dan la oportunidad de viajar internacionalmente y hablar a una amplia variedad de audiencias de distintas culturas, lenguajes, reseñas, valores e intereses. Sin embargo, todas esas audiencias me piden que dedique tiempo a enseñarles acerca de la integridad en las relaciones. En esas situaciones siempre les recuerdo la regla de oro: "Traten a los demás como quieren ser tratados". Esa sencilla regla se puede entender y seguir en todo el mundo, pues establece la norma de relación que tiene sentido y que se puede aplicar. Es además una enseñanza básica que se encuentra en toda cultura y religión. La regla de oro es la guía más sencilla, profunda y positiva que existe para vivir. Dé una mirada a cuántas variaciones pude hallar y las religiones de las que provienen:

Cristianismo: "Todas las cosas que queráis que los hombres hagan con vosotros, así también haced vosotros con ellos".[7]

Islamismo: "Ninguno de ustedes es creyente a menos que quiera para su prójimo lo que quiere para sí mismo".[8]

Judaísmo: "Lo que no quieras para ti, no lo hagas a tu compañero. Esto abarca toda la Ley; el resto es comentario".[9]

Budismo: "No lastimes a otros con lo que te provoca dolor".[10]

Hinduismo: "Este es el resumen del deber; no hagas a otros lo que no permitirías que ellos te hicieran".[11]

Zoroastrismo: "Cualquier cosa que te sea desagradable, no la hagas a otros".[12]

Confusionismo: "Lo que no quieres que te hagan, no lo hagas a otros".[13]

Behaísmo: "Y si tus ojos están vueltos hacia la justicia, escoge para tu prójimo lo que más escogerías para ti mismo".[14]

Jainismo: "Un hombre debería deambular tratando a toda criatura como él mismo se trataría".[15]

Proverbio yoruba (Nigeria): "Quien vaya a tomar una vara puntiaguda para pinchar un polluelo de ave primero debería probarla en sí mismo para sentir cómo duele".[16]

Está claro que la regla de oro traspasa fronteras culturales y religiosas, y que la adoptan personas de casi todo el mundo. ¿Y qué se consigue al practicarla en el liderazgo? Permite que todos se sientan respetados. Eso cambia por completo el ambiente de un departamento o una organización. Cuando los líderes dejan de forzar a las personas en un ambiente posicional, y se dedican a respetarlas en un ambiente de nivel Permiso, ellas pasan de sentirse pinchadas por una vara a sentirse participantes.

> Practicar la regla de oro permite que todos se sientan respetados.

4. Conviértase en el principal animador de su equipo

Durante muchos años he disfrutado la amistad de la familia Cathy, líderes de la cadena de restaurantes Chick-fil-A. Un día mientras cenaba con Truett Cathy, el fundador de la empresa, este expresó: "¿Sabes cómo identifico a alguien que necesita recibir ánimo? ¡Si ese alguien respira es que necesita una palmadita en la espalda!"

Aún debo encontrar a alguien que no disfrute ni se beneficie al recibir ánimo. Nadie tiene demasiado éxito, edad, experiencia o educación como para no valorar elogios positivos y como para no recibir ánimo de otra persona. Un gran ejemplo de esto se encuentra en las vidas de dos talentosos escritores y maestros: C. S. Lewis y J. R. R. Tolkien. Estos amigos, ambos profesores de Oxford, se reunían con frecuencia para hablar de la ficción que estaban escribiendo. Tolkien se desanimaba mientras escribía *El Señor de los anillos*. Lewis continuamente lo animaba a seguir escribiendo. Solía amonestarlo, diciéndole: "Tollers, ¿dónde está el capítulo siguiente? No puedes renunciar ahora". Años después Tolkien reconoció cuán determinantes habían sido las palabras de Lewis: "Es imposible comprender la enorme deuda que tengo con él. Por mucho tiempo fue mi única audiencia".

Como líder, usted tiene gran poder para levantar a la gente. La Madre Teresa manifestó: "Las palabras amables pueden ser cortas y fáciles de expresar, pero sus ecos son infinitos". Estoy seguro que las palabras alentadoras de Lewis resonaban

> "Las palabras amables pueden ser cortas y fáciles de expresar, pero sus ecos son infinitos".
> —*Madre Teresa*

en los oídos de Tolkien mientras este se dedicaba a escribir su obra maestra de fantasía. Usted como líder puede tener igual impacto positivo en otros. La gente disfruta la afirmación de un compañero, pero en realidad la valora más cuando viene de su líder. Las palabras "estoy feliz de que trabajes conmigo; añades increíble valor al equipo" significan mucho cuando vienen de alguien que tiene de veras el mejor interés en el equipo, departamento u organización.

Si usted quiere que las personas sean positivas y que siempre estén contentas de verlo llegar, anímelas. Si usted se convierte en el principal alentador de los miembros de su equipo, ellos trabajarán y lucharán por las expectativas positivas que usted tenga.

5. Alcance un equilibrio entre preocupación y franqueza

Mucha gente se forma ideas erróneas acerca del concepto de liderazgo de nivel Permiso al conocer su contenido. Algunos creen que triunfar en este nivel de liderazgo significa tratar a los miembros del equipo como si fueran de la familia. Eso casi siempre es una equivocación. No se trata de manera realista con la familia. Yo no lo hago. Con mi familia tengo un nivel de compromiso más profundo que el que tengo con otros. Hagan lo que hagan los miembros de mi familia, estoy comprometido a brindarles amor incondicional. Mi familia tiene privilegios que no extiendo a otras personas. Y el compromiso es una constante. (Quien afirme que no cree en el compromiso nunca ha estado casado… o no ha permanecido casado.) Lo que engrandece a una familia no es lo mismo que engrandece a un equipo. Las familias valoran la comunidad por sobre la contribución. Los negocios valoran la contribución por sobre la comunidad. Los mejores equipos encuentran un equilibrio.

Otras personas creen que ser líder del nivel de Permiso significa autorizar a los miembros para hacer lo que quieran. Esa idea también es errónea. Que usted se preocupe por la gente no significa que les permita trabajar sin responsabilidad o sin rendir cuentas. Si usted se preocupa por las personas, las trata con respeto, y construye relaciones positivas con ellas, en realidad tiene muchísimas más oportunidades de hablarles de manera franca y directa que las ayudará a crecer y rendir mejor.

Todos tenemos problemas en el lugar de trabajo y cometemos equivocaciones allí. Todos debemos mejorar y necesitamos a alguien a nuestro lado que nos ayude a mejorar. Como líder usted tiene la responsabilidad y el privilegio de ser quien ayude a otros a ser mejores. Eso empieza a menudo con una sincera conversación. Pero antes de que la tenga es útil que se pregunte cuál podría ser la naturaleza del problema. Mi amigo Sam Chand dice que cuando se le presenta una dificultad con alguien se hace una sola pregunta: "¿Es esta persona un *no puedo* o un *no quiero*? *No puedo* tiene que ver con habilidades. En la mayoría de casos, aunque no en todos, podemos ayudar a esta clase de individuo. Pero *no quiero* tiene que ver con actitudes. Si el asunto es de actitud, el momento de hacerle saber a esa persona que hay un problema es ahora, porque he aquí el acuerdo: "Contratamos personas por lo que saben y las despedimos por quiénes son".

Creo que las personas pueden cambiar sus actitudes y

mejorar sus destrezas. Y debido a eso, les hablo acerca de dónde no están cumpliendo con las expectativas. Si usted es un líder que desea ayudar a su gente debe estar dispuesto a tener esas conversaciones difíciles. Por tanto, ¿cómo puede un líder ser relacional y también tratar de hacer avanzar a la gente? Equilibrando preocupación y franqueza. Preocuparse sin tener franqueza crea relaciones disfuncionales. Franqueza sin preocupación crea relaciones distantes. Pero preocupación equilibrada con franqueza crea desarrollo de relaciones.

> **Preocuparse sin tener franqueza crea relaciones disfuncionales. Franqueza sin preocupación crea relaciones distantes.**

Le ayudaré a entender cómo la preocupación y la franqueza obran juntas para ayudar a un líder a triunfar en el Nivel 2:

*La preocupación valora a la persona mientras
la franqueza valora el potencial de la persona*

Para liderar con éxito en el Nivel 2 y más arriba es importante que usted valore a la gente. Eso es básico para tener relaciones sólidas. Preocuparse por otros demuestra que los valora; no obstante, si desea ayudarles a ser mejores, usted debe ser sincero acerca de dónde deben mejorar. Eso muestra que usted valora el potencial de la persona, lo cual requiere franqueza.

Uno de los secretos de ser franco es pensar, hablar y actuar en términos de en quién tiene aquella persona el potencial de convertirse, y de pensar cómo usted podría ayudarle a alcanzar ese potencial. Proverbios declara:

Fieles son las heridas del que ama;
Pero importunos los besos del que aborrece.[17]

Si usted es franco con las personas pero tiene en mente el beneficio de ellas, esto no tiene que ser perjudicial. Podría ser similar al trabajo de un cirujano, que puede doler pero que busca ayudar, y por tanto no debería ser algo malo. Como líder, usted debe estar dispuesto a hablar con franqueza y ser capaz de cumplir lo que promete. De lo contrario no podrá ayudar a crecer y cambiar a la gente.

La preocupación establece la relación mientras
la franqueza expande la relación

Los aspectos que por lo general ayudan a establecer una relación son el terreno común y la preocupación. Pero generalmente esto no es suficiente en el crecimiento de la relación. Para hacer florecer una relación se necesita franqueza y comunicación abierta.

La mayoría de líderes con quienes hablo tienen pendiente una conversación que saben que deben iniciar pero que no se atreven a hacerlo. Por lo general están renuentes por una de dos razones: o no les gusta la confrontación, o temen herir a la persona con quien deben hablar. Pero si un líder puede equilibrar preocupación y franqueza, esto en realidad profundizará y fortalecerá la relación.

Le daré un ejemplo. Sheryl vino a trabajar para mí porque ella es de las que consiguen lo que se proponen y cuentan con un gran potencial. Durante seis meses la observé trabajar, y descubrí que era fabulosa en la parte dura del liderazgo. Era enérgica. Organizada. Buena planificadora. Y siempre lograba que se hicieran las cosas. Pero era totalmente negada para el lado suave del liderazgo: la parte relacional. Sheryl no conquistaba a nadie con su liderazgo. Como resultado no era influyente, lo cual significaba que su liderazgo iba a ser muy limitado.

Programé una reunión con ella para conversar francamente acerca de su estilo de liderazgo. Le hice saber cuánto respetaba su habilidad y cuánto me interesaba como persona. Pero también le hice saber dónde no estaba cumpliendo con las expectativas y cómo eso le limitaría su habilidad para liderar a otros. También le ofrecí guiarle en el lado relacional. Para crédito de ella, aceptó mi crítica y recibió mi ayuda.

En los dos años siguientes me reunía regularmente con Sheryl, juzgué su interacción con otros, le di asignaciones de lectura, y le pedí hacer dos cosas que la forzarían. La mujer despuntó como líder y comenzó a ganar personas en el Nivel 2. Eso la liberó para seguir creciendo. No mucho tiempo después subió al Nivel 4 con muchas personas en la organización.

No todo el mundo responde bien a conversaciones francas. Seamos realistas: la sinceridad puede lastimar. Algunas personas se cierran cuando se les critica. Otras se van a trabajar en otra parte. Sin embargo, si usted tiene pláticas francas con alguien, y esa persona persevera allí y crece, se convertirá en candidata para trepar al Nivel 3 y más allá, exactamente como lo hizo Sheryl.

La preocupación define la relación mientras
la franqueza dirige la relación

Las relaciones sólidas se definen por cómo las personas se preocupan mutuamente. Pero el solo hecho de hacer esto no significa que vayan juntas a todas partes. Hacer que el equipo avance unido para lograr un objetivo es responsabilidad del líder, y muchas veces eso requiere franqueza. Mi amigo Colin Sewell, dueño de varios concesionarios de automóviles, me dijo: "Los líderes deben tomar las mejores decisiones para el mayor grupo de personas. En consecuencia, renuncian al derecho de atender a un solo individuo si hacerlo perjudica al resto del equipo o de la organización".

> "Los líderes deben tomar las mejores decisiones para el mayor grupo de personas. En consecuencia, renuncian al derecho de atender a un solo individuo si hacerlo perjudica al resto del equipo o de la organización".
> —*Colin Sewell*

Lograr resultados siempre importa, y los buenos líderes nunca pierden eso de vista. Una noche en un banquete de básquetbol el presidente de un colegio felicitaba profusamente al entrenador y al equipo.

—¿Me seguiría apreciando tanto si no ganáramos? —preguntó al presidente el radiante entrenador.

—Lo apreciaría igual —replicó el presidente—. Extrañaría no tenerlo por aquí.

El general retirado del ejército y ex secretario de estado Colin Powell observó: "El buen liderazgo involucra responsabilidad para el bienestar del grupo, lo cual significa que a algunas personas les disgustarán las acciones y decisiones que usted tome. Esto es inevitable... si usted es honorable". Si quiere liderar bien a la gente debe estar dispuesto a dirigir con franqueza.

La preocupación nunca debería suprimir la franqueza, mientras que la franqueza nunca debería desplazar a la preocupación

El resultado final, el cual ya ha quedado muy claro, es que los buenos líderes deben adoptar tanto la preocupación como la franqueza. Usted no puede pasar por alto lo uno ni lo otro. Así que para ayudarle a mantener el equilibrio entre ambos aspectos he creado una lista de franqueza y preocupación para trabajar con la gente. Antes de tener una conversación franca asegúrese de poder contestar sí a las siguientes preguntas:

- ¿He invertido lo suficiente en la relación como para ser franco con el equipo?
- ¿Los valoro de veras a todos como individuos?
- ¿Estoy seguro de que este problema es de ellos y no mío?
- ¿Estoy seguro de que no estoy hablando fuerte por sentirme amenazado?
- ¿Es el problema más importante que la relación?
- ¿Sirve claramente esta conversación a los intereses de ellos y no solo a los míos?

- ¿Estoy dispuesto a invertir tiempo y energía para ayudarles a cambiar?
- ¿Estoy dispuesto a mostrar cómo hacer algo y no solo a decir lo que está mal?
- ¿Estoy dispuesto y puedo establecer expectativas claras y específicas?

Si usted puede contestar sí a todas estas preguntas, entonces es probable que sus motivos sean correctos y que tenga una buena posibilidad de poder comunicarse de manera eficaz.

Cuando yo era un líder joven descubrí que era muy difícil tener conversaciones francas con las personas. A menudo posponía esas charlas difíciles, esperando que el problema desapareciera por sí solo. Casi nunca sucedió. Quizás a usted le haya pasado lo mismo. Si es así, estará contento de oír que es alguien normal. Sin embargo, debe saber que las conversaciones francas son responsabilidad del líder y que se deben llevar a cabo… pero de la manera adecuada y con la actitud correcta. Cuando se contrata un empleado para conseguir que se haga cierto trabajo, y este no se hace, se perjudica al equipo y a la organización. Entonces es hora de que el líder tome medidas. Eso puede ser muy difícil, pero a la larga es lo mejor no solo para la organización, sino también para la persona que debe oír lo que no está bien.

La próxima vez que usted se encuentre en una posición en que deba tener un diálogo franco, solo recuerde esto:

- Hágalo con rapidez: palee el montón mientras este sea pequeño.
- Hágalo con calma, nunca enojado: use la lista de preocupación y franqueza.
- Hágalo en privado: usted debe querer ayudar a la persona, no avergonzarla.
- Hágalo con consideración, en tal forma que minimice la vergüenza o la intimidación.

Si su objetivo es ayudar al individuo, mejorar el equipo y cumplir la visión de la organización, entonces esta es la senda que usted debe seguir como líder.

A medida que trabaja con personas y tiene pláticas francas, permítame recordarle algo más: la franqueza es una vía de doble sentido. Si desea ser mejor líder y lograr su acceso al Nivel 2, debe dejar que las personas con que trabaja sean francas con usted. Debe pedirles que le den sus puntos de vista, y debe ser maduro y estar suficientemente seguro para recibir las críticas de la gente sin ponerse a la defensiva, y además aprender de esas críticas. El experto en liderazgo Warren Bennis observó: "Los líderes eficaces premian la disensión, y también la estimulan. Ellos entienden que cualquier desaliento momentáneo que experimenten como resultado de que se les diga de vez en cuando que están equivocados está más que compensado por el hecho de que esta "insolencia reflexiva" aumenta la habilidad de un líder de tomar buenas decisiones".[18] Preocuparse por la gente, tomar buenas decisiones para todos los involucrados, y construir sólidas relaciones es de lo que trata el Nivel 2. Esto es Permiso en todo su esplendor.

Las leyes del liderazgo en el nivel Permiso

Si usted quiere utilizar las Leyes del Liderazgo para que le ayuden a crecer y obtener Permiso en el Nivel 2, entonces considere lo siguiente:

La Ley de la Influencia
La verdadera medida del liderazgo es la influencia, nada más y nada menos

Si se reduce el liderazgo a su esencia, esta es la influencia. Los líderes ayudan a la gente a trabajar juntos para lograr objetivos que beneficien a todos los involucrados. ¿Cómo hace alguien para lograr que otros hagan algo de manera dispuesta, excelente y constante? Influyendo en ellos.

Cuando desarrollé la idea de Los 5 Niveles la llamé *Los 5 Niveles de Influencia*. ¿Por qué? Porque cada vez que los líderes avanzan un nivel, aumenta su influencia. El proceso de influir empieza en el Nivel 2, donde se forman relaciones. Allí es donde el liderazgo comienza a cambiar de coerción a cooperación.

La Ley de la Adición
Los líderes añaden valor sirviendo a otros

¿Por qué las personas inicialmente quieren estar en el liderazgo? ¿Para tener poder? ¿Para tener más libertad? ¿Para recibir un cheque de pago por mayor valor? ¿Para alimentar el ego? Muchas veces los líderes empiezan sus carreras con motivos egoístas. Quizás eso no sea bueno. Pero tampoco no tiene que ser algo malo si estamos dispuestos a cambiar y a poner nuestro enfoque en otros.

He observado que la mayoría de líderes de Nivel 1 que no tienen deseos de avanzar al Nivel 2 de Permiso no han superado el egoísmo de querer una posición de liderazgo para beneficio propio. A fin de avanzar al Nivel 2, los líderes deben entender que los grandes dirigentes practican la Ley de la Adición. Lideran para ayudar a las personas y para añadirles valor.

La Ley del Terreno Sólido
La confianza es la base del liderazgo

La confianza no solo es el fundamento de las relaciones de liderazgo sino de todas las relaciones. No podemos influir en personas que no confían en nosotros. No se pueden construir relaciones con personas que nos perciben de manera negativa. La confianza es el adhesivo que mantiene unida a la gente.

La confianza comienza en el Nivel 2 y aumenta a medida que avanzamos a niveles superiores de liderazgo. Si las personas nos tienen confianza estarán dispuestas a avanzar con nosotros. Sin confianza nos hallaremos rápidamente otra vez en el Nivel 1.

La Ley del Magnetismo
Lo que somos es lo que atraemos

He estudiado la dinámica del liderazgo desde que yo era adolescente, y algo que al poco tiempo observé es que las aves de un mismo plumaje vuelan juntas. Es una realidad de la vida que personas con igual mentalidad se atraen entre sí. Los grupos de personas tienden a tener la misma edad, los mismos valores, y la misma educación. También he visto que los líderes atraen lo que ellos son, y no necesariamente lo que quieren atraer.

A medida que usted obtiene influencia en su departamento u organización, esto puede resultar algo bueno o malo. Si las personas a las que empieza a liderar son relacionales, no territoriales, enseñables y productivas, entonces esa es una declaración positiva acerca de su liderazgo. Pero si esa gente es posicional, de mentalidad obtusa y sin motivación, entonces esto mismo se refleja de forma negativa en el liderazgo que usted maneja. Si desea cambiar a su equipo, entonces empiece cambiando usted mismo.

La Ley de Conexión
Los líderes tocan corazones antes de pedir ayuda

Si queremos construir relaciones y conseguir el permiso de las personas para liderarlas, entonces esforcémonos por conectarnos con ellas. Defino *conectarse* como el hecho de tener la habilidad de identificarse y relacionarse con otros en tal manera que usted aumente su influencia en ellos. Eso es lo que debe hacer en el Nivel 2 para atraer personas y ganarse el derecho de liderarlas.

> Conectarse es tener la habilidad de identificarse y relacionarse con otros en tal manera que usted aumente su influencia en ellos.

La Ley de la Aceptación
Las personas aceptan al líder antes que a la visión

Los líderes son visionarios por naturaleza. Tienen grandes esperanzas y fabulosos sueños. Quieren ganar, y ganar en grande. Pero una gran visión sin un gran equipo se convierte muchas veces en una pesadilla. El trabajo en equipo hace que el sueño funcione. (En el Nivel 3 discutiremos cómo levantar un equipo.)

Con frecuencia los líderes me participan sus visiones y luego preguntan: "¿Cree usted que mi gente aceptará mi visión?" Cuando me preguntan eso sé que no entienden el

Nivel 2 de Permiso y que tal vez aún no se lo hayan ganado con su gente. ¿Por qué digo esto? Porque me hacen la pregunta equivocada. En vez de eso me deberían preguntar: "¿Me habrá aceptado mi gente?"

La magnitud o el valor de la visión de un líder no es a menudo lo que determina si será aceptada. El factor determinante por lo general es el nivel del líder. Antes de pedir a las personas que avancen hacia el logro de la visión, estas deben aceptarlo a usted como el líder. Antes de que lo acepten como líder, usted debe haberse ganado su confianza y haber obtenido permiso para liderar a la gente involucrada. Esto empieza en el Nivel 2.

Creencias que ayudan a un líder a avanzar al Nivel 3

Avanzar del Nivel 1 al 2 es un progreso importante en la habilidad de liderar. Muy a menudo a una persona de éxito o a un productor le dan una posición de liderazgo en el Nivel 1 con la expectativa de que pueda hacer la transición de trabajador a líder. La mayoría de personas que no logran avanzar en el liderazgo no entienden la importancia de construir relaciones con quienes trabajan y de ganarse su permiso para liderarlas. Sin embargo, aún es necesario ganar más niveles de liderazgo.

Si usted ha avanzado al Nivel 2 con los miembros de su equipo y se ha ganado la confianza como alguien que se preocupa por ellos, entonces es hora de que comience a pensar como lo hace un líder de Nivel 3. Para empezar ese cambio, recuerde estos tres aspectos:

1. Las relaciones por sí solas no bastan

Aunque el nivel Permiso podría producir gran satisfacción en usted y su equipo, si se queda en el Nivel 2 y no avanza no se probará realmente como líder. La buena noticia es que si se ha conectado con los miembros del equipo, ahora tiene alguna influencia en ellos. La pregunta entonces es: ¿Qué hacer con esa influencia?

El verdadero liderazgo lleva a las personas a algún lugar a fin de que puedan lograr algo. Eso requiere un líder que conecte el potencial de esas personas con el rendimiento que ellas tengan. El nivel Permiso es fundamental para el buen liderazgo, pero no debe ser para usted el objetivo principal.

2. Construir relaciones requiere crecimiento en ambos sentidos

En todo este capítulo he escrito acerca de construir relaciones. Al hacerlo me he enfocado en cómo es necesario crecer *hacia* los demás. Pero para que las relaciones sean significativas existe otra clase de crecimiento que también es vital: debe crecer *con* los demás. Crecer hacia los demás requiere afinidad. Crecer con los demás requiere voluntad para hacerlo.

Si usted está casado o se halla en una relación estable de mucho tiempo, entonces es probable que entienda cómo entran en juego estas dinámicas. Cuando conoció a su cónyuge se atrajeron basados en atracción, terreno común, y experiencias compartidas. Establecieron la relación. Sin embargo, una relación no puede durar si no se va más allá de esas experiencias iniciales. Para permanecer juntos deben sustentar la relación. Eso requiere crecimiento común.

Si no crecen juntos hay la posibilidad de que comiencen a separarse.

De igual modo, a fin de tener algún poder para mantenerse como líder, usted debe crecer hacia su gente y con su gente. El solo hecho de haber desarrollado buenas relaciones con su equipo no le garantiza que haya completado el nivel relacional. Aún hay mucho por hacer.

3. Para lograr la visión como equipo vale la pena arriesgar las relaciones

Construir relaciones con la gente puede ser un trabajo difícil. Pero por el bien de la visión superior, para triunfar como líder y avanzar hacia los niveles superiores de liderazgo es necesario estar dispuestos a arriesgar lo que se ha desarrollado en lo relacional. Los líderes deben estar dispuestos a sacrificarse por el bien de la visión. Si para lograr la visión vale la pena edificar el equipo, también vale la pena arriesgar las relaciones. Construir relaciones y luego arriesgarlas para hacer avanzar al equipo crea tensión en un líder. Esa tensión lo obligará a tomar una decisión: reducir la visión o forzar a la gente para que la alcance. Si usted quiere lograr grandes cosas debe sacar a las personas de sus zonas cómodas. En consecuencia podrían fallar. Podrían implosionar. Podrían liberar la tensión peleando con usted o renunciando. El riesgo siempre cambia las relaciones. Si usted arriesga y gana, entonces su gente adquiere confianza. Así juntos habrán compartido historia, lo cual fortalece más la relación. Aumenta la confianza. Y el equipo está listo para asumir desafíos aun más difíciles. No obstante, si usted se arriesga y falla, pierde la credibilidad relacional con su gente y tendrá que volver a cimentar las relaciones.

El riesgo siempre está presente en el liderazgo. En todo momento en que intente avanzar, existe riesgo. Aunque esté haciendo lo correcto, el riesgo no se reduce. Pero no hay progreso sin riesgo, así que acostúmbrese a él.

La conclusión es que usted puede desacelerar el ritmo a inicios de su liderazgo a fin de construir relaciones en el Nivel 2, o puede seguir adelante para tratar de saltar directo al Nivel 3… pero si lo hace, después tendrá que dar marcha atrás para cimentar esas relaciones. Además debe reconocer que si hace eso frenará su impulso, y en realidad después

> "Si las personas se relacionan con la organización para la que trabajan, si forman un vínculo emocional con ella y adoptan los sueños de esa organización, se entregarán de corazón a lograrlo".
> —*Howard Schultz*

podría tardar más tiempo en levantar el equipo, que si hiciera lo correcto desde el principio.

El fundador de Starbucks Howard Schultz dijo: "Si las personas se relacionan con la organización para la que trabajan, si forman un vínculo emocional con ella y adoptan los sueños de esa organización, se entregarán de corazón a lograrlo". Creo que eso es verdad. ¿Cuál es el vínculo clave entre la gente y la organización? El líder con que trabajan. Ese líder es el rostro, el corazón y las manos de la compañía en una base diaria. Si ese líder se relaciona y se preocupa por las personas, eso hace una enorme diferencia.

Guía para crecer a través del Nivel 2

Amedida que usted reflexiona en las ventajas, desventajas, mejores conductas, y creencias relacionadas con el nivel Permiso de liderazgo, use las siguientes pautas para ayudarle a crecer como líder:

1. **Asegúrese de tener la actitud adecuada hacia la gente**: El problema clave cuando se llega al nivel Permiso de liderazgo es cuánto nos gustan las personas y cuánto les agradamos. He aquí la buena noticia: Podemos controlar cuánto nos gustan las personas, y en general, si nos gustan sinceramente, estas nos encontrarán agradables. Esto podría parecerle a usted demasiado simplista, pero tome la decisión de que de hoy en adelante le gustará todo el mundo, aunque usted no les caiga bien a algunos. Escriba esa intención, luego fírmela y póngale fecha. Si necesita hacerlo, ponga el escrito frente a usted como recordatorio diario de hacer de la gente una prioridad.

2. **Conéctese consigo mismo**: Para llegar a ser alguien bueno en cimentar relaciones con otros primero debe

convertirse en la clase de persona con la que *usted* quisiera pasar tiempo. Usando los cinco componentes enumerados en el capítulo para relacionarse consigo mismo, ubíquese en un plan de crecimiento que le ayudará a adquirir lo siguiente:

> *Autoconocimiento:* Conozca su tipo de personalidad, temperamento, talentos, fortalezas y debilidades.
>
> *Autoimagen:* Trate con cualquier problema personal que tenga para que pueda pensar de sí mismo en forma positiva.
>
> *Auto-honestidad:* Mírese de manera realista y decida enfrentar la realidad, no importa cuánto podría dolerle.
>
> *Mejoría personal:* Comprométase a crecer en su habilidad de desarrollar relaciones.
>
> *Sentido de responsabilidad:* reconozca que es responsable de sus propias acciones y actitudes.

3. **Entienda de dónde viene**: ¿Es usted una persona naturalmente relacional que tiende a poner a las personas por sobre la productividad? ¿O está tan centrado en el éxito que pone la productividad por sobre las personas? Usted debe reconocer quién es, y aprender a ganar tanto en relaciones como en resultados.

4. **Exprese valor por cada miembro de su equipo**: Saque tiempo y piense en cosas positivas que pueda

decir sinceramente a cada miembro de su equipo. Luego dedique tiempo durante la próxima semana para expresarle a cada cual al menos un aspecto positivo acerca de esa persona.

5. **Evalúe dónde está usted con relación a su equipo**: Haga una lista con los nombres de los miembros de su equipo. Después determine qué bien conoce a cada uno contestando las siguientes preguntas (extraídas de materiales que la corporación Ely Lilly desarrolló de Los 5 Niveles de Liderazgo):

> ¿Puede usted nombrar tres aspectos no empresariales que conozca de esta persona?
>
> ¿Qué valora esta persona?
>
> ¿Cuáles son las tres preocupaciones principales de esta persona?
>
> ¿Qué quiere o espera esta persona en la vida?

Si no puede contestar estas preguntas con relación a un miembro de su equipo, entonces debe dedicar más tiempo a conocerlo. Saque tiempo esta misma semana para conocerlo mejor.

6. **Acepte a la persona en su totalidad como parte del liderazgo**: Si quiere ser un buen líder no se acostumbre a utilizar el tiempo y las habilidades de una persona mientras por otro le hace caso omiso o rechaza el resto de ella como ser humano. Eso no es justo ni correcto. Aprenda a aceptar la responsabilidad de

ayudar a la gente y tratar con la parte desagradable del liderazgo, o de lo contrario renuncie y deje de liderar (sin mantenerse al margen criticando la manera en que otros dirigen).

7. **Haga de una meta algo divertido**: Una de las mejores maneras para que individuos orientados en objetivos desarrollen un estilo de liderazgo más orientado en las personas es tratar de hacer más agradable el lugar de trabajo. Si usted es alguien más orientado en tareas que en personas, entonces haga de la diversión una meta en su lista de cosas por realizar. Eso la hará más interesante para usted mientras al mismo tiempo hará que usted sea más agradable para otros.

8. **Preste atención total a la gente**: Hoy día muchas personas se sienten deshumanizadas y desmoralizadas en el lugar de trabajo. Creen que los líderes y las organizaciones para quienes trabajan no se interesan en ellas como personas. Para contrarrestar esto, cuando se involucre con la gente ponga atención y escuche realmente. Pocas cosas comunican mejor que usted se preocupa por las personas, que brindarles su total atención. Además, lo único que esto le cuesta es tiempo.

9. **Conviértase en el principal animador de su equipo**: Las personas se sienten naturalmente atraídas por individuos que les dan confianza y las hacen sentir bien acerca de sí mismas. Usted puede ser un líder que hace eso si está dispuesto a convertirse en animador intencional. Pruébelo. En las dos semanas

siguientes diga cada día algo alentador para alguien en su equipo. Luego observe cómo reacciona esta persona. Haga eso con toda su gente, y así no solamente los miembros de su equipo querrán trabajar con usted sino que también producirán más.

10. **Practique la preocupación y la franqueza**: Si a usted le importan las personas, querrá ser sincero con ellas en tal forma que esto las ayude. Cuando vea que alguien en su equipo está cometiendo equivocaciones o que en alguna manera no está cumpliendo las expectativas, planee inmediatamente hablar con esa persona. Utilice la lista de preocupación y franqueza para asegurarse de hacerlo en el modo correcto. Recuerde además que es difícil equivocarse si se está practicando la regla de oro.

Nivel 3:
PRODUCCIÓN

Hacer que las cosas sucedan separa a
los verdaderos líderes de los aspirantes

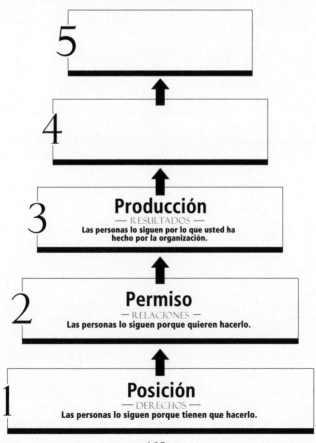

5

4

3 **Producción**
— RESULTADOS —
Las personas lo siguen por lo que usted ha
hecho por la organización.

2 **Permiso**
— RELACIONES —
Las personas lo siguen porque quieren hacerlo.

1 **Posición**
— DERECHOS —
Las personas lo siguen porque tienen que hacerlo.

El nivel Producción es donde el liderazgo despega realmente y pasa a otro nivel. La producción califica y separa a los verdaderos líderes de aquellos que tan solo ocupan posiciones de liderazgo. Los buenos líderes siempre hacen que las cosas sucedan. Obtienen resultados. Crean un impacto importante en la organización. No solo son productivos individualmente sino que también ayudan al equipo a producir. Esta habilidad brinda confianza, credibilidad y mayor influencia a los líderes de Nivel 3.

> La producción califica y separa a los verdaderos líderes de aquellos que tan solo ocupan posiciones de liderazgo.

Nadie puede improvisar el Nivel 3. O se está produciendo para la organización y añadiendo a su resultado final (cualquiera que este pueda ser), o no. Thomas Watson, fundador de IBM, observó: "Los líderes sobresalientes de todas las épocas son aquellos que fijan sus propias metas y constantemente las supera". Esa es una buena descripción de líderes de Nivel 3, quienes son auto-motivados y productivos. En consecuencia, crean inercia y desarrollan un ambiente de triunfo, lo cual mejora y fortalece al equipo.

Otro beneficio del liderazgo en el Nivel 3 es que atrae a otros individuos muy productivos. Quienes producen son atractivos para otros productores. Se respetan unos a otros. Les divierte colaborar. Hacen juntos las cosas, lo cual finalmente estimula crecimiento en la organización.

Los líderes podrían llegar al Nivel 1 por un sinnúmero de razones: Promesas, conexiones, política, manipulación, antigüedad, impotencia en la organización, etc. Lo que a usted se le ocurra, y es probable que alguien se haya vuelto líder debido a cualquiera de estos aspectos. Los líderes que por naturaleza son buenos con la gente o que se esfuerzan por aprender habilidades personales pueden avanzar al Nivel 2. Pero algunos individuos nunca pasan del Nivel 2 de Permiso al Nivel 3 de Producción. ¿Por qué? No parecen producir resultados. Cuando este es el caso, por lo general se debe a que a estas personas les falta autodisciplina, ética laboral, organización o habilidades para ser productivas. Sin embargo, si usted desea ir a niveles superiores de liderazgo, simplemente tiene que producir. No hay otra manera de conseguirlo.

Ventajas del nivel Producción

Ahora usted tiene credibilidad de liderazgo

Al incorporar la Producción, el liderazgo empieza realmente a conseguir resultados óptimos. Basados en fuertes relaciones los líderes que obtienen resultados mejoran dramáticamente a su equipo y a su organización. Hay muchas ventajas en el Nivel 3. He aquí seis de ellas:

1. La Producción en el liderazgo concede credibilidad al líder

La capacidad de producir resultados siempre ha sido la línea de separación para el éxito. También es la línea calificadora para el liderazgo. Peter Drucker, descrito muchas veces como el padre de la administración moderna, lo expresó de este modo: "Hay dos clases de personas en la comunidad comercial: los que producen resultados y los que dan razones de por qué no los producen".

> "Hay dos clases de personas en la comunidad comercial: los que producen resultados y los que dan razones de por qué no los producen".
> —*Peter Drucker*

Los verdaderos líderes conocen el camino y muestran la senda hacia la productividad. Su charla de liderazgo tiene el apoyo de su caminar. Entregan resultados. Exhiben su rendimiento, no su potencial. Lideran con el ejemplo. Su habilidad para obtener resultados tiende a silenciar a sus críticos, levantándose así la reputación de esos líderes.

Colin Powell aseveró: "Usted puede publicar todos los memorándums y dar todas la charlas motivacionales que quiera, pero si los demás miembros de su organización no ven que usted se esfuerce cada día al máximo, ellos tampoco lo harán". Los líderes de Nivel 3 *llevan* a su gente a donde ellos quieren ir… no la *envían* allí. Realizan más el trabajo de guías turísticos que de agentes de viaje. ¿Por qué? Porque la gente siempre cree que debemos hacer más de lo que decimos. De ahí que la credibilidad de un líder de Nivel 3 se pueda resumir en una palabra: *ejemplo*.

> La credibilidad de un líder de Nivel 3 se puede resumir en una palabra: ejemplo.

Hace poco me topé con la historia de un gran general de la antigüedad llamado Epaminondas, líder de Tebas y brillante militar táctico que derrotó a los preponderantes espartanos. Las victorias del hombre le originaron muchísimos elogios, pero también grandes enemigos dentro de su propia ciudad.

Los oponentes de Epaminondas no lograban hallar un modo fácil de destruirlo o desacreditarlo, por tanto intentaron humillarlo. Le encargaron recoger la basura, un ingrato trabajo en una inmunda ciudad.

A pesar de saber que su nombramiento para el trabajo se

hizo por ojeriza y con la intención de humillarlo, Epaminondas lo aceptó con dignidad, manifestando: "Si la posición no refleja gloria en mí, yo reflejaré gloria en el trabajo".[1]

Sospecho que la anécdota es inventada, pero aun así demuestra la idea. Si hacemos nuestro trabajo con excelencia y ayudamos a otros a ser productivos, obtenemos gran credibilidad de liderazgo.

Descubrí que esto se aplicaba a mi propia carrera. Cuando me estaba graduando de la universidad con una licenciatura, dos iglesias me ofrecieron el cargo de pastor. Una estaba ubicada en Maysville, Kentucky. Ofrecían un excelente salario y beneficios, y representaba un lugar excepcional para comenzar mi carrera ministerial. La otra iglesia se hallaba en Hillham, Indiana, y era tan pequeña en medio de la nada que no se podía dar el lujo de pagarme salario de tiempo completo.

Escogí Hillham por sobre Maysville. ¿Por qué? Deseaba probarme y probar a los demás que podía liderar personas y levantar una congregación. Mi padre me recomendó a Hillham como el mejor lugar en el cual aprender. Esa fue una de mis mejores decisiones como líder.

Durante los tres años que dirigí aquella iglesia, esta creció y prosperó en muchas formas. Varias personas comenzaron a asistir por primera vez, hubo gran crecimiento espiritual, y nos reconocieron como la iglesia de más rápido crecimiento en la denominación. Hasta tuvimos que comprar un terreno y construir un nuevo edificio.

Fue en Hillham donde aprendí a avanzar del Nivel 1 Posición al Nivel 2 Permiso y al Nivel 3 Producción. La credibilidad de mi liderazgo entre mis iguales se estableció allí, y rápidamente se me abrieron las puertas para mayores oportunidades. Esas son algunas de las razones que me hacen decir que todo líder joven debería tener un lugar como Hillham para aprender a liderar.

El poeta Walt Mason compuso un poema titulado "El hombre bienvenido", que describe la credibilidad que tienen los líderes de Nivel 3. He aquí un extracto:

Hay un hombre en el mundo a quien nunca
rechazan, dondequiera que se arriesgue a marchar;
Afectuosos saludos en la populosa ciudad obtiene, o
allá afuera donde heno los agricultores producen;
Lo saludan con placer entre las dunas de arena,
y también en los profundos claros de las selvas;
Por doquiera que vaya, una mano de bienvenida al
paso le sale... se trata del hombre que lo pro-
metido cumple.[2]

La gente recibe con agrado a quien cumple lo prometido... a quien obtiene resultados.

2. El liderazgo de Producción modela y fija la norma para que otros la vean

Quienes producen y obtienen logros siempre impactan en la gente que trabaja con ellos y para ellos. A fin de ilustrar la idea quiero narrar mi historia favorita de todos los tiempos, titulada "Vendel no leel".

Un agente viajero recién contratado escribió su primer informe de ventas a la casa matriz, ¡el cual sorprendió mucho al jefe máximo del departamento de ventas porque era evidente que el nuevo vendedor era un ignorante! Esto fue lo que el hombre escribió:

> "Pasé a bisitar esta organisasion que nunca hantes nos avía conprado nada que baliera la pena y les bendí algunos hartículos. Aora me boi pa Chicagou".

Antes de que el gerente de ventas pudiera poner al hombre de patitas en la calle, llegó esta carta de Chicago:

> "Yegué i les bendí medio millón".

Temeroso de despedir al vendedor ignorante, y aterrado por no despedirlo, el gerente de ventas le pasó el problema al presidente.

La mañana siguiente los aislados miembros de la realidad en el departamento de ventas quedaron asombrados al ver publicadas en la cartelera las dos cartas escritas por el vendedor ignorante, además de este memorándum del presidente:

> "Emos estado gaztando mucho tienpo en leel i no en tratal de vendel. Beamos esas bentas. Deceo que todos lean estas kartas de Gooch quien está en la cenda asiendo un gran travajo pa nosotros y

uztedes deverían salir y aser lo mismo que él está
aziendo".[3]

Bueno, admito que es un cuento malo, pero me gusta porque muestra lo fuerte que habla la productividad en toda organización. Quizás el Gooch de la historia no sea un culto de
Nivel 3, pero sin duda es un productor de Nivel 3. Y como
resultado el presidente de la compañía lo puso como ejemplo a
seguir.

Así pasa en el liderazgo. La productividad pone a la
gente a la cabeza de la clase. Y cuando ese productor ya ha
hecho la obra más lenta de edificar relaciones en el Nivel 2,
¡su liderazgo realmente despega!

Tuve que aprender esto a golpes. Al salir de la universidad alguien pudo haber escrito un libro acerca de lo todo
que yo *no* sabía, pues solo era un muchacho sin idea de lo
poco que sabía. Pero me gustaba la gente y trabajé duro. Y
logré producir. Como resultado se me abrieron rápidamente
nuevos mundos. Me sorprendió y me alegró que me empe-
zaran a pedir que diera conferencias para contar mi historia.
En consecuencia, mi influencia comenzó a aumentar, y
pronto algunos líderes empezaron a visitar nuestra iglesia
para hacerme más preguntas. Muchas veces esos líderes
eran mayores y con mucha más experiencia que yo. Eso me
pareció muy humillante. Pero también me inspiró a querer
ayudar más a la gente. Fue entonces cuando me dediqué a
desarrollar recursos. Quise seguir ayudando a las personas
mucho después de que mi contacto personal con ellas termi-
nara. Esto me llevó finalmente a escribir y publicar mis libros.

No cuento esto para jactarme. Lo que en realidad intento comunicar es que *cualquiera* que consiga producir tiene la oportunidad de influir en la gente en un nivel más elevado. Ese es el poder del Nivel 3 Producción. Si usted logra desarrollar relaciones sólidas con personas y además produce, llegará a ser un líder eficaz.

Los líderes productivos son un ejemplo para aquellos a quienes lideran, y su productividad establece la norma para el equipo. El presidente Abraham Lincoln reconoció esto. Durante la Guerra Civil de Estados Unidos el presidente relevó de su cargo al general John C. Fremont. Lincoln se justificó de este modo: "Su error fundamental es que se aísla y no permite que ninguna persona lo vea". Lincoln sabía que los líderes se deben mezclar con su gente, inspirando con su habilidad, y estableciendo el estándar de rendimiento que sus seguidores deberían tener. Cuando los líderes producen, su gente también produce. Los líderes productivos obtienen tremendos resultados… tanto de ellos mismos como de su equipo. Muestran el camino y los demás los siguen.

3. El liderazgo de Producción aporta claridad y realidad a la visión

Los buenos líderes comunican constantemente la visión de la empresa. Lo hacen de manera clara, creativa y continua. Sin embargo, esto no significa que todos los que reciban el mensaje lo entiendan y acepten. El nivel Producción de liderazgo comunica la visión a través de la acción, lo cual ayuda a la gente a entender esa visión en maneras que quizás nunca antes fue posible. Cuando los seguidores ven resultados positivos y metas cumplidas captan una imagen más clara de lo que significa cumplir la visión.

Un día durante la Guerra de Independencia de Estados Unidos, George Washington se acercó cabalgando a un grupo de soldados que trataban de llevar una viga a una ubicación más elevada. El cabo que supervisaba la obra se la pasaba lanzando palabras de ánimo, pero los soldados no lograban hacer la tarea. Después de observar la falta de éxito, Washington preguntó al cabo por qué no se les unía y ayudaba.

—¿No se da cuenta que yo soy el cabo? —replicó rápidamente el supervisor.

—Le pido perdón, Sr. Cabo, sí me di cuenta.

Washington desmontó y se fue a trabajar con los soldados hasta que la viga quedó en su lugar.

—Si alguna vez vuelven a necesitar ayuda, acudan a Washington, su comandante en jefe, y vendré —comunicó el general limpiándose el sudor de la cara.

Los líderes de Nivel 3 ayudan a su gente a ver cómo es la producción. Y con cada día de productividad el equipo se acerca un paso más a convertir la visión en realidad. Eso anima a los miembros del equipo. Les valida sus esfuerzos. Les clarifica mucho más la visión; y la claridad es convincente. La productividad también expande la visión, porque al aumentar la confianza y la habilidad quienes realizan el trabajo reconocen que en realidad pueden lograr más de lo que hubieran creído que fuera posible.

4. El liderazgo de Producción soluciona gran cantidad de problemas

Muchas personas en posiciones de liderazgo tratan de resolver problemas usando sistemas, o pagan a otros para que se los resuelvan. Pero la verdad es que los líderes no pueden delegar la solución de problemas a alguien más. Tienen que ser activos en superar obstáculos, extinguir fuegos, corregir errores, y dirigir gente. Los líderes en el nivel Producción hacen eso. Y una vez que su efectividad se vuelve contagiosa y se extiende en el equipo, la productividad empieza a resolver muchos problemas... muchos más de los que podrían lograrlo administradores o consultores.

El historiador y ensayista Thomas Carlyle observó: "Nada levanta tanto la autoestima y la confianza propia como obtener logros". La productividad es inspiradora. Quienes se sienten bien consigo mismos a menudo producen buenos resultados, y estos crean impulso positivo y alta moral.

> "Nada levanta tanto la autoestima y la confianza propia como obtener logros".
> —*Thomas Carlyle*

Durante años me he preguntado qué viene primero: moral alta o productividad alta. He oído buenos argumentos para ambos lados en esta pregunta de la gallina o el huevo. He visto moral alta estimulando la producción, y también productividad creando moral alta. No puedo decir que siempre ocurra de una manera única, pero sí sé esto: Quite la producción, y al instante desaparecerá la moral alta.

Mantenga la producción, y la moral alta continuará por mucho tiempo.

Los líderes que producen resultados positivos en el Nivel 3 siempre tienen un impacto positivo en su equipo. Los que no producen, lo perjudican siempre. En la guerra de 1812, el general estadounidense William Winder llevó a sus fuerzas a la derrota contra los británicos... a pesar de tener una superioridad de tropas de cuatro a uno. En el proceso lo tomaron prisionero. Sin embargo, comprendiendo que la incompetencia de Winder lo convertía en un oponente ideal, los británicos lo devolvieron al ejército estadounidense. En consecuencia, cuando los británicos atacaron más tarde el capitolio fueron capaces de superar las fuerzas de defensa encabezadas por Winder y arrasar con el lugar. Si Winder hubiera podido avanzar al Nivel 3 en el liderazgo antes de tomar el mando como general, quizás sus hombres hubieran podido detener los avances británicos en la batalla. En lo único que el hombre triunfó fue en perjudicar la causa estadounidense.

Las organizaciones productivas dirigidas por líderes de Nivel 3 son difíciles de superar. Su eficacia es alta, así como su moral. El ex general George C. Marshall afirmó: "Moral es el estado mental. Es firmeza, valor y esperanza. Es confianza, celo y lealtad. ... Es tesón, espíritu que soporta hasta el final, voluntad de ganar. Con ella todo es posible, sin ella todo lo demás... es en vano".

5. El liderazgo de Producción crea ímpetu

Cuando organizaciones bien dirigidas mantienen alta moral y productividad, con el tiempo ganan ímpetu, el cual es el mejor amigo de todo líder. El ímpetu le ayuda a hacer todo más fácil. Por eso lo llamo el gran exagerador. Sin ímpetu, todo es más difícil de hacer de lo que debería ser. Con él, todo es más fácil.

Mi esposa y yo vivimos en la Florida costera sobre un río que desemboca en el océano aproximadamente a kilómetro y medio de nuestra casa. Así que cada día presenciamos el flujo y reflujo de la marea. A veces disfruto nadando en el río, y he descubierto algo. Cuando estoy nadando con la corriente, mi progreso tiene poco que ver con la velocidad y la fortaleza de mis brazadas. Este lo determina la rapidez con que se mueven las olas. Nadar a favor produce rápido avance. Nadar en contra hace que nos movamos muy lentamente, por mucho esfuerzo que realicemos. Cuando la ola está alta se levantan todos los botes; cuando está baja, también todos bajan. Es difícil luchar contra la ola.

Lo mismo se puede decir del ímpetu en el liderazgo. Téngalo de su lado, y usted rendirá realmente más allá su capacidad. Por ejemplo, piense en lo que sucedió con Apple cuando la empresa introdujo el iPhone. Creó una ola de frenesí que aumentó en gran manera la cuota de mercado de la empresa, no solo en teléfonos inteligentes sino también en computadoras. Después de años de estar marginados como una compañía especializada con una partecita en el mercado, y con seguidores relativamente pequeños pero muy leales, ahora Apple volvió a ingresar en el grupo mayoritario y sigue fortaleciéndose. Por eso a menudo aconsejo a los líderes que pasen menos tiempo tratando de arreglar problemas y más tratando de crear ímpetu.

El Nivel 3 es un ambiente productor de impulso. Los líderes en el nivel Producción comprenden el ímpetu y lo usan para ventaja de la organización. Y también entienden que no todos en esa organización ayudan a crear impulso. He aquí lo que quiero decir. Existen tres clases de personas cuando de ímpetu se trata, y estas son:

Oportunistas del impulso

La gran mayoría de individuos no inician nada, ni detienen nada. Solo van con la corriente. Si el impulso se mueve, ellos se mueven con él. Si se detiene, ellos también se detienen. Su productividad y eficacia se basan casi por completo en lo que otros provocan en la organización. Por eso necesitan buenos líderes que produzcan y creen un ambiente productivo. Esa es una de las razones de que yo defina a la moral como "fe en el líder".

> Defino moral como "fe en el líder".

Interruptores del impulso

La segunda clase de individuos en realidad perjudican la moral y el ímpetu en una organización. No solo que no producen, sino que no dejan que otros lo hagan. Este tipo de personas causa problemas, y ya sea a propósito o no, perjudican a sus organizaciones.

Creadores del impulso

La última clase, los creadores de impulso, son los líderes de Nivel 3. Producen. Hacen que las cosas sucedan. Crean ímpetu. Su conducta es consecuente con el consejo dado por el legendario entrenador de fútbol americano de Alabama Paul "Bear" Bryant, quien manifestó: "No se preocupe por hacer amigos, ni se preocupe por hacer enemigos. Preocúpese por ganar, porque si gana, sus enemigos no lo podrán dañar, y si pierde, sus amigos no lo podrán soportar".

> "No se preocupe por hacer amigos, ni se preocupe por hacer enemigos. Preocúpese por ganar, porque si gana, sus enemigos no lo podrán dañar, y si pierde, sus amigos no lo podrán soportar".
> —*Paul "Bear" Bryant*

Si usted construye sólidas relaciones de permiso en lo alto de una base de derechos posicionales, y a esto agrega los resultados de la productividad, obtendrá impulso. Y al hacerlo descubrirá que su trabajo rinde frutos con mayor rapidez. Ese es uno de los beneficios del Nivel 3.

6. El liderazgo de Producción es la base para la creación de equipos

¿Quién desea irse de un equipo campeón? ¡Nadie! ¿Quién quiere salir del sótano? ¡Todos! La gente simplemente quiere estar en un equipo ganador.

Los ganadores atraen a otros: unos buenos, otros malos y algunos más en término medio. La clave para construir un equipo ganador es reconocer, seleccionar y retener a los mejores entre aquellos que se atraen. Lo bueno es que si usted alcanza el Nivel 3 sabe cómo es la productividad porque la está viviendo. Lo malo es que tener individuos talentosos en el equipo no garantiza éxito automático. Incluso se puede perder teniendo buenos jugadores, pero no se puede ganar sin ellos. La diferencia viene de formar a los buenos dentro de un equipo, lo que analizaré más adelante en este capítulo. Pero recuerde esto: si usted no es un buen productor no atraerá ni conservará a otros productores probados. Por eso es que usted debe ganarse el Nivel 3.

Desventajas del nivel Producción

El peso del liderazgo ahora es mayor

Como todo lo demás en la vida, el nivel Producción de liderazgo tiene desventajas como ventajas. Con el Nivel 3 de liderazgo se vuelve más fácil el éxito dentro de la organización. Sin embargo, liderar en sí no se hace más fácil. He aquí cuatro desventajas principales que he descubierto en este nivel:

1. Ser productivo puede hacer creer que se es líder cuando no es así

Todos los grandes líderes son productivos. No obstante, es posible ser un productor sin ser líder. El éxito personal no siempre se traduce en éxito colectivo. El liderazgo se define por lo que un individuo hace con otros y por otros, y se establece al hacer mejor y más productivo al equipo. Se mide además por lo que todo el grupo consigue, no por los esfuerzos individuales de la persona encargada. El buen liderazgo no se basa en lo que alguien hace por y para sí mismo.

Conozco muchos productores individuales sin deseos o

habilidad para liderar a otros. A algunos les falta don de gentes. Hay quienes carecen del deseo de ser responsables por otros o de sacar tiempo para ayudarles a ser productivos. Por ejemplo, Ted Williams fue uno de los más grandes bateadores de béisbol; es el último jugador en haber bateado un promedio superior a .400 durante una temporada. Sin embargo, no le fue bien como entrenador de bateadores. Cuando sus jugadores no bateaban bien, Ted solía decir: "Mantengan la mirada en la pelota". Ese consejo lo daba un hombre con extraordinaria coordinación y que tuvo mucho éxito porque podía mirar una pelota. Por cómo se movían las costuras el hombre podía darse cuenta de la clase de lanzamiento que se había producido. En su mente todo era sencillo. Lo único que este gran bateador hacía era mantener la mirada en la bola. Sus jugadores, quienes eran menos talentosos, necesitaban instrucción extra. Ted Williams fue un fabuloso jugador de béisbol, pero nunca llegó a ser líder en béisbol.

Organizaciones en todo el mundo cometen el error de ubicar en el liderazgo a grandes productores, solo para verlos fallar en dirigir bien. Yo he hecho eso. He visto a alguien hacer que sucedan las cosas, y he pensado: *Vaya, esta persona va a ser un líder fantástico*, solo para que el individuo haga que las cosas sucedan para él, pero haciendo a un lado el equipo o desmoralizándolo. Ese no es liderazgo.

¿Por qué se comete esta equivocación tan a menudo? Porque un prerrequisito para ser un líder eficaz es la capacidad de ser eficaz uno mismo. Esa es una de las marcas de calificación de un líder, pero no la única. Los buenos líderes deben establecerse ellos mismos en su posición en Nivel 1, ganarse el permiso de la gente en el Nivel 2, ser productivos en el Nivel 3, y tener el deseo de llevar a todo el equipo a un nivel superior.

2. Los líderes productivos sienten un gran peso de responsabilidad por los resultados

Una vez vi una tira cómica que describía una reunión de ventas en que el orador manifestaba: "Administramos nuestro negocio como un programa de concurso: si usted produce, regresa; si no produce, le tenemos algunos hermosos obsequios de despedida. Eso es divertido, pero eso es

> "Ningún líder, por grandioso que sea, puede mantenerse por mucho tiempo a menos que obtenga victorias".
> — *Bernard Law Montgomery*

lo mismo que pasa con los líderes. Si un equipo de fútbol no gana, despiden al entrenador. Si una corporación no produce rentabilidad, cae el presidente de la junta. Si un político no hace un buen trabajo para sus electores, no lo reeligen. En cualquier organización la responsabilidad por los resultados recae en los líderes. Lo que el mariscal británico de la Segunda Guerra Mundial, Bernard Law Montgomery dijo fue cierto: "Ningún líder, por grandioso que sea, puede mantenerse por mucho tiempo a menos que obtenga victorias". La productividad es medible. El crecimiento empresarial es tangible. La rentabilidad es cuantificable. Cuando no hay rendimiento, la responsabilidad recae en los líderes. Quienes sí rinden reciben recompensas… y se les pide que consigan aun más la próxima vez. Gran rendimiento requiere gran compromiso.

Sinceramente, muchos líderes que llegan al Nivel 3 se cansan de liderar debido al peso de la responsabilidad que sienten. La mayoría de ellos experimentan días en que quisieran que nadie estuviera viendo su desempeño, buscando guía en ellos, o queriendo que hagan suceder algo. Sin embargo, los líderes eficaces entienden que el costo del liderazgo es llevar sobre los hombros la responsabilidad por el éxito de su equipo. Ese es un peso que todo líder empieza a sentir en el Nivel 3. Usted tendrá que decidir si está dispuesto a llevarlo.

3. El liderazgo de Producción requiere tomar decisiones difíciles

Hace poco una enorme corporación nombró como vicepresidente principal a un perro callejero. Cuando preguntaron por qué hicieron algo así, la junta directiva replicó: "La habilidad del animalito para llevarse bien con todos, su pronta respuesta a una palmadita en el lomo, su interés en observar el trabajo de otros, y su gran capacidad de parecer sabio aunque no diga nada lo convierten en alguien dotado para el puesto". ¡Ojalá el liderazgo fuera así de fácil!

Cada vez que usted vea una organización floreciente puede estar seguro que sus líderes tomaron algunas decisiones muy difíciles… y que siguen tomándolas. El éxito es un viaje cuesta arriba. El liderazgo eficaz no se logra sin duro trabajo. Así lo expresa el multimillonario magnate petrolero y defensor del ambiente T. Boone Pickens: "Esté dispuesto a tomar decisiones. Esa es la cualidad más importante de un buen líder".

Si usted desea liderar en un nivel superior, alístese para tomar decisiones difíciles. Los líderes en el Nivel 2 a menudo deben empezar a tomar decisiones difíciles relacionadas con las personas. En el Nivel 3 siguen tomándolas, pero también agregan difíciles decisiones de producción. Eso hace aun más difícil el liderazgo. Ya he hablado de lo duro que me era tomar decisiones difíciles a inicios de mi carrera. Tal vez a usted le sea de utilidad saber que cuando hoy día miro hacia atrás, lamento más las decisiones que no tomé que las decisiones difíciles que sí tomé. No caiga en la misma trampa en que caí debido a posponer decisiones cuando debí haberlas tomado.

> Cuando hoy día miro hacia atrás lamento más las decisiones que no tomé que las decisiones difíciles que sí tomé.

¿Qué clases de decisiones difíciles es probable que los líderes tomen en el Nivel 3? ¡La mayoría de decisiones difíciles se relacionarán con usted mismo! Descubrí que cerca de 25% de las decisiones que tomé en el Nivel 3 se relacionaron con mi equipo. Las demás son decisiones personales que exigen cambio, sinceridad y autodisciplina. Así lo dijo el escritor estadounidense Mark Twain: "Hacer lo correcto es maravilloso. Enseñar a otros a hacer lo correcto es aun más maravilloso… y mucho más fácil". Eso es muy cierto.

Como líder de Nivel 3, usted debe tomar la decisión difícil de…

- Triunfar *antes* de tratar de ayudar a otros a triunfar.
- Mantenerse en un estándar superior al que pide de otros.
- Hacerse responsable ante los demás.
- Establecer metas tangibles y luego alcáncelas.
- Aceptar la responsabilidad por sus propios resultados.
- Admitir fallas y equivocaciones de manera rápida y humilde.
- Exigir a otros solamente lo que antes se ha exigido a usted mismo.
- Medir su éxito por resultados, no por intenciones.
- Salirse de situaciones donde no es productivo.

He observado que cuando los líderes son confrontados con estas difíciles decisiones en el Nivel 3, muchos fallan en tomarlas. Lo que no entienden hasta que es demasiado tarde es que si no lo hacen, con el tiempo ellos mismos se descalificarán del lide-

> "Hacer lo correcto es maravilloso.
> Enseñar a otros a hacer lo correcto es aun más maravilloso... y mucho más fácil".
> —*Mark Twain*

razgo o lo harán otros. Su liderazgo potencial se atrofia y por tanto no pueden permanecer en el Nivel 3.

Recuerdo haber enfrentado cada una de estas decisiones en el Nivel 3. Me llevó mucho tiempo tomar algunas de ellas. Sin duda que no fue fácil. Aún a veces no lo es. Pero cada decisión que tomé creó un avance personal en mi viaje de liderazgo.

Le animo a ganar en esta área de su vida de liderazgo.

Persevere, incluso en momentos en que se sienta como debió sentirse Moisés cuando, al dividirse el Mar Rojo, el pueblo esperaba que él pasara primero; sin duda se dijo: *¿Por qué siempre debo ir primero?* Ir adelante quizás no siempre sea fácil o divertido, pero siempre es lo que se requiere de los líderes. Esto allana el camino para quienes los siguen, y además aumenta las posibilidades de triunfar al final del viaje.

4. El liderazgo de Producción exige atención continua al Nivel 2

Responsabilizarse de la productividad del equipo no significa que los líderes dejen de cuidar a quienes dirigen. Recuerde: el solo hecho de añadir un nuevo nivel de liderazgo no significa que haya salido del anterior.

Existe una verdadera tentación para los líderes en el nivel Producción de descuidar las relaciones, en pos de buscar un buen resultado final. No obstante, si los líderes hacen eso por mucho tiempo queman sus relaciones con la gente y finalmente vuelven a encontrarse en el Nivel 1. No caiga en esa trampa. Manténgase desarrollando las relaciones y preocúpese de ellas a medida que consigue resultados.

Mejores conductas en el Nivel 3

Cómo aprovechar al máximo la producción en el liderazgo

Avanzar al Nivel 3 en base a sólidas relaciones de Nivel 2 no es poca cosa para cualquier persona. Muchos descubren que no pueden lograrlo. Si usted tiene la oportunidad, he aquí lo que debe hacer para sacarle el máximo provecho:

1. Comprenda cómo su talento personal contribuye a la visión

Una de las claves del nivel Producción de liderazgo es entender cómo los dones y habilidades que se tienen se pueden usar productivamente para sacar adelante la visión de la empresa. Parte de eso es personal. En capítulos anteriores ya analizamos la importancia de conocerse uno mismo y de decidir el estilo personal de liderazgo. Esto es un poco diferente. Si usted es un líder debe tener un sentido de visión para su liderazgo, la cual al menos durante la actual temporada debe alinearse con la visión de la organización a la que usted pertenece.

Me llevó mucho tiempo desarrollar la percepción de

saber dónde yacen mis verdaderas fortalezas y cómo sirvo a cualquier organización que lidere. Debí esforzarme por descubrir esto, y el proceso a menudo fue confuso. Pero con el tiempo entendí que tengo dones y habilidades especiales (que usted también tiene). Existe una fuerte relación entre capacidad y eficacia como líder en el nivel Producción. Si alguna vez quise alcanzar mi potencial como líder, debí saber cuál podría ser mi contribución personal a la organización. Lo mismo es verdad para usted.

Como ejemplo, le hablaré de las cuatro áreas en que contribuyo personalmente al máximo a la productividad de una organización o equipo:

- Influir a la gente (Liderazgo)
- Conectarse con la gente (Relaciones)
- Dialogar con la gente (Comunicación)
- Crear recursos para ayudar a la gente (Escritos)

Estas áreas abarcan mi zona de fortaleza. Para mí representan la clave de la producción y son además las áreas donde se producirán los mejores resultados.

Saber esto no me saca del apuro en cuanto a crecimiento y aprendizaje se refiere. Hoy día estoy tan comprometido en aprender y crecer como a principios de la década de los setenta, cuando emprendí mi primer plan personal de crecimiento. La diferencia es que ahora me concentro casi exclusivamente en crecer en esas cuatro áreas. Después de descubrir lo que debía hacer, comencé a enfocar mis esfuerzos.

Mientras más se enfoque usted en sus talentos, más

rápido será el ritmo de crecimiento y más aumentará su potencial general para ser un líder productivo. Si desea maximizar su potencial en el Nivel 3 debe seguir el consejo de Walt Disney, quien afirmó: "Haga tan bien lo que hace que quienes vean lo que está haciendo deseen regresar para ver cómo lo vuelve a hacer, y digan a otros que ellos también deberían ver a usted haciéndolo".

Si desea que su equipo o departamento sea bueno en lo que hace, entonces usted debe primero llegar a ser bueno en lo que hace. La productividad tiene que empezar con el líder. Enfóquese allí en primer lugar y obtendrá oportunidades de ayudar a otros a mejorar y a alcanzar el potencial que tienen.

2. Proyecte la visión de lo que se debe lograr

Proyectar la visión es parte integral de liderar. La comunicación confusa lleva a una dirección poco clara, que a su vez produce una actuación descuidada. Los líderes productivos crean un vínculo claro entre la visión de la organización y la producción diaria del equipo. Muestran cómo el corto plazo impacta en el largo plazo. Esta clase de líderes son claros en su comunicación y señalan continuamente el camino que su equipo debe seguir.

Una visión convincente es clara, bien definida, expansiva y desafiante, y está alineada con los valores compartidos del equipo. Se enfoca principalmente en el fin, no en los medios. Se adapta a las capacidades del equipo. Y una vez comunicada y entendida esa visión, ¡llena el salón de energía!

¿Cómo ofrecen los líderes a sus equipos el mayor éxito

posible en alcanzar la visión? Ayudando a los miembros del equipo a hacer tres cosas:

Los líderes de Nivel 3 ayudan a la gente a definir el éxito de la visión

En toda organización que he liderado he tenido que definir o redefinir lo que significa el éxito para quienes trabajan allí. Por ejemplo, cuando fui dueño de Injoy Stewardship Services, éxito significaba trabajar para ayudar a las iglesias a avanzar la visión. Cuando fundé EQUIP, éxito significaba trabajar para producir liderazgo de largo plazo en cada nación del planeta y brindar a los líderes locales recursos en sus propias lenguas. Cuando formé la Compañía John Maxwell, su finalidad fue desarrollar recursos y habilidades en capacitación de personas que desearan agregar valor a otra ¿Cómo es posible tener éxito en una organización si su personal no sabe tras qué objetivo van?

Los líderes de Nivel 3 ayudan a las personas a comprometerse con el éxito de la visión

El compromiso del equipo empieza con el compromiso del líder. Los equipos no ganan a menos que sus líderes decidan hacer todo lo posible por alcanzar el éxito, a fin de dedicar su productividad para hacer que la organización avance hacia la visión. Una vez que se han comprometido a usar su tiempo, sus talentos y sus recursos para el logro de la visión, estos

> **El compromiso del equipo empieza con el compromiso del líder.**

líderes ganan credibilidad y su gente obtiene la confianza para seguir el ejemplo. Solo entonces se ha completado la fase preparatoria para la edificación del equipo.

Los líderes de Nivel 3 ayudan a la gente a experimentar el éxito

Pocas cosas inspiran a las personas como la victoria. El trabajo de un líder es ayudar al equipo a triunfar. Cuando los miembros del equipo experimentan pequeños éxitos se motivan para seguir adelante y alcanzar mayores éxitos. Si usted desea que su gente esté inspirada para ganar, entonces prémieles y festéjeles las pequeñas victorias diarias que obtienen. Y siempre que sea posible, haga que los miembros de su equipo sean parte de las celebraciones personales de victoria que usted logra, dándoles tanto crédito como pueda. Eso no solamente los motiva sino que también les ayuda a disfrutar el viaje.

3. Comience a convertir a su gente en un equipo

Cuando usted avanza al Nivel 2 con personas en su organización, a ellas les empieza a gustar el hecho de *estar* juntas. Pero cuando usted llega al Nivel 3 estas personas comienzan a *trabajar* juntas. La producción hace posible la construcción del equipo, lo que solamente puede lograr un líder que esté dispuesto a hacer avanzar a su gente y que vaya adelante en el camino que se deberá seguir.

En su libro *El liderazgo centrado en principios*, Stephen

M. R. Covey cuenta que una vez invitaron a Colón a un banquete donde le asignaron el lugar más honroso en la mesa.

—Si usted no hubiera descubierto las Indias, ¿no hay otros hombres en España que habrían podido tener la iniciativa? —preguntó de modo cortante un ignorante cortesano que estaba malamente celoso.

Colón no replicó pero agarró un huevo e invitó a quienes lo acompañaban a hacer que este se parara sobre uno de sus extremos. Todos lo intentaron, pero en vano; después de lo cual Colón le dio unos golpecitos en la mesa, abollándole un extremo sobre el cual lo dejó erguido.

—¡Todos pudimos haberlo hecho de ese modo! —señaló el cortesano.

—Así es, si tan solo hubieran sabido cómo hacerlo —replicó Colón—. Y una vez que les mostré el camino al Nuevo Mundo, entonces nada resultó más fácil que seguirlo.

Construir un equipo es uno de mis aspectos favoritos de liderar gente. ¿Por qué? Porque un buen equipo siempre es mayor que la suma de sus partes y puede lograr más que individuos que trabajen solos. ¡Trabajar en equipo también es pura diversión! Disfruto tanto trabajar en grupo y levantar equipos, que he escrito algunos libros sobre el tema, entre ellos *Las 17 leyes indiscutibles del trabajo en equipo*. Hay mucho que decir acerca del trabajo en equipo… más que el espacio que tengo aquí para ello. Pero deseo brindarle algunos puntos críticos en qué pensar con relación a levantar un equipo, mientras usted se esfuerza por llegar a ser un buen líder de Nivel 3 (y, para su referencia, enumero las

Leyes del Trabajo en Equipo que se aplican a cada uno de esos puntos):

Los miembros del equipo deben complementarse entre sí... los líderes del equipo deben hacer que eso ocurra

El escritor Stephen Covey aseveró: "La labor de un líder es levantar un equipo complementario, donde cada fortaleza se haga eficaz y cada debilidad se vuelva irrelevante". Ese es el ideal al que todo líder debería apuntar: que las personas trabajen juntas, aportando cada una sus fortalezas para mejorar el equipo, compensando así las debilidades mutuas. ¿Cómo hacer que eso ocurra? Primero, usted debe conocer las fortalezas y las debilidades de cada jugador.

> "La labor de un líder es levantar un equipo complementario, donde cada fortaleza se haga eficaz y cada debilidad se vuelva irrelevante".
> —Stephen Covey

John Wooden, el gran entrenador de básquetbol de la UCLA, me dijo en cierta ocasión:

—La mayoría de mis jugadores universitarios encestan un porcentaje mayor en UCLA del que tenían en el colegio.

Yo jugué básquetbol, así que sabía que era raro que un jugador se moviera en esa dirección al subir a un nivel superior.

—¿Cómo logró hacer eso? —le pregunté.

—Los primeros días de práctica de básquetbol observaba a los jugadores mientras lanzaban el balón desde varios lugares de la cancha —me explicó—. Al determinar el lugar en el que tenían el mejor porcentaje de disparos, "su sitio", los llevaba a ese lugar y les decía: "Desde aquí es desde donde quiero que lances la pelota. Voy a diseñar jugadas para asegurar que eso suceda".

El entrenador Wooden también señalaba los lugares en el suelo donde los jugadores debían pasar el balón en vez de lanzarlo. De este modo aprovechaba al máximo una fortaleza (haciendo que sus jugadores lanzaran) y convertía una potencial desventaja en una fortaleza (haciendo que pasaran la pelota a alguien que estuviera en el lugar de fortaleza de ese otro jugador.) Esa

> "Quien encesta tiene diez manos".
> —*John Wooden*

práctica realmente irradia luz sobre una de las citas más famosas del entrenador: "Quien encesta tiene diez manos". En otras palabras, se necesita de todos los jugadores para ayudar a un jugador a encestar. Y se necesita un líder que les ayude a resolver cómo hacer eso y que dirija a sus jugadores a través del proceso.

Leyes pertinentes al trabajo en equipo

Ley de la Importancia: Uno es una cantidad demasiado pequeña para alcanzar grandezas

Ley del Monte Everest: A medida que aumenta el desafío, se incrementa la necesidad de trabajar en equipo

Ley del Catalizador: Los equipos ganadores tienen jugadores que hacen que las cosas sucedan

Ley del Banco: Los grandes equipos tienen gran profundidad

Ley de los Dividendos: La inversión en el equipo se acrecienta con el tiempo

Los miembros del equipo deben entender su misión… los líderes deben hacer que eso suceda

Los buenos líderes nunca suponen que los miembros de sus equipos entienden la misión. No dan nada por sentado. Sin duda por tal razón el primer discurso del legendario entrenador Vince Lombardi en cada temporada empezaba con la frase: "Este es un balón de fútbol americano". Por eso el entrenador Wooden enseñaba a sus jugadores al principio de cada temporada la manera correcta de ponerse las medias a fin de no lesionarse los pies. Lombardi y Wooden se aseguraban que sus jugadores comprendieran lo que debían comprender para lograr su misión.

Al liderar personas en el Nivel 3, no dé por sentado que ellas saben las mismas cosas que usted, o que creen lo mismo que usted cree. No suponga que ellas comprenden cómo se supone que los talentos y esfuerzos que poseen contribuyen a la misión del equipo. Comuníqueles esto a menudo.

Leyes pertinentes al trabajo en equipo

Ley del Panorama completo: La meta es más importante que el papel que se desempeña

Ley del Nicho: Todos los jugadores tienen un lugar en el que añaden el mayor valor

Ley de la Brújula: La visión da dirección y confianza a los miembros del equipo

Ley de la Etiqueta de Precio: El equipo falla en alcanzar su potencial cuando no paga el precio

Los miembros del equipo deben recibir información relacionada con su rendimiento… los líderes deben asegurarse de que eso ocurra

A veces hablo acerca de un entrenador de baloncesto que realizaba una práctica habitual durante el medio tiempo a fin de preparar al equipo para la segunda mitad. En una pizarra en el vestuario el hombre escribía tres columnas: Hice Bien, Hice Mal, Cambiaré. Una amiga mía que dirige un negocio oyó la historia y decidió hacer lo mismo con su empresa en mitad de año, y lo denominó el medio tiempo de la organización.

Mi amiga entraba a la reunión preparada con una lista elaborada por ella misma para cada una de las columnas. Pero ya que era una líder eficaz de Nivel 3, lo primero que hacía era pedir todos en el equipo que hicieran sus observaciones. Ella añadía sus propios elementos a la lista de su gente solo cuando nadie más los mencionaba, lo cual era raro. La reunión resultaba un éxito completo. La mujer descubrió como consecuencia que:

- no estaba liderando por suposición. Sabía dónde estaba su equipo y qué pensaban los miembros respecto del trabajo que realizaron durante los seis primeros meses.
- obtenía una nueva perspectiva y aprendía cosas que no sabía. Esto permitía que ella y el equipo estuvieran en la misma onda.

- el equipo podía hacer ajustes de medio tiempo antes de que fuera demasiado tarde. La misma clase de reunión al final de año no habría tenido los mismos beneficios.
- el equipo asumía la responsabilidad del resto del año debido a que sus ideas habían salido del corazón. Los mismos miembros eran quienes proponían lo que se encontraba en la pizarra.

El proceso resultó tan efectivo que se convirtió en un acontecimiento regular cada año.

Las personas siempre quieren saber cómo les está yendo. Desean triunfar. Y si ellas no lo están haciendo, casi todo el tiempo anhelan saber cómo hacer ajustes a fin de mejorar. La mayoría de personas están dispuestas a cambiar si se convencen que esto les ayudará a ganar. Los líderes productivos se responsabilizan por guiar a los miembros del equipo durante ese proceso.

Leyes pertinentes al trabajo en equipo

Ley de la Cadena: La fortaleza del equipo se ve afectada por su eslabón más débil

Ley de la Manzana Podrida: Las malas actitudes arruinan a un equipo

Ley de Rendición de Cuentas: Los compañeros de equipo deben poder rendirse cuentas unos a otros cuando sea necesario

Ley del Marcador: El equipo puede hacer ajustes cuando todos saben dónde se encuentran

Los miembros del equipo deben trabajar en un ambiente propicio para crecer e inspirarse... los líderes del equipo deben hacer que eso suceda

Hace algunos años mientras Margaret y yo visitábamos Venecia fuimos a un antiguo palacio con un enorme salón donde periódicamente se reunían mil quinientos líderes para tomar decisiones importantes. Nuestro guía nos hizo observar las hermosas pinturas sobre cada pared. Cada obra representaba una época específica en la historia de la ciudad en que los líderes venecianos habían obtenido una importante victoria a causa de una decisión valiente y una acción subsiguiente. Mi esposa y yo estábamos inspirados. Esto me recordó lo importante que es para un líder crear un ambiente que inspire, desafíe y comprometa a los miembros de su equipo.

Cuando usted lidera en el Nivel 3 debe ponerse como meta levantar a otros y ayudarles a dar lo mejor de sí. El padre de la Patria, Benjamín Franklin, era un hombre que entendía esto. En una carta escrita a John Paul Jones, Franklin aconsejó al nuevo funcionario con relación a cómo liderar a otros:

En lo sucesivo, si usted debe observar una ocasión en la cual brindar a sus oficiales y amigos un poco más elogio del que es debido, y además confesar más faltas de aquellas de las que con toda justicia lo acusan, esto precisamente lo convertirá cuanto antes en un gran capitán. Criticar y censurar casi a todo aquel con quien usted tiene que ver le disminuirá amigos, le aumentará enemigos, y por consiguiente le perjudicará sus propios asuntos.

La sabiduría de Franklin es tan válida hoy día como lo fue entonces. Él sabía cómo crear un ambiente de trabajo propicio para crecer e inspirarse. Los líderes eficaces en Nivel 3 hacen esto muy bien, lo cual es una clave hacia la productividad.

A veces me han criticado como líder por ser demasiado positivo y por elogiar a las personas más de lo que debería. Considero justificada esa crítica. Ha habido ocasiones en que he promocionado gente dentro de mi equipo más allá de lo que su desempeño ha merecido, y eso me ha ocasionado problemas. Creer lo mejor de la gente por lo general da buen resultado, pero a veces no es así. Demasiada fe en las personas es una de mis fortalezas y también una de mis debilidades. Pero es una debilidad con la que estoy dispuesto a vivir, porque los beneficios habituales son muchos. Además prefiero vivir como alguien positivo y equivocarme de vez en cuando, que ser constantemente escéptico y negativo. Creo que hasta cierto punto uno obtiene en la vida lo que espera, y yo no quiero esperar lo peor para mí ni para alguien más. Las personas necesitan un ambiente positivo en el cual ser positivas y desarrollarse.

Los líderes marcan la pauta más que cualquier otra persona en un equipo, departamento u organización. Su actitud es contagiosa. Si son positivos, alentadores y receptivos al crecimiento, así será su gente. Si usted desea triunfar en el

Nivel 3, reconozca la influencia que tiene y úsela para el mayor beneficio de todos.

Leyes pertinentes al trabajo en equipo

Ley de Identidad: Los valores compartidos definen el equipo

Ley de Comunicación: La interacción nutre la acción

Ley del Margen: El liderazgo marca la diferencia entre dos equipos igualmente talentosos

Ley de la Moral Alta: Cuando se está ganando, nada duele

Hacer que un grupo de personas se desarrolle en un equipo productivo no es tarea fácil. Si así fuera, todo equipo deportivo profesional sería un ganador y todo negocio obtendría altas ganancias. Es un desafío conseguir que todos trabajen juntos para lograr una visión común. Pero definitivamente el esfuerzo vale la pena. Ser parte de un equipo de personas que hacen algo de gran valor es una de las experiencias más gratificantes de la vida. Como líder usted tiene la oportunidad de ayudar a que la gente experimente tal experiencia. No eche para atrás esa gran oportunidad.

4. Dé prioridad a lo que produce alto rendimiento

¿Cuál es la clave para ser productivos? Establecer prioridades. Para ser un líder eficaz de Nivel 3 usted debe aprender no solo a lograr que se haga mucho, sino también a conseguir que muchas cosas se hagan bien. Eso significa entender cómo priorizar tiempo, tareas, recursos y hasta personas.

Jim Collins, autor del libro *De buena a grandiosa*, afirma que la priorización eficaz empieza al eliminar lo que usted no debe estar haciendo. Él escribe:

> La mayoría de nosotros llevamos vidas ajetreadas pero indisciplinadas. Tenemos listas cada vez más amplias de "cosas por hacer", tratando de crear impulso por hacer, hacer, hacer… y hacer más. Eso casi nunca funciona. Sin embargo, quienes levantan compañías llevándolas de buenas a grandiosas hacen uso tanto de listas de "cosas por dejar de hacer" como de listas de "cosas por hacer". Estos líderes demuestran una notable disciplina por desenchufar toda clase de basura ajena.[4]

En realidad las mejores empresas canalizan sus recursos solamente en unas pocas áreas… aquellas en que pueden triunfar.

Mantenerse en sus áreas de fortaleza (donde sus esfuerzos producen el mayor rendimiento) y fuera de sus áreas de debilidad es una de las claves de la productividad personal. Y si usted puede ayudar a otros en su equipo a hacer lo mismo, entonces puede triunfar en el liderazgo de Nivel 3.

> **La priorización eficaz empieza al eliminar lo que usted no debe estar haciendo.**

Durante años me he basado en el Principio de Pareto como

una pauta para ayudarme a decidir en qué vale la pena enfocarme y en qué no. Este principio básicamente afirma que si usted hace 20% de su lista de "cosas por hacer", esto le producirá a cambio 80% de rendimiento a sus esfuerzos.

Para ayudarme a entender cuál es mi 20% me hago tres preguntas:

- ¿Qué se requiere de mí? (qué estoy obligado a hacer)
- ¿Qué me produce el mayor rendimiento? (qué debería hacer)
- ¿Qué es lo más gratificante para mí? (qué me gusta hacer)

Si usted está iniciando su carrera o un nuevo liderazgo, es probable que su lista de cosas por hacer sea muy larga. Su objetivo a medida que avanza en los niveles de liderazgo es trasladar su tiempo y atención hacia los "qué debería hacer" y los "qué me gusta hacer". Y si lidera bastante bien por largo tiempo y levanta un gran equipo, las respuestas a todas estas tres preguntas deben ser las mismas. Me siento muy afortunado porque eso me ha llegado a ocurrir. Hay relativamente pocas cosas que estoy obligado a hacer y que no me gusta hacer.

A medida que usted lidera un equipo, su objetivo debería ser ayudar a cada miembro a llegar al lugar en que esa personas esté haciendo sus "qué debería hacer" y "qué me gusta hacer", porque allí es donde cada uno será más eficaz. Como regla general trato de contratar, entrenar y posicionar a las personas en tal manera que

80% del tiempo trabajen en su zona de fortalezas;

15% del tiempo trabajen en una zona de aprendizaje;

5% del tiempo trabajen fuera de su zona de fortalezas; y

0% del tiempo trabajen en su zona de debilidad.

Para facilitar eso usted debe conocer realmente a los miembros de su equipo, entenderles sus fortalezas y debilidades, y estar dispuesto a tener conversaciones francas con ellos. Si ha hecho su trabajo en el Nivel 2, entonces debería estar listo, dispuesto y ser capaz de hacer esas cosas.

5. Esté dispuesto y listo para ser agente de cambio

El progreso siempre requiere cambios. Ese es un hecho comprobado. La mayoría de líderes desean crear progreso. Esta es una de las cosas que los motiva. No obstante, solo cuando los líderes alcanzan el Nivel 3 se hallan en el lugar en que pueden comenzar a efectuar cambios. ¿A qué se debe eso? Bueno, la posición de usted ya se ha establecido como líder de Nivel 1; ha levantado fuertes relaciones con las personas de su equipo en Nivel 2; y una vez que ha ayudado al equipo a lograr algunos resultados en el Nivel 3 ha obtenido la credibilidad y el ímpetu para empezar a hacer cambios. Es muy difícil hacer cambios cuando una organización se ha inmovilizado. Inténtelo yendo en *cualquier* dirección y entonces sí encontrará más fácil hacer cambios para mover la organización en

> El impulso provee la energía para el cambio necesario.

la dirección *correcta*. El impulso provee la energía para el cambio necesario.

El cambio en una organización siempre es una cuestión de liderazgo. Se necesita un líder para crear un cambio positivo. Y la mejor manera de empezar a trabajar como agente de cambio es la misma que cuando se intenta construir una relación. Usted debe encontrar terreno común. Cualquier líder que quiere hacer cambios siente la tentación de señalar diferencias parar tratar de convencer a otros por qué es necesario aquel cambio. Pero eso casi nunca funciona. En su lugar, enfóquese en las similitudes y construya sobre ellas. Para empezar, busque terreno común en los siguientes campos:

- **Visión:** cuando la visión es similar sin duda la gente se mantiene unida y todos tienen la misma opinión. Si la visión de las personas es igual a la de usted, todos la verán claramente y tendrán un fuerte deseo de verla realizada, y lo más probable es que logren trabajar unidos.
- **Valores:** Es difícil caminar con otros por mucho tiempo si no tienen los mismos valores. Averigüe qué creen los demás y trate de ver dónde tanto ellos como usted participan de las mismas normas.
- **Relaciones:** Los grandes equipos tienen gente comprometida entre sí y con la visión. Si usted ha hecho el trabajo en el Nivel 2 ya debería compartir terreno común en este aspecto.

- **Actitud:** A fin de poder llevar a las personas a trabajar unidas hacia un cambio positivo, las actitudes que tengan deben ser positivas y firmes. Si no es así, más adelante se presentarán problemas.
- **Comunicación:** Para que se dé un cambio, la comunicación debe ser franca, abierta y continua. Cuando la gente no está informada empieza a especular acerca de lo que ocurre. Y sus suposiciones muchas veces están equivocadas. Mantenga informada a su gente de tal manera que todos tengan el mismo sentir.

Si usted logra encontrar o crear terreno común en estos cinco campos, podrá seguir adelante e introducir cambio. Eso no necesariamente significa que sea fácil ser agente de cambio. Pero le garantizo que si no gana esas cinco áreas el cambio le será muy difícil.

6. Nunca pierda de vista el hecho de que los resultados son su objetivo

Existe una gran diferencia entre líderes de Nivel 3 y críticos que simplemente teorizan acerca de la productividad. Los buenos líderes están orientados en resultados; saben que estos siempre importan, a pesar de las muchas trabas que enfrenten, de cómo esté la economía, de qué clase de dificultades experimente su gente, etc. Estos líderes van tras la productividad y asumen la responsabilidad pase lo que pase. ¡Aunque tengan éxito! El fabricante de vehículos Henry Ford observó:

Más hombres son unos fracasados a causa del éxito que de los fracasos. Se abren paso a la fuerza para vencer muchos obstáculos y superan una serie de dificultades, sacrificios y temores. Hacen posible lo imposible; luego llega un poco de éxito, el cual los derriba de su privilegiada posición. Aflojan el ritmo, resbalan y abandonan la misión. ¡Es innumerable la cantidad de personas frenadas y abatidas por el reconocimiento y la recompensa![5]

Los buenos líderes de Nivel 3 siguen presionando. Si adquieren ímpetu, no dan marcha atrás ni se frenan. Avanzan rápidamente e incrementan el ímpetu de tal modo que logran obtener aun mayores logros. Y ayudan a otros a hacer lo mismo. ¿Cómo pueden estos líderes mantenerse centrados y lograr tanto, a pesar de éxitos y fracasos? Una vez más Henry Ford tiene una sugerencia: "Haga sus planes futuros tan extensos y difíciles, que quienes lo elogien siempre parezcan estar hablando de algo muy trivial en comparación con lo que en realidad usted intenta hacer. Es mejor tener un trabajo demasiado grande para el elogio popular, tan grande que usted pueda lograr un buen inicio antes de que el grupo de porristas tenga siquiera el primer indicio sutil de lo que usted se propone. Entonces será libre para trabajar y continuar su trayecto hacia triunfos aun mayores".

Los líderes que alcanzan el Nivel 3 siempre experimentan éxito. Pero no todos ellos capitalizan ese éxito y avanzan al siguiente nivel. Para hacerlo tienen que mantenerse enfocados y productivos... al mismo tiempo que cultivan y

conservan relaciones positivas. Y los líderes realmente buenos usan el nivel Producción como plataforma para el Nivel
4, donde desarrollan a otros hasta que llegan a ser buenos
líderes por derecho propio.

Las leyes del liderazgo en el nivel Producción

Si usted quiere usar las Leyes del Liderazgo para ayudarle a crecer y obtener Permiso en el Nivel 3, entonces considere lo siguiente:

La Ley del Respeto
Las personas siguen de manera natural a líderes más fuertes que ellas

Los individuos no siguen naturalmente a aquellos en el liderazgo que son más débiles que ellos mismos; siguen a quienes respetan, a gente de credibilidad. Si reconocen que el éxito de otra persona es mayor que el suyo propio, entonces le aceptan con gusto la guía. ¿Por qué? Porque lo que ese líder ha hecho por la organización es muy probable que se refleje en la vida y el trabajo de quienes le siguen. El triunfo es para todos los involucrados.

Cuando usted ha estado tratando de ganar credibilidad relacional en el Nivel 2, a menudo los resultados positivos como confianza y moral son intangibles. Por el contrario, en el Nivel 3 los resultados que obtiene son altamente tangibles. La gente nota mejor organización, mayor productividad, y óptima rentabilidad. Como consecuencia ven las fortalezas que usted tiene y captan lo que puede hacer. Su credibilidad se ha establecido. Las personas respetan eso, y lo siguen no solo debido a que las trata bien, sino también por lo que usted hace por el equipo y la organización.

La Ley del Magnetismo
Lo que somos es lo que atraemos

En general los individuos atraen a otros similares a ellos mismos. Aves de un mismo plumaje vuelan juntas. A menudo pido a líderes que enumeren tres o cuatro características que más desean en los miembros de sus equipos. Después de que las han señalado, les pregunto: "¿Posee usted esas características?" ¿Por qué lo pregunto? Porque si no exhibimos tales características, no las atraeremos. Tendemos a no atraer lo que deseamos. Atraemos lo que somos.

Al llegar al Nivel 3 y crear un equipo sumamente productivo usted empieza a atraer a otros productores. Lo fabuloso acerca de esto es que le ayuda a hacer aun más productivo el equipo que ha desarrollado. Introducir al equipo personas adicionales altamente productivas eleva la norma y hace más productivos a todos. Y si en el equipo existen individuos que no pueden o no quieren producir, otros se pondrán en fila ante su puerta queriendo tomar el lugar de ellos.

La Ley de la Imagen
La gente hace lo que ve hacer

Por lo general los líderes son sumamente visibles para aquellos a quienes guían, especialmente si lideran yendo adelante. Como resultado, las acciones de estos líderes siempre se notan. Si usted es un productor, eso es bueno. Nada motiva más a la gente en forma positiva que ver

> Nada motiva más a la gente en forma positiva que ver un modelo positivo de liderazgo.

un modelo positivo de liderazgo. Cuando las personas ven resultados de parte de sus líderes, saben que de ellas también se esperan resultados. Y siempre que los resultados son una expectativa se crea mayor productividad. Los buenos líderes en el Nivel 3 saben que están mostrando el camino cuando lo recorren, ya que la gente hace lo que ve hacer a otros.

La Ley de la Victoria
Los líderes descubren una manera de que el equipo gane

Si usted fuera a jugar baloncesto y pudiera escoger a cualquiera en el mundo para tenerlo en el equipo, ¿a quién elegiría? ¿Y si fuera a jugar fútbol? ¿O si se dedicara a los negocios? ¿O si empezara una organización sin fines de lucro? Lo más probable es que usted enumerará a los líderes máximos en esas áreas. ¿Por qué los querría tener en su equipo? Porque las posibilidades de ganar se incrementan cuando usted se asocia con un líder que tenga fama de encontrar maneras de ganar.

Los mejores líderes de Nivel 3 descubren formas de ganar. Siempre lo hacen. ¡Ellos producen! Y lo hacen de día en día, a pesar de las dificultades, los obstáculos o las circunstancias. Si usted es una de esas personas que produce de forma constante, entonces todos querrán estar en su equipo. Eso hace que liderar sea mucho mejor.

La Ley del gran Ímpetu
El ímpetu es el mejor amigo del líder

El liderazgo en el Nivel 3 es más fácil que en el Nivel 2. ¿Por qué? El Nivel 3 es donde el ímpetu hace efecto. Los buenos resultados crean impulso, con el cual se producen mayores resultados, y estos a su vez crean aun más ímpetu. La producción origina un ciclo positivo que puede seguir rodando una y otra vez. Con impulso una organización puede vencer problemas, negativismo, dificultades pasadas, mezquindades y obstáculos futuros.

Si usted se encuentra en el Nivel 3 obteniendo impulso, no es hora de ponerse a descansar ni de retroceder. Es hora de seguir adelante. No dé por sentado el ímpetu. Siga esforzándose al máximo. Como lo dijera Jim Collins, mantenga el volante en movimiento.

La Ley de las Prioridades
Los líderes comprenden que actividad no necesariamente es logro

De acuerdo con un conocido vendedor de agendas, solo un tercio de trabajadores estadounidenses planifica sus actividades diarias, y menos de 10% de personas concluyen lo que planearon. Eso no es muy alentador.

La mayoría de líderes sienten mucha presión por lograr que se ejecute gran cantidad de trabajo. Los líderes productivos entienden que actividad no necesariamente es logro. Es muy común que las personas trabajen duro cada día sin que hagan las cosas importantes que la hacen productivas tanto a ellas como a sus equipos. ¿Cuál es la clave? Establecer prioridades. Los líderes de Nivel 3 hacen las cosas correctas de la manera correcta en el momento correcto y por las razones correctas. Saben que una organización donde pasa cualquier cosa finalmente se convierte en una empresa donde no pasa nada. Pero los líderes de Nivel 3 planean y actúan como corresponde.

La Ley del Sacrificio
Un líder debe renunciar para progresar

El locutor radial Paul Harvey solía decir: "Usted puede darse cuenta si está en la senda del éxito, pues todo el camino es cuesta arriba". No es fácil avanzar a los niveles superiores de liderazgo. Se requiere esfuerzo; y también sacrificio. Usted no podrá ganar otro nivel usando las habilidades que utilizó para ganar el anterior. Tendrá que renunciar a algunos privilegios y recursos para poder avanzar. Tendrá que renunciar a algunas

> "Usted puede darse cuenta si está en la senda del éxito, pues todo el camino es cuesta arriba".
> —*Paul Harvey*

de las cosas que le gustan y que no le dan suficiente resultado en cuanto al tiempo que le ocupan. Además, algunas personas que a usted le gustaría llevar consigo a la cima no querrán ir.

Los líderes aprenden a desprenderse de todo menos de lo esencial para avanzar. Ningún líder que llegó a la cima manifestó alguna vez: "Es más fácil de lo que creí y tardé menos tiempo". A medida que usted se dispone a avanzar más, prepárese también para los sacrificios que deberá hacer a fin de llegar a ser mejor líder.

La Ley de la Aceptación
La gente acepta al líder y luego a la visión

La mayoría de líderes tienen una visión de hacia dónde se dirigen y cómo su equipo puede lograr algo en lo que ellos creen. ¿Tiene usted una visión? ¿Cómo sabe si los miembros de su equipo la aceptarán? ¡Sabiendo si ellos ya lo aceptaron a usted!

Las personas aceptan al líder y luego a la visión. Esa aprobación viene de dos aspectos: la relación que usted tenga con ellas y los resultados que les haya mostrado. Las personas quieren saber que usted se interesa en ellas, y también que usted puede producir. Logran ver ambos aspectos observándolo y viendo el ejemplo que usted les muestra. Cuando disfrutan de usted como persona y lo perciben como productor de resultados, entonces tienen lo que necesitan para aceptarlo.

Creencias que ayudan a un líder a avanzar al Nivel 4

El liderazgo es un viaje emocionante. Los líderes más talentosos y dedicados sienten la necesidad de avanzar más. Oyen un llamado a seguir creciendo y ayudar a otros a hacer lo mismo. Sus creencias les proveen el incentivo para seguir adelante, pero son sus comportamientos los que en realidad los llevan al siguiente nivel.

Si usted desea ir al próximo nivel, entonces adopte las siguientes ideas mientras aún se halla en el Nivel 3:

1. La Producción no es suficiente

Liderar un equipo productivo es todo un logro. Obtener metas puede ser muy gratificante. Pero hay niveles más altos de liderazgo que solo hacer el trabajo con eficacia y agregar al resultado final. ¿Qué es mejor que la excelencia en su trabajo y la alta productividad de su equipo? Desarrollar a otros de tal modo que puedan liderar con usted. Los grandes líderes se prueban a sí

> Los grandes líderes se prueban a sí mismos por lo que logran hacer a través de otros. Eso requiere desarrollar personas en una cultura de liderazgo.

mismos por lo que logran hacer a través de otros. Eso requiere desarrollar personas en una cultura de liderazgo, y constituye el enfoque de los líderes en el Nivel 4.

Durante muchos años me contenté con ser un líder de Nivel 3. Para ser sincero, la primera vez que aprendí a ser un líder productivo en el Nivel 3 creí haber llegado al tope del liderazgo. Me encantaba producir y desarrollar mi equipo. Pero entonces sentí la necesidad de avanzar más. Me di cuenta que podía hacer más. Podía desarrollar personas hasta convertirlas en excelentes líderes por derecho propio. Si lo hacía, no solo aumentaría la capacidad de la organización y aliviaría mi carga de liderazgo personal, sino que también añadiría valor a las personas de tal manera que las beneficiaría realmente. Pronto aquello se convirtió en mi objetivo… y en mi mayor alegría.

Si usted ha alcanzado el Nivel 3 con los miembros de su equipo y dirige un equipo productivo, felicitaciones. Ha logrado más de lo que el común de líderes suele alcanzar. Pero no se contente con el nivel Producción. Busque los niveles más avanzados donde pueda cambiar las vidas de las personas.

2. La gente es el bien más valioso de una organización

La mayor parte de lo que una organización posee se devalúa. Las instalaciones se deterioran. El equipo se vuelve obsoleto. Los suministros se agotan. ¿Qué activo tiene el mayor potencial para realmente subir en valor? ¡Las personas! Pero solamente si alguien capaz de invertir en ellas las valora, las desafía, las desarrolla y las ayuda a crecer. De otra manera son como dinero depositado sin interés alguno. El potencial de ellas es alto, pero no estarían creciendo de verdad.

Las personas no aumentan de valor automáticamente ni crecen por accidente. El crecimiento ocurre solo cuando es intencional. ¿Dónde ocurre el crecimiento en Los 5 Niveles de Liderazgo? En el Nivel 4. Es en esta etapa donde los líderes se entregan de lleno al desarrollo de la gente. Si usted desea pasar al siguiente nivel en su liderazgo, piense más allá de Producción y empiece a pensar en términos de cómo puede ayudar a los individuos de su equipo a mejorar y a aprovechar el potencial que tienen.

3. Hacer crecer líderes es la manera más eficaz de lograr la visión

¿Cómo se mejora una organización? Invirtiendo en quienes trabajan en ella. Las compañías mejoran cuando su personal mejora. Por eso invertir en las personas siempre brinda un rendimiento superior a una organización.

> Las compañías mejoran cuando su personal mejora. Por eso invertir en las personas siempre brinda un rendimiento superior a una organización.

Todo se levanta y cae desde el liderazgo. Mientras más líderes haya en una empresa, mayor la potencia con que cuenta. Mientras mejores líderes tenga una organización, mayor es su potencial. Por mucho que se invierta en la gente, nunca será demasiado.

Cada vez que usted aumenta la habilidad de una persona en la organización, también aumenta la capacidad de cumplir la visión. Todo mejora cuando buenos líderes dirigen la organización y crean un ambiente de trabajo positivo y productivo. Si usted quiere un entorno laboral agradable, gane el Nivel 2. Si desea condiciones laborales productivas, gane el Nivel 3. Si quiere un ambiente laboral *creciente*, gane el Nivel 4.

4. El desarrollo de personas es la mayor realización para un líder

Cuando tenía menos de cuarenta años me hallé tratando de conseguir una enorme visión que requería mayor capacidad de la que yo podía entregar. La única solución que pude ver fue entrenar y desarrollar a otras personas para que me ayudaran a llevar la carga. Pero entonces sucedió algo maravilloso. Lo que empezó como una necesidad pronto se convirtió en la mayor fuente de realización para mí.

Pocas cosas en la vida son mejores que ver personas alcanzar su potencial. Si usted las ayuda a ser más grandes y mejores por dentro, finalmente se volverán más grandes por fuera. La gente es como los árboles: deles lo que necesitan para crecer lo suficiente en una base continua, y crecerán de adentro hacia afuera. Además llevarán fruto.

> Es imposible ayudar a otros sin ayudarse uno mismo.

Si usted invierte en la gente, esta no volverá a ser igual. Tampoco usted volverá a serlo. Es imposible ayudar a otros sin ayudarse uno mismo.

Guía para crecer a través del Nivel 3

Amedida que usted reflexiona en las ventajas, desventajas, mejores conductas y creencias relacionadas con el nivel Producción de liderazgo, use las siguientes pautas para ayudarle a crecer como líder:

1. **Sea el jugador que usted desea en su equipo**: Algunos líderes cometen la misma equivocación que algunos padres. Esperan que los demás hagan lo que ellos dicen, no lo que ellos hacen. Pero el problema es que la gente hace lo que ve hacer. Si usted quiere individuos dedicados, considerados y productivos en su equipo, modele esas características en usted mismo. Tómese el tiempo para enumerar todas las cualidades que desea en los miembros de su equipo. Luego compare sus propias cualidades personales con las de la lista. Dondequiera que no dé la talla, escriba al lado de la característica una declaración de acción que

> Algunos líderes cometen la misma equivocación que algunos padres. Esperan que los demás hagan lo que ellos dicen, no lo que ellos hacen.

describa lo que usted debe hacer para obtener la cualidad peculiar que le gustaría ver. Por ejemplo, si quiere que la gente sea dedicada, escriba: "No renunciaré a solucionar un problema o a hacer una tarea hasta que esté concluida", o "Llegaré temprano y me quedaré hasta tarde a fin de dar un ejemplo al equipo".

2. **Traslade su productividad personal al liderazgo**: El hecho de que usted tenga un historial de ser productivo no significa necesariamente que sea un líder de nivel Producción. ¿Cómo se puede saber la diferencia? La evidencia se puede hallar en el impacto que usted tenga en el resto del equipo. ¿Están los demás miembros mejorando o produciendo más como resultado de la presencia suya? De no ser así, ¿por qué no? Piense en lo que podría hacer para ayudar a otros a mejorar, tanto individualmente como en equipo. Cambie el enfoque superficial de su propia producción y empiece a ayudar a otros a convertirse en altos productores.

3. **Comprenda la posición favorable de productividad en cada persona**: Uno de los distintivos de los líderes de éxito en el Nivel 3 es saber no solo dónde añaden el mayor valor al equipo, sino también dónde cada uno de los demás miembros del equipo añade su propio valor. Tómese un tiempo para definir el área de contribución de cada miembro (incluso la suya propia), e imagine cómo todos podrían trabajar juntos para hacer más eficaz al equipo.

4. **Lance continuamente la visión**: ¿Cuándo fue la última vez que proyectó la visión a su equipo? A menos que haya sido hoy, quizás usted esté atrasado. Los miembros del equipo necesitan que usted les describa la visión y les defina el éxito de ella. Tome tiempo para elaborar cuidadosamente su comunicado, y entréguelo de forma creativa tan a menudo como sea posible.

5. **Conforme su equipo**: Cuando los miembros del equipo entienden la visión y comienzan a cultivar sus fortalezas y roles, se les puede formar en un equipo productivo. Eso se puede lograr creando un ambiente de crecimiento y rendimiento. Planee reunirse a diario con su equipo (o al menos cada semana) para incentivarlos en cuanto a desempeño. No castigue la toma de riesgos. Elogie los esfuerzos de su gente, ayúdeles a aprender de sus faltas, y recompénseles los triunfos.

6. **Use el ímpetu para solucionar problemas**: ¿Cuál es la manera más eficaz de solucionar problemas? Usar el ímpetu. ¿Cómo puede un líder crear ímpetu? Ayudando al equipo a conseguir victorias en su haber. Si usted no está pensando en términos de ayudar a su equipo a ganar, entonces no está pensando como líder de Nivel 3. Encuentre pequeños desafíos que cada miembro de su equipo deba tomar, a fin de que experimenten victorias individuales. Luego busque desafíos asequibles para que todos ganen como equipo. Mientras mayor sea la cantidad de victorias

tanto individuales como colectivas, más puede usted aumentar la dificultad de tales desafíos. Y puede lograr mayor ímpetu.

7. **Discierna cómo los miembros del equipo afectan el ímpetu**: Todo equipo tiene creadores, oportunistas e interruptores de impulso. Como líder de equipo, el trabajo que usted tiene es saber quién es quién y guiar al equipo en una manera que maximice a los creadores, motive a los oportunistas, y minimice a los interruptores. Comience por categorizar a cada persona dentro del equipo:

- Creadores de impulso (productores que hacen que las cosas sucedan):
- Oportunistas del impulso (personas que van con la corriente):
- Interruptores del impulso (los que causan problemas y perjudican la moral):

Dedique la mayor parte del tiempo y de la energía en los creadores de ímpetu y ubíquelos estratégicamente en la organización para que originen el mayor impacto. Además obtenga la ayuda de ellos para guiar a los oportunistas del impulso a medida que usted los motiva. Mientras tanto tenga conversaciones francas con los interruptores del impulso; bríndeles oportunidad de cambiar su actitud y de convertirse en miembros productivos del equipo. Sin embargo, si no se ponen a la altura del desafío, sáquelos del equipo. Si eso es imposible, entonces aíslelos del resto de los miembros para así minimizar el daño que puedan causar.

8. **Practique el principio Pareto**: Si usted quiere que su productividad esté en el nivel más alto posible, trabaje de acuerdo con la norma de 80/20. Primero, enfóquese en sus esfuerzos en conjunto. Reserve un tiempo para hacer una lista de todas sus responsabilidades; luego póngalas en orden de importancia según el impacto que hagan por el bien de la organización. Usted debe asegurarse que la mejor parte de su tiempo y esfuerzo esté enfocada en las tareas de la parte superior de la lista. Segundo, practique la regla 80/20 a diario. Enumere cada día los asuntos que debe hacer. Luego enfoque 80% de su tiempo en el 20% de la parte superior. Tercero, enfoque a su equipo en el 20% de la parte superior. Regularmente (quizás cada día o semana) revise las prioridades del equipo con todos los integrantes y asegúrese que 80% de los esfuerzos del equipo estén enfocados en el 20% de la parte superior en términos de importancia.

9. **Acepte su papel como agente de cambio**: Los líderes eficaces de Nivel 3 se responsabilizan por tomar decisiones e iniciar los cambios necesarios para que el equipo triunfe. Si usted es un líder, acepte esta responsabilidad. Esté siempre pendiente de maneras de mejorar el equipo y de promover a los miembros. Empiece hoy separando una hora para pensar en cinco formas de hacer cambios para mejorar. También responsabilícese si las cosas salen mal.

10. **No descuide el nivel 2**: Hay mucho por hacer en el Nivel 3. Debido a eso muchos líderes pierden de vista el elemento humano en el liderazgo. Mientras trabaja en el nivel Producción no se olvide de mantenerse relacionalmente conectado con los miembros de su equipo; salga con ellos y deles tiempo. Establezca períodos de relación en su agenda, si es necesario. Haga lo que se requiera para no perder lo que ganó en el Nivel 2.

Nivel 4: DESARROLLO DE PERSONAS

Ayudar a líderes individuales a crecer expande la influencia y el impacto que usted tiene

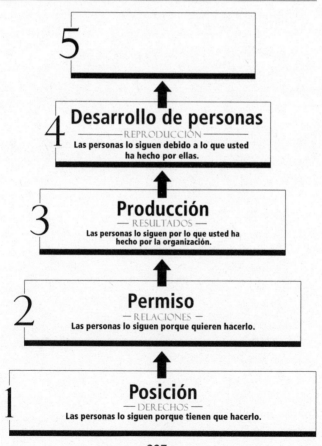

5

4 **Desarrollo de personas**
— REPRODUCCIÓN —
Las personas lo siguen debido a lo que usted ha hecho por ellas.

3 **Producción**
— RESULTADOS —
Las personas lo siguen por lo que usted ha hecho por la organización.

2 **Permiso**
— RELACIONES —
Las personas lo siguen porque quieren hacerlo.

1 **Posición**
— DERECHOS —
Las personas lo siguen porque tienen que hacerlo.

Los líderes eficaces deducen que lo que los llevó a su actual nivel de liderazgo no es suficiente para llevarlos al siguiente. Comprenden que si quieren seguir siendo mejores líderes deben estar dispuestos a mantenerse creciendo y cambiando, y que cada avance en Los 5 Niveles de Liderazgo requiere un cambio de paradigmas y de la manera en que la persona dirige.

En el Nivel 3 el énfasis está en la productividad personal y colectiva. La destreza para crear un equipo, un departamento o una organización de gran productividad indica un nivel mayor de habilidad para liderar del que la mayoría de personas hace gala. Pero para alcanzar los

> Para alcanzar los niveles superiores de liderazgo que crean organizaciones élite, los líderes deben dejar de ser productores para convertirse en desarrolladores.

niveles superiores de liderazgo que crean organizaciones élite, los líderes deben dejar de ser productores para convertirse en desarrolladores. ¿Por qué? Porque las personas son el activo más valioso en cualquier organización.

Los buenos líderes en el Nivel 4 invierten tiempo, energía, dinero e ideas en el crecimiento de otros como líderes. Miran a cada individuo y tratan de medirle el potencial para crecer y dirigir, a pesar del título, la posición, la edad o la experiencia que tenga. Cada persona es un candidato potencial para el desarrollo. Este hábito de identificar y desarrollar a otros compone los positivos de la organización, porque extraer lo mejor en alguien es muchas veces un catalizador para sacar lo mejor del equipo. Desarrollar a una persona para el liderazgo y el triunfo establece la base para desarrollar a otros hacia el éxito.

> **Extraer lo mejor en alguien es muchas veces un catalizador para sacar lo mejor del equipo.**

Peter Drucker observó:

Escoger gente indicada es la manera definitiva de controlar bien una organización. Esas decisiones revelan cuán competente es la administración, qué valores posee, y si toma en serio su labor. Por mucho que los dirigentes se esfuercen por mantener en secreto sus decisiones —y algunos sí que se esfuerzan— las relacionadas con las personas no se pueden ocultar. Son particularmente visibles. Los ejecutivos que no se esfuerzan por escoger a su gente hacen más que arriesgarse a un mediocre rendimiento. Se arriesgan a perder el respeto de sus organizaciones.[1]

¿Cómo se traduce en acción este énfasis en las personas y en saber escogerlas? Los líderes en el nivel Desarrollo de Personas dejan de enfocarse en la producción lograda por otros, y se enfocan en desarrollar el potencial que estos tienen. Además dedican solo 20% de su enfoque en la productividad de su gente, y 80% en desarrollar y liderar a otros. Este puede ser un cambio difícil para gente muy productiva y acostumbrada a remangarse, pero puede revolucionar una organización y brindarle un futuro más brillante.

Ventajas del nivel Desarrollo de Personas

El potencial de la organización ahora es mayor

Cuando usted logra liderar gente en el Nivel 4, el beneficio de guiar se fortalece aun más y el potencial de la organización aumenta de manera dramática. He aquí los principales beneficios positivos de liderar en nivel Desarrollo de Personas:

1. El Desarrollo de Personas lo diferencia a usted de la mayoría de líderes

La mayoría de líderes busca formas de hacer crecer sus organizaciones. ¿Dónde enfocan por lo general su atención? En el Nivel 3. Se esfuerzan en aumentar la producción. Ese enfoque es erróneo. ¿Cómo se hace crecer una compañía? Haciendo crecer a la gente que la compone. Y si usted *realmente* quiere extender la organización y su potencia, el enfoque debe estar en el crecimiento de los líderes.

El escritor y amigo Denis Waitley me participó una vez una visión maravillosa de desarrollo personal. Afirmó que la gente debe tener la convicción de que hay valor en sus sueños, y que esto requería "creer que usted vale el esfuerzo, el tiempo y la energía que invierte en desarrollarse". Lo mismo se puede decir con relación a desarrollar a otros. Debemos creer en el valor que tienen. Debemos valorarles sus sueños. Debemos creer que valen el tiempo, el esfuerzo, la energía y los recursos que requiere desarrollarlos. Por desgracia muchos líderes no creen eso.

Uno de los líderes que admiro es Jim Blanchard, dirigente por muchos años de Synovus; en 1999 *Fortune* eligió a la compañía estadounidense como el mejor lugar en el cual trabajar. Creo que una de las principales razones de que Synovus tuviera tal éxito y tan grandiosa posición se debió a su dedicación en desarrollar gente. Eso empezó con Blanchard, quien señaló que le encantaba leer libros y apreciaba toda oportunidad de recibir entrenamiento en liderazgo. Blanchard explicó:

> Hace veinticinco años decidimos que … poner personas en labores para las que no están preparadas por no haber invertido en su entrenamiento es una de las equivocaciones que no seguiríamos cometiendo. … Capacitar y preparar líderes, enseñarles lo básico, y tratar de que se interesen en buscar su propio nivel superior de liderazgo es un buen enfoque y una buena inversión en un ambiente empresarial. Esto sin duda ha dado sus frutos. Algo que hemos aprendido es que desarrollar líderes es probablemente el beneficio más apreciado en la compañía. Cuando líderes actuales o

aspirantes a líderes se dan cuenta que se está invirtiendo en su crecimiento, esto les resulta más importante que el dinero. Esta inversión es, en mi opinión, más importante que el interés personal de un supervisor en su gente y el ánimo que les brinde a lo largo de sus carreras, aunque lo más probable es que esto venga a continuación.[2]

La anterior es una buena descripción del salto de los Niveles 2 y 3, donde un líder construye relaciones con personas y las ayuda a ser productivas en sus carreras, del Nivel 4, donde el líder las ayuda a desarrollar el potencial y a convertirse en los líderes que pueden llegar a ser.

Blanchard afirma que la marca de alguien con potencial para crecer es apertura al proceso de desarrollo. El hombre comentó: "Cuando usted ve individuos ansiosos por aprender más, puede estar seguro que están en la senda correcta. Y cuando habla con personas que simplemente no quieren más instrucción, entonces ya casi han tocado fondo. Están acabadas".

> Blanchard afirma que la marca de alguien con potencial para crecer es apertura al proceso de desarrollo.

Si usted desea lo mejor para su organización debe invertir en su gente. Allí es donde radica el mayor potencial. En un mundo comercial competitivo, la habilidad de desarrollar individuos es a menudo lo que marca la diferencia entre dos empresas que compiten por triunfar usando recursos similares. El ex secretario de trabajo Robert Reich señaló: "Si los empleadores no actualizan a sus trabajadores, entonces están tratando de ser competitivos solo con su capital. Cualquiera puede reproducir el capital físico. Pero el único recurso que nadie puede reproducir es la dedicación, el trabajo en equipo, y las habilidades de los empleados de una compañía". Desarróllelos, y usted se convertirá en un líder de uno en un millón.

2. El Desarrollo de Personas asegura que se puede mantener el crecimiento

Triunfar no es fácil. Miles de nuevas empresas se inician cada año solo para fracasar poco tiempo después. Las que tienen éxito descubren que mantenerlo tampoco es fácil. Muchas compañías que dijeron haber sido "erigidas para durar" no duraron. Incluso algunos de los gigantes que parecen invencibles no se mantienen triunfantes para siempre. ¿Qué ofrece a una organización la mejor oportunidad para conservar el crecimiento y el éxito? Desarrollar y capacitar a su gente. Su organización alcanzará su potencial solo si usted ayuda a su gente a alcanzar su potencial.

Yo no entendía esto en mis primeros años de liderazgo. Equipar y desarrollar a otros no era una gran prioridad para mí. Una vez que descubrí el nivel Producción de liderazgo, fue allí donde vertí mi aparentemente interminable reserva de energía. Trabajaba muchas horas y me gustaba la afirmación que otros me daban por mi ética y productividad laboral. "¿Cómo puedes lograr tanto?" era la clase de comentarios que a mis oídos parecían música. Solo que la música se detuvo después de que salí de la organización.

Comprendí que tan pronto como mi toque personal ya no se hallaba en una tarea o labor particular, esta no perduraba. En consecuencia, muchas de las cosas que levanté dejaron de prosperar, o en algunos casos hasta perecieron después de mi partida. ¡Yo había reprobado la prueba de liderazgo!

Esto me desconcertó de veras. El escritor y amigo Ken Blanchard asevera: "La prueba de tu liderazgo no es lo que ocurre cuando estás allí, sino lo que sucede cuando no estás allí". Me pregunté cuál era el secreto. ¿Por qué algunas organizaciones siguen triunfando después de que sus líderes salen, mientras que otras se desmoronan?

Comencé a tener mejor visión del liderazgo en un lugar improbable. Una noche Margaret y yo fuimos a un circo, y en el aro central había un hombre que empezó a hacer girar un plato en el extremo de una vara. (Si usted pertenece a mi generación pudo haber visto esto en un programa de variedades.) Una vez que tuvo el plato girando, empezó a hacer girar otro plato en una segunda vara. Luego otro, otro y otro hasta que tuvo seis platos girando al mismo tiempo. Durante los minutos siguientes corrió de vara en vara, manteniendo los platos girando para que ninguno perdiera el impulso y cayera. Mientras más platos giraban, más rápido corría el hombre para impedir que cayeran.

De repente comprendí: ¡Así era yo! Yo era quien hacía todo, y mientras corriera rápidamente lograba mantener todo funcionando. Pero en el momento en que me detenía, todo alrededor de mí se derrumbaba. Al no entrenar a nadie más que hiciera girar los platos del liderazgo, me desgastaba y limitaba el potencial de mi organización. Qué error. Fue entonces cuando en mi compañía establecí como prioridad el desarrollo de otros, a fin de que llegaran a liderar. Esto ha revolucionado mi liderazgo y ha creado un increíble impacto en toda empresa que he liderado.

Creo que muchos de nosotros venimos del paradigma donde el líder está relacionado con todo lo importante en una organización. Los escritores James A. Belasco y Ralph C. Stayer compararon esta forma de pensar con una manada de búfalos, donde todos esperan ver qué piensa y qué quiere hacer el búfalo líder. Estos escritores sostienen que en lugar de eso, las organizaciones eficaces deberían ser menos como manadas de búfalos y más como bandadas de gansos, que vuelan en formación V y comparten la carga. En su libro *Flight of the Buffalo* [El vuelo del búfalo] declaran:

En lugar del antiguo paradigma de liderazgo tipo "búfalo líder" desarrollamos un nuevo modelo tipo "ganso guía". Acuñado en el crisol de la experiencia del liderazgo en tiempo real, ese paradigma se construyó alrededor de los siguientes principios de liderazgo:

- Los líderes transfieren la propiedad de la obra a quienes hacen el trabajo.
- Los líderes crean el ambiente para la propiedad en que cada persona quiera ser responsable.
- Los líderes preparan el desarrollo de capacidades personales.
- Los líderes aprenden rápido y animan a otros a que también aprendan rápidamente.[3]

Cuando los líderes asumen esta clase de enfoque, todos tienen el potencial de liderar... al menos en alguna área y capacidad.

Si en el pasado no ha sido prioritario para usted desarrollar líderes, permítame animarle a hacerlo ahora. Llevará tiempo y compromiso, pero puede lograrlo. Si usted ya ha tenido éxito en los Niveles 1, 2 y 3, tiene el potencial de avanzar al Nivel 4. Esto le exigirá cambiar su enfoque de hacer a desarrollar. Le requerirá creer en las personas. Y le demandará compartir la carga.

> Para alcanzar los niveles superiores de liderazgo que crean organizaciones élite, los líderes deben dejar de ser productores para convertirse en desarrolladores.

Pero si usted desea hacer el cambio en el énfasis y ponerlo en el trabajo, puede hacerlo. No olvide que liderazgo es el arte de ayudar a la gente a cambiar de quienes han creído ser a quienes deberían ser.

Stephen Covey observa: "Los individuos y las organizaciones no crecen mucho sin delegar y sin concluir la obra en el personal de trabajo, porque están confinados a las capacidades del jefe y reflejan tanto fortalezas como debilidades personales". No permita que usted mismo se convierta en la tapa de su organización. Bríndele la mejor oportunidad de un futuro brillante desarrollando otros líderes.

3. El Desarrollo de Personas permite que otros cumplan sus responsabilidades de liderazgo

Muchos líderes se convierten en tapones de sus equipos u organizaciones. La tapa típica es el individuo que no puede liderar pero que tiene una posición de liderazgo. Es la representación del Principio de Pedro, donde las personas se levantan hasta el nivel de su incompetencia. Ya que estos tipos no capacitan ni motivan a las personas, su área de responsabilidad sufre y su gente no va a ninguna parte. Pero existe otra clase de individuo que también pone una tapa en aquellos a quienes dirige: la persona competente que no delega responsabilidad.

Por su propia naturaleza, el desarrollo de personas comparte responsabilidad para que se hagan las cosas. Digo eso porque desarrollar gente es más que solo enseñar. Es transformar. Invita a las personas a entrar al proceso de liderazgo porque solo por medio de la experiencia se pueden aprender muchas cosas. La historia proporciona abundantes ejemplos de individuos cuyo mayor don estuvo en redimir, inspirar, liberar y nutrir los dones de otros. John Quincy Adams dijo: "Si sus acciones inspiran a otros a soñar más, a aprender más, a hacer más, y a ser mejores, usted es un líder". Cuando usted da a alguien responsabilidad y autoridad, esta persona no solo aprende sino que también empieza a cumplir sus responsabilidades de liderazgo. Tal acción transforma individuos y organizaciones.

Cuando líderes establecidos se enfocan en desarrollar personas y en darles autoridad para dirigir, todo el cuerpo gana. El primer beneficio llega a las personas lideradas. Cuando se desarrollan nuevos líderes, estos se vuelven mejores en lo que hacen, y ayudan a hacer lo mismo a quienes trabajan con ellos. Cuando estos nuevos líderes empiezan a construir relaciones con su personal en el Nivel 2, tratan mejor a su gente y el ambiente laboral mejora. Cuando dominan el Nivel 3, se vuelven más productivos.

El segundo beneficio llega a la organización. Al añadir más líderes buenos mejoran los actuales esfuerzos de la empresa; todo líder desarrollado aumenta potencial. Y expandir el liderazgo de la organización también le ofrece a esta la habilidad de expandir su territorio y de asumir nuevas iniciativas.

El beneficio final les llega a los líderes que desarrollan, porque nuevos líderes ayudan a compartir la carga. Todos los líderes sienten un peso de responsabilidad para dirigir. Ellos entienden que pase lo que pase, de los líderes se espera producción. Sienten una responsabilidad hacia la organización y sus líderes a fin de cumplir la visión. Si hay accionistas, los líderes se sienten responsables de que estos accionistas obtengan beneficios. Se sienten responsables de las personas que lideran. Quieren ayudarles a triunfar. Y saben por último que los empleos de esa gente están en riesgo.

Uno de los principios que enseño es que todo se levanta y todo cae desde el liderazgo. La mayoría de personas aplican ese concepto a la productividad. Pero también se aplica a la responsabilidad. Cuando yo tenía tres empresas, sentía todos los días el peso de mis responsabilidades de liderazgo. Era responsable de la dirección que las compañías estaban tomando, de los valores que se estaban estableciendo, y del exitoso resultado final de las organizaciones. Cada líder que tiene demasiada responsabilidad en una organización siente ese peso. (Quien no lo sienta debe examinar sus motivos, porque podría estar tomando muy a la ligera su responsabilidad.)

Cuando usted desarrolla individuos y estos empiezan a compartir la carga del liderazgo, es importante que les ofrezca las expectativas correctas. Hágales saber que usted es responsable ante ellos pero no por ellos. Con esto quiero decir que usted se responsabilizará por brindarles capacitación, suministrarles herramientas, ofrecerles oportunidades, y crearles un ambiente propicio para que se desarrollen. Por otro lado, ellos deben responsabilizarse por crecer a través de decisiones, actitudes y compromiso. Si no lo hacen, usted tendrá que pagar por el fracaso junto con ellos, pero ese es un riesgo que vale la pena tomar debido a que si triunfan, las ventajas son enormes. Y cuando esto funciona y la gente aprovecha la oportunidad de crecer y liderar, la experiencia es fantástica.

La filántropa Melinda Gates entendió esta dinámica a una edad increíblemente temprana. En su discurso de despedida de la Academia Ursuline en 1982 expresó: "Si usted tiene éxito, este se debe a que en alguna parte, en algún momento, alguien le ofreció un estilo de vida o una idea que lo encaminó en la dirección correcta". Eso

> "Si usted tiene éxito, este se debe a que en alguna parte, en algún momento, alguien le ofreció un estilo de vida o una idea que lo encaminó en la dirección correcta".
> —*Melinda Gates*

es cierto para todos nosotros. Ningún líder es un triunfador por esfuerzo propio. Todo el mundo debe su inicio a alguien más. Aquello es un regalo. Nuestro regalo como respuesta a eso es responsabilizarnos y hacer lo mejor por liderar a otros con eficacia e integridad.

Farzin Madjidi, profesor de liderazgo en la Universidad Pepperdine, asevera: "Necesitamos líderes que capaciten personas y generen otros líderes. Ya no es suficientemente para un administrador asegurarse de que todos tengan algo que hacer y que estén produciendo. Hoy día todos los empleados deben "colaborar" y apropiarse de lo que están haciendo. Para promover esto es importante que los empleados tomen decisiones que les afecten más directamente. Así es como se toman las mejores decisiones. Esa es la esencia de delegar responsabilidades". Lo que Madjidi estaba describiendo es el liderazgo de Nivel 4: liderazgo que concede poder y responsabilidad a otros para compartir la carga. En organizaciones saludables dirigidas por líderes de Nivel 4 se dan premios por instruir a otros, no por trepar sobre ellos.

Si usted desea mejorar una organización, mejore a sus líderes. Si quiere hacer crecer una organización, haga crecer a sus líderes. Cuando usted aumenta la cantidad de líderes que tiene y los mejora, el potencial de la organización se incrementa en gran manera.

4. El Desarrollo de Personas faculta al líder para dirigir en una dimensión superior

Muchos líderes no quieren compartir responsabilidad con otros porque no desean perder su poder. Pero cuando usted comparte liderazgo con otros, en realidad no pierde nada. Al contrario, esto realmente le da algo que *solo* puede conseguir cuando desarrolla a otros: reembolso de tiempo. A medida que usted desarrolla personas y las faculta para liderar, se expande tanto el territorio de ellas como el suyo. Pero usted también se ve libre para hacer cosas más importantes, de las cuales muchas veces las más importantes son pensar, imaginar y crear estrategias.

Los líderes siempre necesitan más calidad de tiempo para pensar, pero no lo tienen porque la mayoría de ellos están enfocados en la acción. Cuando usted desarrolla otros líderes y los prepara para liderar, estos realizan el trabajo que solía ser suyo, y usted puede usar ese tiempo para llevar a su equipo u organización al siguiente nivel. Todos se benefician.

A menudo es difícil responsabilizar de una tarea a otros, especialmente si se cree que no harán un trabajo tan bueno como el que usted hace. Pero esa no es excusa. Es imposible convertirse en un líder eficaz de Nivel 4, a menos que se esté dispuesto liberarse de algunas responsabilidades. ¿Cuál es por tanto una buena regla de oro para transferir a alguien más la posesión de una responsabilidad de liderazgo? Yo uso la regla de 80%. Si alguien en mi equipo puede hacer una de mis tareas 80% tan bien como yo (o mejor), entonces le asigno esa responsabilidad. Si usted quiere ser un líder eficaz debe pasar de perfeccionista a pragmático.

> Si usted quiere ser un líder eficaz debe pasar de perfeccionista a pragmático.

5. El Desarrollo de Personas ofrece gran realización personal

Everett Shostrom cita en su libro *El Manipulador* a un maestro que aprendió el secreto de llegar a las personas y cambiarles la vida:

> Experimenté un gran alivio cuando empecé a comprender que un joven necesita más que tan solo asignaturas. Conozco bien las matemáticas, y las enseño bien. Solía creer que eso era todo lo que yo debía hacer. Ya no enseño matemáticas, sino a niños. Acepto la realidad de que solo puedo triunfar parcialmente con algunos de ellos. Cuando no debo saber todas las respuestas parezco tener más respuestas que cuando trato de ser el experto. El joven que realmente me hizo entender esto fue Eddie. Un día le pregunté por qué creía que le estaba yendo mejor que el año anterior, y el muchacho le dio significado a toda mi nueva orientación cuando contestó: "Porque me gusto a mí mismo ahora que estoy con usted".[4]

La mayor satisfacción en la vida viene de darse a otros. Nos sentimos más realizados cuando nos olvidamos de nosotros y nos enfocamos en los demás. Y lo realmente maravilloso es que cuando a las sólidas relaciones que hemos desarrollado en el Nivel 2 añadimos la entrega que viene con el Desarrollo de Personas en el Nivel 4, la intimidad y la calidez resultantes pueden proveer las experiencias más encantadoras a nuestras vidas. A menudo estamos más cerca de las personas cuando las ayudamos a crecer.

Mis mejores amistades son aquellas que han sacado lo mejor de mí, y quienes han tratado de ayudarme a ser su mejor amigo. Nuestro trayecto de crecimiento ha estado repleto de risas y lágrimas, victorias y derrotas, esperanzas y heridas, preguntas y respuestas. Atesoro las notas que he recibido de personas que con generosidad comparten conmigo el crédito de su crecimiento y su éxito.

Howard Schultz, fundador de Starbucks, expresó: "La victoria es mucho más significativa cuando no viene de un solo individuo, sino de logros conjuntos de muchos. La euforia es duradera cuando todos los participantes lideran con sus corazones, ganando no solo para sí mismos sino unos para otros". Esa es una buena descripción de cómo me siento respecto a las personas más cercanas en mi vida: mi familia y mi círculo íntimo. Precisamente anoche disfruté una cena con un grupo de ellos… a todos los cuales he desarrollado en alguna manera. Reímos, vimos fotos, contamos historias, e intercambiamos conceptos. La velada pasó volando.

> "La victoria es mucho más significativa cuando no viene de un solo individuo, sino de logros conjuntos de muchos. La euforia es duradera cuando todos los participantes lideran con sus corazones, ganando no solo para sí mismos sino unos para otros".
> —*Howard Schultz*

Mark y Stephanie Cole estuvieron allí. Asistí a la ceremonia el día en que se casaron. Ahora, años después, Mark se ha convertido en mi leal y confidente amigo. Le entrego muchos proyectos que requieren la atención de un buen líder. Stephanie permite que su esposo viaje libremente conmigo en todo momento en que preciso de su compañía. Qué fineza. ¿Qué haría yo sin ellos?

David y Lori Hoyt también estuvieron allí. David maneja todas mis conferencias con gran cuidado y profesionalismo, representándome muy bien ante gran cantidad de personas. Lori me expresa su cariño y su apoyo cada vez que estoy con ella.

Charlie y Stephanie Wetzel estuvieron en la velada. Charlie me ha ayudado a escribir durante más de diecisiete años. Con más de veinte millones de libros vendidos reconozco que él se ha convertido en el mayor influyente en mi círculo íntimo. Stephanie es la Sra. Medios de Comunicación Social. Administra tanto mi agenda como mis cuentas Twitter y Facebook. Algunos en la industria editora le acreditan gran parte de los éxitos recientes de mis libros.

Finalmente, Patrick y Linda Eggers estuvieron allí. Patrick solía ser miembro de mi junta directiva. Él ha sido un buen amigo durante más de treinta años. Por su complexión podría ser mi guardaespaldas y es tan inteligente que una vez trabajó como ingeniero astronáutico a toda prueba. Linda ha sido mi asistente durante quince años, y una gran amiga tanto para mi esposa Margaret como para mí. Linda sabe lo que estoy pensando aun antes de que yo lo piense, y se encarga de todo por nosotros.

Anoche al mirar alrededor de la mesa pensé tres cosas: Primera, que estas personas a quienes yo había ayudado a desarrollar en realidad me han hecho crecer. Al principio las ayudé más de lo que me ayudaron. Hoy día me ayudan más de lo que les ayudo. ¡Hay un rédito enorme al desarrollar a la gente!

Lo segundo que pensé fue que estos son verdaderos amigos. Nuestros mejores momentos se dan cuando estamos juntos. En el 2010 fuimos todos a Israel y disfrutamos muchísimo. No se supone que debamos recorrer solos el trayecto de la vida. Agradezco poder hacer gran parte del recorrido en compañía de ellos.

Tercera, mi mayor satisfacción no ha venido de los libros que he escrito, de las compañías que he establecido, o del reconocimiento que he recibido, sino de las personas que amo, y especialmente de aquellas a quienes he ayudado a desarrollarse.

El rabino Harold Kushner aseveró: "El propósito de la vida no es ganar sino crecer y compartir. Al regresar a ver todo lo que hemos hecho en la vida, recibimos más satisfacción de la felicidad que hemos producido en las vidas de otros, que de los momentos en que superamos y vencimos a otras personas". Eso es gran sabiduría. Ayudar a otros a crecer y desarrollarse produce gran alegría, satisfacción y energía en un líder. Si usted puede alcanzar el Nivel 4 como líder, creará

> "El propósito de la vida no es ganar sino crecer y compartir. Al regresar a ver todo lo que hemos hecho en la vida, recibimos más satisfacción de la felicidad que hemos producido en las vidas de otros, que de los momentos en que superamos y vencimos a otras personas".
> —*Harold Kushner*

una sensación de comunidad donde se celebren victorias, donde la gratitud es evidente, y donde se comparte lealtad. El Nivel 4 es el más gratificante de todos los niveles que un líder puede alcanzar.

Desventajas del nivel Desarrollo de Personas

Liderar en el Nivel 4 requiere altos niveles de madurez y destreza

Existe una razón de que muchos líderes no desarrollen personas. ¡No es fácil! Y no hay garantía de que resulte. Todo líder tiene aterradoras historias de haber invertido en otros con malos resultados. Usted invierte en individuos y nada pasa. Algunos toman sin dar nada a cambio. Otros se esfuerzan un poco pero no cumplen con las expectativas que usted tenía. Y a veces usted da lo mejor de sí a alguien que resulta ser una verdadera estrella, ¡pero que luego se va a formar parte de otra organización! ¿Qué puede ser peor que eso? Bueno, ¿qué tal no capacitar a nadie y hacer que todos se queden? Si reflexiona en esto, como líder no le queda otra alternativa si quiere liderar en todo su potencial; usted debe invertir en su gente.

Desarrollar individuos requiere un nivel muy alto de madurez. También exige un nivel muy alto de habilidad. Eso puede crear problemas para algunos líderes, y evita que muchos sigan el proceso. He aquí las causas principales de fracaso en el Nivel 4:

1. El egocentrismo puede hacer que los líderes no quieran desarrollar a otros

Madurez es la habilidad de pensar más allá de uno mismo, de ver las cosas desde la perspectiva de otros, y de poner las necesidades de ellos por sobre las propias. El egoísmo impide a la gente alcanzar ese nivel de madurez.

Mi amigo Gerald Brooks afirma: "Al convertirnos en líderes renunciamos al derecho de pensar en nosotros mismos". Llegar a ser líder de Nivel 4 requiere reconocer que ahora tenemos la autoridad para servir en una manera especial y que debemos ejercitar esa habilidad. No podemos hacer eso si tenemos una actitud egoísta.

> "Al convertirnos en líderes renunciamos al derecho de pensar en nosotros mismos".
> —Gerald Brooks

Si usted quiere liderar en Nivel 4 debe enfocar 80% de su atención en otros y ayudarles a crecer, aprender y triunfar. Si su enfoque siempre está en usted y en sus deseos, entonces los demás se volverán un obstáculo para las metas que se ha trazado. Opinará que las necesidades *de ellos* interfieren con los objetivos de *usted*. Además, pasará gran parte de su tiempo desilusionado con otros porque no están en su agenda egoísta y siempre le estarán fallando.

El escritor y experto en liderazgo Max Depree opina: "El líder es el siervo que elimina los obstáculos que impiden a la gente cumplir con su trabajo". Qué gran descripción. Esa clase de mentalidad de Nivel 4

> "El líder es el siervo que elimina los obstáculos que le impiden a la gente cumplir con su trabajo".
> —Max Depree

requiere madurez. Significa llegar cada día al trabajo poniendo primero a los demás en nuestros pensamientos y acciones. Significa preguntarse: "¿A quién puedo agregar valor hoy día?" y "¿Qué puedo hacer por otros?" Ese no es el modo de pensar de un líder inmaduro, sino del que desarrolla personas.

Por tanto, si usted quiere avanzar al Nivel 4 de liderazgo, domine su egoísmo, deje de pensar en sí mismo, y adopte la actitud del orador e instructor de ventas Zig Ziglar, quien afirma: "Si ayudas a otros a conseguir lo que desean, ellos te ayudarán a conseguir lo que quieres".

2. La inseguridad puede hacer que los líderes se sientan amenazados por el Desarrollo de Personas

Mi amigo Wayne Schmidt, vicepresidente del Seminario Wesley en la Universidad Wesleyan de Indiana, me manifestó una vez: "Ninguna idoneidad puede compensar la inseguridad personal". Él tiene razón. Los líderes inseguros se sabotean continuamente a sí mismos y dañan a los demás. Y puesto que estos líderes se preocupan por su enfoque y su posición, tienen dificultades para invertir en otras personas. ¿Por qué? Porque temen que alguien les quite su lugar. Por eso, quienes no tratan con sus inseguridades ni las superan casi nunca alcanzan el Nivel 4 como líderes.

> "Ninguna idoneidad puede compensar la inseguridad personal".
> —*Wayne Schmidt*

Si usted sospecha que sus inseguridades podrían obstaculizarle el avance al nivel de liderazgo de Desarrollo de

Personas, entonces prepárese para trabajar en los tres aspectos siguientes:

Ego

Los líderes sinceros consigo mismos saben que no tienen todas las respuestas. Reconocen que el éxito siempre viene de las contribuciones coordinadas de todos en el equipo. El triunfo llega cuando la gente trabaja junta, y cada individuo realiza su parte. Debido a esto los líderes no intentan contestarse toda pregunta. Ni tratan de tomar todas las decisiones, pues estas se ven como un esfuerzo conjunto. Y su objetivo no es hacer que los demás piensen mejor de ellos, sino que piensen mejor de sí mismos.

¿Cómo se puede saber si el ego podría estar obstaculizando el camino de su capacidad para avanzar al Nivel 4? Considere lo que ocurre cuando usted se encuentra con los miembros de su equipo:

- ¿Comentan libremente sus ideas y pensamientos?
- ¿Son rara vez las de usted las mejores ideas?
- Si usted contribuye a menudo con ideas, ¿pasa rápidamente la discusión de su idea a la mejor idea… y a usted le alegra esto?

¿Qué tal con el rendimiento del equipo?

- Cuando su equipo triunfa, ¿obtienen la mayor parte del crédito los demás miembros?

- ¿Hay en el equipo alguna sensación de orgullo acerca del trabajo que se está haciendo?
- Cuando las cosas salen mal, ¿acepta usted la mayor parte de la culpa?

Si usted puede responder sinceramente Sí a estas preguntas, quizás no tenga problemas con el ego. Si contestó No a algunas de ellas, cuidado. Tal vez deba tratar con su ego. Ambientes laborales positivos guiados por líderes seguros permiten que los miembros del grupo obtengan el crédito. Los líderes de Nivel 4 experimentan verdadera alegría con el triunfo ajeno. Cuando otros brillan, estos líderes también brillan.

Control

El escritor Tom Peters observó: "No hay nada más inútil que la persona que al final del día exclama: "Bueno, sobreviví a los infortunios del día sin haber metido la pata". ¿Por qué tendría alguien esa clase de objetivo? Porque teme equivocarse. Muchos trabajadores inseguros tratan de no cometer errores haciendo lo menos posible o intentando pasar desapercibidos. Los líderes inseguros muchas veces tratan la situación de manera distinta. Confían en el control. Creen que si controlan a su gente pueden impedir que cometan errores.

Por desgracia, los líderes controladores no entienden que el progreso solo llega al tomar riesgos y cometer equivocaciones. Les valdría más seguir el consejo de alguien como Chuck Braun, de Idea Connections Systems, quien desarrolló el concepto de "Cuota de equivocaciones". Al formar a sus estudiantes les dice que espera que cometan treinta equivocaciones por sesión de entrenamiento. Braun afirma que casi puede oír en el salón los suspiros de alivio cuando los alumnos se relajan y empiezan a participar.

Los buenos líderes siguen adelante, rompen esquemas, y cometen errores. Y esperan lo mismo de su gente. Los escritores James M. Kouzes y Barry Z. Posner lo expresaron de este modo: "Los líderes son pioneros... individuos dispuestos a salir hacia lo desconocido. Están listos a tomar riesgos, a innovar, y a experimentar para hallar nuevas y mejores maneras de hacer las cosas". Para triunfar como líder de Nivel 4 se debe adoptar esa actitud y dejar de controlar a otros.

> "El papel de un líder no es controlar a la gente ni estar pendiente de todo, sino más bien guiar, dinamizar y generar emoción".
> —Jack Welch

Ya que es imposible evitar las equivocaciones, ¿por qué no adoptar una actitud en que tanto usted como su equipo aprendan de ellas? En realidad esa es la única manera en que se podrán beneficiar de los errores. Así que no trate de encasillar a las personas. Intente ayudarles a sacar el mayor provecho de torpezas, fallas y fracasos. Jack Welch, ex presidente de la junta directiva de General Electric, lo expresó así: "El papel de un líder no es controlar a la gente ni estar pendiente de todo, sino más bien guiar, dinamizar y generar emoción". Eso es lo que hacen los líderes de Nivel 4.

Confianza

Diferentes líderes ven la confianza de distintas maneras;

los lideres seguros la ven como el adhesivo que mantiene unidas las relaciones y que hace funcionar las empresas. Stephen M. R. Covey, autor de *The Speed of Trust* [La velocidad de la confianza], dice que la confianza produce velocidad porque alimenta la colaboración, la lealtad y finalmente los resultados. Eso contrasta con las palabras de Al Neuharth, ex director de la junta de la cadena de periódicos estadounidenses Gannett y autor de *Confessions of an S.O.B.*, quien escribió: "Ahora que estuve en la cima supe que otros querían derrocarme. ... Creo en la práctica de la regla de oro de un S.O.B : *Espere que los demás le hagan lo que usted les haría a ellos*". No sé usted, pero yo no deseo vivir con esa clase de actitud.

Los líderes inseguros no ponen su confianza en otros ni generan confianza de otros. En consecuencia, no invierten en otros. Tampoco llegan a ser líderes de Nivel 4. Como líder, usted no debería subestimar la confianza. Solo cuando se pierde es que se comprende realmente su valor. Mi hija Elizabeth aprendió esto en el colegio cuando era porrista. Por ser delgada la chica era voladora, es decir, que siempre estaba en lo alto de la pirámide o siendo lanzada al aire. Subía muy alto con temeraria desenvoltura. ¿Cómo podía ella tomar tales riesgos? Confianza. Practicaba con sus compañeras durante horas, en que la lanzaban y la agarraban centenares de veces. Luego en su último año una compañera distraída falló y la dejó caer durante un lanzamiento. Después de eso Elizabeth no volvió a ser la misma. De allí en adelante experimentaba momentos de vacilación siempre que era lanzada.

Si usted quiere llegar a ser líder desarrollador de personas debe brindar su confianza a otros y a cambio ganarse la de ellos. No hay otra forma de triunfar en el Nivel 4.

3. La miopía puede impedir que los líderes vean la necesidad de desarrollar personas

¿Cuántas veces ha considerado usted dar la responsabilidad a alguien de que haga algo, pero en vez de eso pensó: *Es más fácil que simplemente lo haga yo mismo?* Apuesto que muy a menudo. ¿Por qué? Porque *es* más fácil. Hacer el trabajo uno mismo siempre es más rápido y más fácil que desarrollar a otras personas para que lo hagan. ¡Pero eso es pensar a corto plazo! Para convertirse en desarrollador de personas es necesario estar dispuestos a adoptar una mentalidad de largo plazo. Si usted paga el precio en el frente, el rendimiento es grandioso en la parte posterior. En el Nivel 4 la pregunta no debe ser: "¿Qué puede usted hacer?", sino: "¿A quién puede usted desarrollar?" Invertir en la gente requiere gran cantidad de tiempo y energía.

> **Para convertirse en desarrollador de personas es necesario estar dispuestos a adoptar una mentalidad de largo plazo.**

La miopía, igual que el egoísmo y la inseguridad, es otra señal de inmadurez en un líder. El Desarrollo de Personas requiere pensar en el panorama general. Se necesita paciencia. Ayudar a otra persona a convertirse en un líder competente casi siempre tarda más tiempo del que se cree y es más difícil de lo que se espera. De todos modos se debe hacer; de otra manera se limita el potencial que usted tiene, el de su gente y el de la organización.

4. La falta de compromiso puede impedir que los líderes hagan la parte difícil del Desarrollo de Personas

Casi cualquiera puede liderar posicionalmente a otros. Bastantes personas pueden liderar relacionalmente a otras. Pocas pueden ser productivas y reunir un equipo para conseguir metas. Pero muy pocos individuos pueden y están dispuestos a desarrollar a otros para que lleguen a ser líderes. Por eso la mayoría de líderes solo dirigen seguidores. Cualquiera que pueda relacionarse bien con la gente, producir personalmente, y comunicar una visión es capaz de atraer seguidores. Sin embargo, atraer, desarrollar y liderar a otros es mucho más difícil. Y la mayoría de líderes no están dispuestos a realizar el tremendo esfuerzo que esto requiere ni a hacer los sacrificios necesarios.

En las organizaciones que he liderado, desarrollar personas ha sido prioridad máxima. Suelo decir a los líderes que trabajan para mí: "Tu trabajo es salirte de tu trabajo". Esto significa que deseo que los líderes imaginen cómo hacer el trabajo con el más elevado nivel de excelencia, reclutar un equipo, desarrollar a su gente, modelar liderazgo, encontrar un potencial sucesor, entrenar y desarrollar a esa persona, y prepararla para que dirija por ellos. Cuando las personas hacen eso se salen de un trabajo y están listas para avanzar al siguiente trabajo.

La anterior es una barra muy alta de expectativa para los líderes, los que en algunas organizaciones ni siquiera logran hacer su trabajo, mucho menos desarrollar personas para que lo hagan. Pero esto es lo que requiere el liderazgo de Nivel 4. En mi mundo de liderazgo, el Desarrollo de Personas es el objetivo para todo líder que empleo. Y si alguno no está dispuesto a salirse de su trabajo o no puede hacerlo, es posible que le quite su posición y se la dé a otra persona que sí pueda. Por tanto, la meta para mis líderes nunca es conservar sus trabajos. La pregunta para ellos es: "¿Perderán el trabajo desarrollando a otros, o lo perderán por no desarrollarlos?" Esta siempre es decisión del líder.

Mi organización sin fines de lucro EQUIP existe para ayudar a líderes en naciones de todo el mundo en el desarrollo de personas hacia el Nivel 4. Cada seis meses EQUIP envía dos capacitadores asociados a un lugar con el fin de entrenar líderes. Durante dos días explican paso a paso el material de entrenamiento a líderes autóctonos en un ambiente de congreso, equipándolos para el liderazgo. Al final del congreso se les entrega materiales en su propio idioma que se pueden llevar y usar para entrenar líderes potenciales en sus esferas de influencia. También se les provee de libros adicionales que les ayudarán a seguir creciendo durante esos seis meses entre sesiones con los capacitadores asociados de EQUIP. Mientras estos líderes locales estén comprometidos a entrenar a su propia gente y a convertirse en líderes de Nivel 4, son bienvenidos a participar del proceso de capacitación EQUIP. De este modo la organización pudo entrenar internacionalmente a millones de líderes durante la década anterior.

Al principio este concepto parece extraño a la gente en muchas de las naciones donde funciona EQUIP. Demasiados líderes, especialmente en países en desarrollo, son muy posicionales y territoriales. Su objetivo es conseguir una posición de poder, atraer a tantos seguidores como puedan, y hacer lo que sea necesario por conservar ese poder. La idea de dedicarse a desarrollar y capacitar a otros, con el fin de que estos lideren, es muy contraria a lo que sugeriría el sentido común. Sin embargo, muchos líderes captan la idea. La llevan a cabo. Y ven el increíble impacto que puede hacer el Desarrollo de Personas. Esto transforma organizaciones y hasta impacta culturas. Pero se necesita un alto nivel de seguridad y habilidad para hacerlo. También se requiere un elevado nivel de compromiso.

Mejores conductas en el Nivel 4

Cómo desarrollar personas

Solamente líderes pueden desarrollar personas para que estas se conviertan en líderes. Alguien bienintencionado y sin conocimiento ni experiencia en liderazgo no puede entrenar a otro para liderar. Los teóricos que estudian liderazgo sin practicarlo no pueden equipar para liderar a alguien, no más de lo que el lector de un libro de recetas sin experiencia en el arte culinario podría enseñar a alguien a cocinar. Nadie entiende realmente el liderazgo a menos que lo lleve a cabo. Dicho de otro modo...

Se necesita de un líder para CONOCER a un líder (reclutar y posicionar)

Se necesita de un líder para MOSTRAR a un líder (modelar y equipar)

Se necesita de un líder para HACER CRECER a un líder (desarrollar, potenciar y evaluar)

A la luz de esa verdad, mi objetivo en esta sección de Desarrollo de Personas es brindar una senda clara mientras usted intenta desarrollar a otras personas hacia el liderazgo.

Supongo que ya está liderando gente en alguna parte y de algún modo. Si así es (o si ha sido así), los siete pasos siguientes tendrán sentido. De lo contrario, es necesario que usted obtenga experiencia liderando en los Niveles 1, 2 y 3 antes de que pueda implementar estos mejores comportamientos de Nivel 4.

> Solamente líderes pueden desarrollar a otras personas para que estas se conviertan en líderes.

Si usted quiere sacar el mayor provecho del Desarrollo de Personas y levantar a otros al liderazgo, entonces siga estas pautas:

1. Reclutar: Localice las mejores personas posibles

Reclutar es la tarea principal y más importante en desarrollar gente y crear organizaciones victoriosas. El entrenador de fútbol universitario Bobby Bowden asevera: "Si usted consigue los mejores jugadores y los entrena a conciencia, triunfará". Los entrenadores de más éxito en deportes universitarios son los mejores reclutadores. No se puede desarrollar a alguien que no tenga potencial, por mucho esfuerzo que se ponga en hacerlo. Por tanto, las personas que usted reclute deben poseer habilidad natural en la rama en que las va a desarrollar, deben tener deseos de crecer, y deben encajar bien en la organización.

> "Si usted consigue los mejores jugadores y los entrena a conciencia, triunfará".
> —Bobby Bowden

La clave del éxito en el reclutamiento es una clara imagen de lo que usted está buscando. Hace muchos años Charlie Grimm era director de los Cachorros de las Ligas Menores de Chicago. La conferencista Linda Ellerbee narra cómo en una temporada los Cachorros estaban teniendo dificultades para ganar partidos porque no tenían buenos bateadores. Se cuenta que un día Grimm recibió una llamada telefónica de un emocionado descubridor de jugadores talentosos.

—Charlie, acabo de encontrar al más fabuloso lanzador del país —anunció el hombre—. Ponchó a todos los jugadores que llegaron a batear. Veintisiete bateadores seguidos. Ninguno siquiera le hizo cometer una falla hasta llegar a la novena entrada. El lanzador está aquí conmigo. ¿Qué le digo?

—Contrata al tipo que lo hizo fallar —contestó Grimm—. Estamos buscando bateadores.

Esto puede parecer demasiado simplista, pero no obstante es cierto: es más fácil encontrar algo cuando se sabe lo que se busca. Digamos que usted está buscando una herramienta encima de una desordenada mesa de trabajo. Si sabe qué clase de herramienta es podrá localizarla con mayor rapidez y facilidad que si no lo sabe. Si usted está tratando de encontrar una lata en la despensa, la puede hallar más fácil y más rápidamente si sabe el color y el tamaño que tiene.

Lo mismo se aplica a líderes potenciales; si usted sabe qué está buscando, las posibilidades de encontrarlos aumentan de manera astronómica. Reclutar a quien no es líder para desarrollarlo en el liderazgo es como pedir a un caballo que trepe un árbol. Sencillamente no ocurrirá. Si usted quiere un trepador potencial de árboles, busque una ardilla. Si quiere un líder potencial, encuentre a alguien con las particulares de un buen líder.

Cuando busco líderes potenciales uso estas cuatro características:

Química

Comencemos con la más fácil: no se necesita mucho tiempo para imaginar si a usted le agradan las personas que están solicitando empleo, o buscando que se las guíe. ¿Es importante que le agraden? Por supuesto. Si no le agrada esa gente, usted no será un mentor eficaz. Es muy difícil pasar tiempo, sincerarse e invertir en personas que no nos agradan ni queremos tener a nuestro lado.

Si usted está considerando seriamente reclutar o promover a alguien, pida a los miembros de su equipo que pasen tiempo con esa persona, preferiblemente en un ambiente social de ser posible. Después de que hayan estado con ella, averigüe si les cayó bien y si disfrutarían trabajando a su lado. Si no es así, quizás no sea la persona adecuada. El Principio de Amistad que describo en mi libro *25 Maneras de ganarse a la gente*, siempre se aplica: "En igualdad de condiciones, la gente trabajará con individuos que les cae bien; en desigualdad de condiciones, lo seguirán haciendo". La química importa.

Carácter

El buen carácter posibilita la confianza. La confianza facilita las fuertes relaciones. Las relaciones fuertes viabilizan la tutoría. Es imposible desarrollar a alguien en cuyo carácter usted no confía.

El carácter es lo que cierra la brecha entre conocer y hacer. Alinea intenciones con acción. Esa conexión es atractiva, y también esencial para un liderazgo sensible y creíble. Si sospecho que alguien a quien pienso reclutar no tiene buen carácter, no sigo adelante.

Jim Rohn observó: "La buena gente se encuentra, no se cambia". Él dijo que le llamó la atención el lema de una compañía: "No enseñamos a la gente a ser agradable. Simplemente contratamos gente agradable". Rohn creía que ese era un buen consejo. También se aplica al buen liderazgo. Si usted entra en una relación de tutoría esperando cambiar el carácter de una persona, tenderá a desilusionarse.

> "La buena gente se encuentra, no se cambia".
> —*Jim Rohn*

Talento

Durante la postemporada de la NBA oí al comentarista y ex jugador Charles Barkley explicar la diferencia entre un jugador estrella y uno de refuerzo. "Los jugadores estrella cumplen *en todo momento* los requerimientos necesarios para ayudar al equipo —explicó Barkley—. Los jugadores de refuerzo lo hacen *a veces*" (énfasis mío). ¿Qué determina la diferencia entre estas dos clases de jugadores? El talento.

Realización en el Nivel 4 es sacar lo mejor de la gente. Frustración es tratar de sacar lo que no se tiene. Si usted quiere desarrollar personas y ayudarles a convertirse en buenos líderes, no debe preguntar qué *quisieran* poder dar, sino solo qué tienen la capacidad de dar. No siempre me ha sido fácil evaluar el talento de otras personas. Esto me fue especialmente difícil a principios de mi carrera de liderazgo. Pero con experiencia comencé a ver patrones en la gente.

Al observar líderes potenciales trate de evaluarles la destreza en los siguientes aspectos:

- Estrés: habilidad para soportar y enfrentar presión, fracaso, fechas límite y obstáculos.
- Talento: habilidad para lograr que se hagan las cosas.
- Pensamiento: habilidad para ser creativos, desarrollar estrategias, solucionar problemas y adaptarse.
- Liderazgo: habilidad para congregar seguidores y levantar un equipo.
- Actitud: habilidad para mantenerse positivos y firmes en circunstancias negativas.

El objetivo de usted como líder debería ser identificar cuál es la capacidad en esos líderes potenciales, y reconocer cuál creen *ellos* que es el talento que tienen, y motivarlos, desafiarlos y equiparlos de tal manera que cierren la brecha entre lo uno y lo otro.

Contribución

Algunos individuos poseen un factor X. Son ganadores. Contribuyen más allá de sus responsabilidades laborales y levantan el rendimiento de todos en el equipo. Cuando usted descubre personas con estas características, reclútelas.

Es una alegría desarrollar ese tipo de seres y todo lo que invierta en ellos se le reembolsa con interés compuesto.

Una de esas personas en mi vida es Mark Cole, a quien mencioné antes. Mark ha estado trabajando conmigo durante doce años y tiene una trayectoria de mejorar todo lo que toca. Quienes trabajan con él rinden más como resultado de su contacto. Ha sido una alegría desarrollarlo debido a su corazón de siervo y a sus habilidades superiores. ¡Qué combinación!

Una vez en que me hallaba almorzando con el entrenador Lou Holtz, me dijo con una sonrisa: "He tenido buenos y malos jugadores. Soy mejor entrenador con buenos jugadores". Lo mismo se aplica a los líderes. Si usted quiere ser mejor, reclute mejores jugadores. Si desea desarrollar mejores líderes, reclute gente con potencial según las cuatro características descritas.

> "He tenido buenos y malos jugadores. Soy mejor entrenador con buenos jugadores".
> —Lou Holtz

2. Posicionar: Poner la persona correcta en la posición correcta

Red Auerbach ganó nueve campeonatos de la NBA como entrenador de los Celtics de Boston, y dieciséis campeonatos en total como entrenador, administrador general, y presidente de directivos. Pocos líderes deportivos en alguna parte se han acercado a sus logros. Una vez, cuando le preguntaron el porqué de su éxito, Auerbach contestó:

La primera vez que empecé a entrenar me dijeron que pusiera a mis cinco mejores jugadores en la cancha. Pero aprendí temprano que esa no era la clave del éxito. Poner en la cancha a los cinco mejores jugadores no nos haría ganadores, sino poner en la cancha a los cinco jugadores *que mejor podrían trabajar juntos*. Ganamos campeonatos por agrupar individuos que no siempre fueron nuestros mejores jugadores.

En otras palabras, no basta con solo reclutar buenos jugadores. Un líder debe juzgar dónde calzan mejor esos jugadores en el equipo, y ponerlos allí. Para hacer eso debe tener una imagen clara de las fortalezas y debilidades de cada jugador y comprender cómo armonizan todos ellos en la necesidad del equipo.

El escritor Jim Collins ha ayudado a muchos de nosotros a entender este principio. En su libro *De buena a grandiosa* escribe acerca de la importancia de tener las personas apropiadas en los asientos adecuados del autobús. Los individuos exitosos encuentran su sitio correcto. Los líderes que triunfan ayudan a su gente a encontrar los asientos adecuados. A veces eso requiere mover personas hasta encontrar dónde hacen la mayor contribución. Eso en ocasiones significa intentar y fallar. Como líder, usted debería tomarse las cosas con calma. Posicionar correctamente a su gente es un proceso, y lo debe tomar de ese modo. Pero si no lo hace, nunca les ayudará a alcanzar su potencial, ni creará un equipo de trascendencia victoriosa como lo hizo Red Auerbach.

3. Modelar: Mostrar a otros cómo liderar

Una vez leí una historia acerca de una mujer que llevó a su hijito a ver al líder hindú Mahatma Gandhi.

—Mahatma —pidió la mujer—. Dígale por favor a mi pequeño hijo que deje de comer caramelos.

—Regrese en tres días —contestó Gandhi.

Pasaron tres días y la mujer regresó con su hijo.

—Jovencito, deja de comer caramelos. No te hacen ningún bien. —manifestó Gandhi al muchachito.

—¿Por qué nos pidió que nos fuéramos y regresáramos en tres días? —cuestionó perpleja la mujer—. No comprendo.

—Le pedí que volviera en tres días con el muchacho —replicó el líder—, porque hasta hace tres días yo también comía caramelos. No le podía pedir al niño que dejara de comerlos mientras yo no dejara de hacerlo.[5]

Ya he escrito sobre la importancia de modelar lo que se desea ver en otros, por tanto aquí no diré mucho más al respecto. Sin embargo, cuando pienso en desarrollar a otros, esto es lo que creo que debo modelar con integridad a fin de ayudar a otros a desarrollarse en el Nivel 4:

Autenticidad: Esta es la base para desarrollar personas.

Servicio: Esta es el alma para desarrollar personas.

Crecimiento: Esta es la medida para desarrollar personas.

Excelencia: Este es la norma para desarrollar personas.

Pasión: Este es el combustible para desarrollar personas.

Éxito: Este es el propósito para desarrollar personas.

Mencionaré algo más: Cuando analizamos el Nivel 3, donde el enfoque es la Producción, mencioné la importancia de no descuidar las relaciones de Nivel 2. De igual modo al enfocarse en el Nivel 4, Desarrollo de Personas, no descuide modelar aquello en que usted trabajó para establecer en el Nivel 3.

4. Equipar: Ayudar a otros a hacer bien su trabajo

Al humorista Jack Benny lo designaron una vez como director honorario del equipo de béisbol Estrellas de Hollywood. Mientras el grupo se preparaba para jugar un partido de exhibición contra un equipo profesional en Los Ángeles, Jack le pasó un bate a su primer bateador y le dijo: "Ve a la base y batea un jonrón".

El bateador se ponchó, y en forma teatral, Jack Benny dejó de dirigir. "¿Cómo puedo dirigirlos —bromeó—, si no siguen mis órdenes?"

No es suficiente ordenar a las personas lo que deben hacer. Eso no les desarrolla el potencial. Más bien, un líder debe *ayudarles* a hacer el trabajo y a que lo hagan bien. Peter Drucker señaló: "La causa principal de no obtener un ascenso es no considerar detalladamente lo que requiere un nuevo trabajo, ni ayudar a otros a considerarlo".

> "La causa principal de no obtener un ascenso es no considerar detalladamente lo que requiere un nuevo trabajo, ni ayudar a otros a considerarlo".
> —*Peter Drucker*

¿Cómo capacita un líder a los miembros de su equipo para

hacer el trabajo y triunfar? El mejor método que he descubierto es un proceso de equipamiento de cinco pasos. He aquí cómo funciona:

Paso 1: Lo hago (destreza)
Paso 2: Lo hago y usted observa (demostración)
Paso 3: Usted lo hace y estoy presente (entrenamiento)
Paso 4: Usted lo hace (potenciación)
Paso 5: Usted lo hace y alguien más está con usted
      (reproducción)

Si adopta este método no solo equipará líderes sino que comenzará a enseñarles cómo equipar a otros, lo cual sienta las bases para convertirlos en líderes de Nivel 4.

5. Desarrollar: Enseñarles a vivir bien

Algo que oigo una y otra vez a líderes estadounidenses que trabajan con individuos entre veinte y treinta años de edad es lo talentosos que son… y la poca preparación que tienen para la vida. Algunos especulan que la lucha de esta generación para lidiar con los fundamentos de la vida se debe a la desintegración familiar y a la ausencia de padres firmes en casa. Cualquiera que sea la causa, es responsabilidad de un líder de Nivel 4 ayudar a la gente a aprender a vivir bien. Si lo único que usted está enseñando a un nuevo líder es a tener éxito en el lugar de trabajo, en realidad no lo está desarrollando para triunfar, porque en la vida hay mucho más que el trabajo y la profesión.

El filósofo griego Sócrates expresó: "El individuo lidera con el fin de que sus seguidores logren desarrollar su potencial como seres humanos, y en consecuencia prosperen". Ese debería ser el objetivo de usted como líder al desarrollar personas.

> "El individuo lidera con el fin de que sus seguidores logren desarrollar su potencial como seres humanos, y en consecuencia prosperen".
> —*Sócrates*

El Centro para el Liderazgo Creativo ha observado que tres elementos clave motivan en otros el desarrollo del liderazgo: evaluación, desafío y apoyo. ¿Qué significan estos elementos para usted como líder desarrollador?

Evaluación

Como líder de Nivel 4 usted debería buscar continuamente fallas en cuanto a las habilidades de vida de alguien a quien lidera y desarrolla. Pregúntese:

¿Dónde parece estar fallando esta persona?

¿Dónde están los puntos ciegos de esta persona?

¿Qué me dice mi intuición que está "apagado" en la manera de pensar de esta persona?

¿Por qué esta persona no está alcanzando su potencial?

¿A quién está siguiendo esta persona que podría estar llevándola en una dirección equivocada?

¿Cuándo se desempeña bien esta persona?

¿Cuándo trastabilla esta persona?

¿Qué pistas reveladoras puedo hallar que me ofrezcan una idea de dónde esta persona necesita ayuda?

¿Dónde está el punto ideal de esta persona?

Un buen líder de Nivel 4 siempre está pendiente de las debilidades y las ideas erróneas de un individuo... no para aprovecharse de él, sino para fortalecerlo y ayudarle a triunfar.

Desafío

Si usted ha hecho en el Nivel 2 su trabajo de construir una fuerte relación con las personas, y se ha probado a sí mismo en el Nivel 3 modelando éxito y productividad, existe gran posibilidad de que le acepten el liderazgo y le aprueben el desafío de mejorar que usted les lance. Para hacer eso, pida a quienes usted dirige que hagan lo siguiente:

Leer libros relacionados con sus áreas de fortaleza.

Asistir a charlas inspiradoras.

Asumir nuevas y desafiantes tareas en sus puntos ideales.

Practicar disciplinas difíciles que les edifique lentamente el carácter.

Reunirse con usted de manera regular para recibir instrucción.

La idea es desafiar a su gente en cada aspecto de sus vidas donde usted vea que deben mejorar. Pero asegúrese de obtener el permiso para hacerlo antes de comenzar el proceso.

Apoyo

Nadie progresa en la vida sin la ayuda y el apoyo de otras personas. Uno de los enormes privilegios de liderar gente en el nivel Desarrollo de Personas es ayudar a nuevos líderes a superar las dificultades de la vida. La manera principal en que lo hago es permitiendo que aquellos a quienes capacito soliciten reunirse conmigo siempre que lo necesiten. En esas ocasiones ellos deben manejar la agenda haciendo preguntas específicas y difíciles. Les contesto lo mejor que puedo, y a cambio la próxima vez que nos reunimos les pregunto cómo aplicaron lo aprendido.

Es difícil que alguien desarrolle al máximo su potencial de liderazgo cuando el resto de su vida es un desastre. Las habilidades para vivir bien ayudan a una persona a crear una base firme sobre la cual construir una familia, una carrera y una vida espiritual. Admito que mi mayor alegría viene de ver gente que alcanza su potencial de liderazgo, pero también es muy satisfactorio saber que he ayudado a alguien a disfrutar la vida y a vivirla bien.

6. Facultar: Hacer posible que la gente triunfe

A menudo se afirma que el presidente Theodore Roosevelt aseveró: "El mejor ejecutivo es aquel que tiene suficiente sentido común en escoger buenos colaboradores a fin de que hagan lo que él desea que se realice, y que además tiene suficiente dominio personal para no entrometerse mientras lo hacen". Lo que Roosevelt está describiendo se llama facultar: ayudar a las personas a ver qué pueden hacer sin nuestra ayuda, y permitirles que lo hagan.

Debo admitir que como líder es difícil no entrometerse. Eso es especialmente cierto cuando usted conoce muy bien el trabajo que está delegando pero la persona a la que lo delega es novata. Sin embargo, delegar trabajo a otros es una conexión esencial para facultarlos y finalmente desarrollarlos como líderes.

Cuando usted delega tareas en los líderes que está desarrollando debe confiar en ellos, creer en ellos, y hacer que asuman responsabilidad. La confianza crea un vínculo entre usted y los involucrados. Cuando confío en la gente que faculto pongo un poco de mí mismo en manos de esas personas. Cuando estas responden de la misma manera, la vulnerabilidad compartida crea un vínculo entre ambas partes que profundiza la relación.

> Cuando confío en la gente que faculto pongo un poco de mí mismo en manos de esas personas.

Cuando usted cree en otros, los motiva. Pocas cosas los motivan más que su fe en ellos. Y la fe debe ser genuina. Fingir que usted cree en ellos no inspira pasión para brindarles poder. Tampoco se puede prestar fe de alguien más porque esta no tendría fuerza. Usted debe aprovechar las experiencias que tiene con otros y el crecimiento que ya han exhibido. Además de ayudarles, esto también le ayudará a usted. Si no cree en ellos no podrá soltarlos y liberarlos para que triunfen.

Al responsabilizar a que quienes trabajan con usted les aumenta las posibilidades de que obtengan resultados positivos. ¿Por qué? Porque todos nos centramos en objetivos. Las personas trabajan mejor con plazos y fechas límites. Por lo general así cumplen con el nivel de expectativas de un líder.

Sin responsabilidad la gente se desvía. Con ella, logra resultados.

7. Medir: Evalúe a quienes desarrolla para maximizarles los esfuerzos

Muchas personas observan equipos deportivos ganadores, y a menudo tienden a atribuir el éxito a lo experto que es el entrenador. Pero los partidos no se ganan por lo que el entrenador sabe, sino por lo que sus jugadores han aprendido de él. ¿Cómo puede usted medir esto como líder? Juzgando cuán libremente pueden funcionar los miembros de su equipo.

El Centro para la Eficacia Organizacional en Cincinnati, Ohio, sugiere que hay diferentes grados de habilidad en cuanto a la delegación de poder, basados en cuán independientemente pueden trabajar los miembros de un equipo. He aquí los seis grados que este centro reconoce, del menos al más independiente.

1. Investigar. Informar. Yo decidiré qué hacer.
2. Investigar. Informar alternativas con ventajas y desventajas y brindar su recomendación.
3. Investigar. Hacerme saber lo que desea hacer, pero no lo haga a menos que yo lo autorice.
4. Investigar. Hacerme saber lo que desea hacer y hacerlo a menos que yo le diga no.
5. Actuar. Hacerme saber lo que hizo.
6. Actuar. No es necesario más contacto.

Cuando usted trabaja en Desarrollo de Personas con miembros del equipo puede medirles el desarrollo de liderazgo basándose en dónde funcionan típicamente según esos seis puntos de referencia. Por supuesto, su objetivo es ayudarles a convertirse en líderes que puedan actuar sin necesidad de su aporte. Cuando los líderes que desarrolla alcanzan ese punto de referencia, entonces tanto ellos como usted están listos para llevar al equipo al nivel superior de liderazgo, el Nivel 5, que analizaremos en la última sección de este libro.

Las leyes del liderazgo en el nivel Desarrollo de Personas

A medida que se esfuerza por dominar el nivel de liderazgo Desarrollo de Personas, tenga en cuenta por favor cómo entran en juego las Leyes del Liderazgo.

La Ley del Proceso
El liderazgo se desarrolla diariamente, no en un día

Sin importar cuánto usted desee ser un buen líder, le llevará tiempo mejorar su liderazgo, pues este se desarrolla diariamente, no en un día. De igual modo, desarrollar gente también lleva tiempo. Usted no puede hacer que eso suceda usando una mentalidad de "microondas". Tiene que estar dispuesto a dar un paso

> Guiar no es una carrera. Si usted corre a toda prisa para tratar de llegar en primer lugar, terminará solo.

a la vez. Debe invertir muchas horas de tutoría y esperar meses, años y a veces décadas para que las personas se desarrollen como buenos líderes. Pero el esfuerzo vale la pena. Solo recuerde que guiar no es una carrera. Si usted corre a toda prisa para tratar de llegar en primer lugar, terminará solo. Los líderes que alcanzan el Nivel 4 cruzan la meta acompañados de aquellos a quienes han desarrollado.

La Ley de la Adición
Los líderes añaden valor al servir a otros

Cuando yo era un líder joven pensaba: *Sería fabuloso tener personas que siguieran mi visión y me ayudaran a lograrla.* Apenas podía esperar a que otros me pusieran de primero en sus vidas. Me hallaba liderando por todas las razones erróneas. Los buenos líderes ponen primero a su gente, no a sí mismos.

Si usted quiere llegar a ser un gran líder, sirva a quienes dirige. Que el éxito de ellos sea el suyo. Clarifíqueles la manera de lograrlo. Invierta en ellos para que triunfen. Mantenga una mentalidad de siervo. Muchas personas van tras el éxito. Pocas van tras el éxito de su gente.

La Ley del Círculo Íntimo
El potencial de un líder lo determinan quienes están cerca de él

Los mayores niveles de rendimiento en la vida no los puede conseguir nadie que trabaje solo. Las personas se necesitan unas a otras. Si usted es un líder con una gran visión, no podrá cumplirla sin un equipo de líderes... un círculo íntimo. Esta gente le ayudará a liderar y a lograr metas, y casi siempre es como una familia extendida. Si usted desea tener un gran círculo íntimo, entonces comience a desarrollar a otros. Solamente levantando líderes e invitándolos a ir tras la visión junto con usted, logrará grandes cosas.

Nicolás Maquiavelo dijo: "El primer método para calcular la inteligencia de un gobernante es observar a los hombres que lo rodean". Observe las personas alrededor de usted. ¿Qué capacidad tienen? ¿Qué se puede decir respecto de la integridad de ellas? El círculo

> " El primer método para calcular la inteligencia de un gobernante es observar a los hombres que lo rodean".
> —*Nicolás Maquiavelo*

íntimo es la imagen más exacta de la vida del líder que tienen. Si a usted no le gusta lo que ve, entonces invierta más de sí mismo en líderes potenciales y conviértalos en triunfadores. Ellos a su vez harán lo mismo por usted.

La Ley de Potenciación
Solamente líderes seguros facultan a otros

Una vez oí a Jack Welch expresar en una entrevista que cuando estaba en GE observó dos clases de líderes: los que ocultan a sus jugadores clave y los que los promocionan. Dijo que los líderes que ocultaban a sus mejores personas tenían un espíritu egoísta. Por el contrario, aquellos que promocionaban a otros y los potenciaban al máximo tenían un espíritu generoso.

Los líderes no llegan al Nivel 4 a menos que estén dispuestos a capacitar, promocionar y liberar a otros para que dirijan. Eso requiere gran seguridad y mentalidad de abundancia. Si usted quiere triunfar en el nivel de liderazgo

Desarrollo de Personas, dedíquese a tratar con sus inseguridades a fin de convertirse en un capacitador de otros líderes.

La Ley del Crecimiento Explosivo
Para añadir crecimiento, lidere seguidores; para multiplicarse, lidere líderes

La productividad del liderazgo y el impacto organizacional empiezan a darse cuando un líder alcanza el Nivel 3. Esos elementos se multiplican en el Nivel 4. Cada vez que desarrolla individuos y los ayuda a convertirse en líderes, usted no solo gana la capacidad que tienen y pone la potencia de ellos para el uso de la organización, sino que también emplea las habilidades de todos aquellos a quienes estas personas lideran. No existe una manera más rápida o eficaz de combinar el tiempo, el esfuerzo y los recursos con que usted cuenta que en desarrollar líderes.

La Ley de la Aceptación
La gente acepta al líder y luego a la visión

Quizás usted observó que esta es la tercera vez que me he referido a la Ley de la Aceptación. ¿Por qué? Porque desarrollar influencia en otros es un proceso continuo de granjearse su aceptación.

Casi nada inspira y estimula más que ver dirigentes que buscan servir a los miembros de su equipo y buscan desarrollarles todo su potencial hasta que lleguen también a ser líderes. Cuando las acciones de los líderes son dignas de sus posiciones en el Nivel 1, cuando construyen buenas relaciones en el Nivel 2, cuando modelan productividad en el Nivel 3, y cuando invierten en su gente desarrollándola en el Nivel 4, las personas van más allá de tan solo conocer la visión. La viven. ¿Por qué? Porque esa visión cobra vida en el líder. Los demás la encuentran inspiradora y estimulante. Y la aceptan.

Creencias que ayudan a un líder a avanzar al Nivel 5

Si usted ha logrado llegar al Nivel 4, su liderazgo se ha encumbrado, está más alto que 90% del de los demás líderes. Pero aún hay un nivel más elevado que podría estar a su alcance. Menos de 1% del total de líderes lo alcanzan. A fin de prepararse para intentar ese progreso final y brindarse la mejor oportunidad de llegar a la cima, primero debe adoptar las siguientes creencias:

1. El objetivo principal del liderazgo es desarrollar líderes, no conseguir seguidores ni realizar el trabajo

Lograr que se haga el trabajo es importante y provechoso. Y liderar a otros y hacer que le ayuden a conseguir una visión puede ser extraordinario. Pero desarrollar a otros es aun más maravilloso. Y debería ser el objetivo de usted como líder.

Creo que ya he sentado un buen precedente acerca de cómo los líderes se vuelven más productivos al enfocarse en el desarrollo del liderazgo. Pero creo

> Mejorar vidas individuales de líderes es la meta más altruista en el desarrollo del liderazgo.

que vale la pena decir que mejorar vidas individuales de líderes es la meta más altruista en el desarrollo del liderazgo. Cuando se ayuda a otras personas a convertirse en líderes se les cambia la vida. Cambia la manera en que ven el mundo. Cambia su capacidad. Aumentan el potencial. Cambia el modo en que estas personas interactúan con otros. Si se convierten en buenos líderes, se les ayuda no solo a mejorar sus vidas sino también a mejorar las vidas que impactan. Creo que así es como se cambia el mundo para mejor.

¿Cómo hace esto un líder? Aplicando el Principio de Pareto. En el Nivel 3 describí cómo la regla 80/20 se puede usar para aumentar la productividad. El mismo principio se puede utilizar para desarrollar líderes. Como líder de Nivel 4, usted debería enfocar 80% de su atención en desarrollar el mejor 20% de los líderes que tiene. Ese enfoque le producirá el mayor rendimiento. Un puñado de líderes le darán a una organización un beneficio mucho mayor que cientos de seguidores.

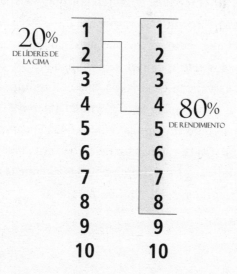

Enfocar su desarrollo en el 20% de la cima también lo prepara para triunfar en el Nivel 5, porque los líderes con mayor potencial y que le brindan la mayor tasa de rendimiento en su inversión también facilitan la mayor posibilidad de cambiar y levantar a otros líderes, lo cual es el énfasis en el Nivel 5.

2. Para desarrollar líderes usted debe crear una cultura de liderazgo

Aunque usted ponga gran énfasis en desarrollar líderes y practicar la regla 80/20, no podrá avanzar al Nivel 5 a menos que también cree una cultura de liderazgo. Jim Blanchard hizo esto en Synovus. En una entrevista con George Barna, Blanchard afirmó: "Creo que lo más importante y difícil es crear en la organización una cultura donde el liderazgo sea realmente primordial. Es de suma importancia que quienes conforman la compañía comprendan que esta debe estar orientada en el crecimiento, y que hacer crecer la gente es lo más importante. Esto es así porque cuando los empleados crecen son los que mejoran a la compañía. ... Por tanto, opino que es valioso desarrollar una cultura que sea consciente de la importancia de desarrollar líderes". Blanchard hizo luego algunas preguntas críticas que ayudan a los líderes a examinar si se están esforzando de verdad en crear una cultura de liderazgo y si están poniendo el énfasis adecuado en desarrollar líderes. He aquí las preguntas:

¿Qué porcentaje de la nómina de sueldos se dedica al desarrollo del liderazgo?

¿Qué tipo de capacitación formal se realiza?

¿Hasta qué punto se recompensa al liderazgo?

¿Disponen de un directorio de buenos tutores?[6]

Si usted desea empezar a crear una cultura de desarrollo de liderazgo que cultive líderes de Nivel 5, entonces haga lo siguiente:

Proteja el liderazgo. Defina y modele buen liderazgo.

Enseñe liderazgo. Entrene líderes con regularidad, frecuencia y constancia.

Practique liderazgo. Ayude a emerger líderes para planificar y realizar, fallar y triunfar.

Prepare liderazgo. Revise el rendimiento de nuevos líderes y corríjales los errores.

Recompense al liderazgo. Premie el buen liderazgo con pago, recursos y reconocimiento.

Si usted hace que el propósito de su organización sea proteger, enseñar, practicar, preparar y recompensar al liderazgo, entonces las personas querrán convertirse en buenos líderes. Se esforzarán por ayudar a otros a ser buenos líderes. Y reventará el potencial de la organización para cumplir su visión.

3. Desarrollar líderes es un compromiso de por vida, no una carga laboral

Los líderes de Nivel 4 desarrollan personas, los de Nivel 5 incesantemente desarrollan líderes durante toda la vida, y aquellos a quienes levantan también desarrollan líderes. Este se convierte en un estilo de vida que practican todo el tiempo y lugar, y no en un programa que se implementa o una tarea que se desempeña de vez en cuando. Asesorar es un manto que usan de buena gana, y luchan por agregar valor a otros. Los líderes de Nivel 5 valoran esto porque han pasado de buscar una posición de éxito, a ejercer un papel de enorme trascendencia.

Vivimos en un mundo necesitado. Si usted se pregunta a menudo: *¿Cómo suplir tantas necesidades?*, entonces comprenda por favor que las mayores necesidades nunca se suplirán a menos que equipemos líderes que puedan dedicarse a suplir esas necesidades. Esta es una de las razones de que yo capacite líderes. Creo que esta es una causa digna de un compromiso de por vida. Espero que usted acepte el desafío de desarrollar personas y levantar líderes. Si lo hace, no se arrepentirá.

Guía para crecer a través del Nivel 4

Al reflexionar en las ventajas, desventajas, mejores conductas y creencias relacionadas con el nivel Desarrollo de Personas para el liderazgo, use las siguientes pautas que le ayudarán a crecer como líder:

1. **Esté dispuesto a seguir creciendo**: Casi no hay nada peor que un maestro sin disposición de aprender. Usted como líder reproducirá lo que es. Si sigue siendo enseñable, su gente también lo será. Si su mente está cerrada, así serán las mentes de quienes lidera. ¿Cómo mantenerse creciendo y teniendo una mente abierta? Primero, conserve un espíritu

   > Casi no hay nada peor que un maestro sin disposición de aprender.

   dispuesto a aprender, el cual afirma: *Todos me pueden enseñar algo. Todo me puede enseñar algo.* Segundo, manténgase en un plan de crecimiento. Es imposible ayudar a otros a crecer de manera intencional si usted no está creciendo de igual modo. Y he aquí la buena nueva: Si ya ha estado invirtiendo en su desarrollo personal, ¿adivine qué? Ya ha hecho gran parte del trabajo duro. Simplemente siga aprendiendo.

2. **Decida que las personas son dignas del esfuerzo**: El humorista y escritor David Sedaris declaró: "No he tenido la más leve idea de cómo cambiar a las personas, pero aún mantengo una larga lista de posibles candidatos por si alguna vez averiguo cómo hacerlo".[7] Esa no es la forma de enfocar el Desarrollo de Personas. Usted no debería adoptar ese enfoque por el hecho de que haya personas que le causen problemas, y desee cambiarlas, sino porque las personas valen la pena, y

> "No he tenido la más leve idea de cómo cambiar a las personas, pero aún mantengo una larga lista de posibles candidatos por si alguna vez averiguo cómo hacerlo".
> —*David Sedaris*

porque usted está dispuesto a tomarse la molestia de ayudarlas. Si aún no ha tomado esa decisión, tómela antes de participar en el proceso.

3. **Trate con sus inseguridades**: Los líderes que temen que los vean mal o que los reemplacen casi nunca desarrollan otros líderes. Si esa descripción se aplica a usted, entonces debe tratar con esos asuntos para que pueda abrirse paso hacia niveles superiores de liderazgo. Pase algo de tiempo con aquellos en quienes confía y que lo conocen suficientemente bien como para tratar asuntos que a usted le conciernen. Pídales ayuda y rendición de cuentas. Si es necesario,

consiga el consejo de un asesor profesional. Haga lo que sea necesario, porque los líderes inseguros no desarrollan a nadie, y quienes no lo hacen nunca llegan a ser líderes de Nivel 4.

4. **Reclute las mejores personas que pueda desarrollar**: La mayoría de líderes invierten su tiempo y energía con personas equivocadas: el 20% de la parte inferior. Los individuos que por lo general ocupan la mayor parte del tiempo del líder son los problemáticos, quejumbrosos y conflictivos. A menudo estos son los que tienen el *menor* potencial para liderar y sacar adelante la organización. Los líderes de Nivel 4 enfocan su tiempo y energía en el 20% de la parte superior: quienes no *necesitan* atención pero que se beneficiarían más de ella. Observe a todas las personas en su esfera de influencia. ¿Cuáles poseen el mayor potencial para liderar y crear un impacto? En esta gente debe enfocar la capacitación y el desarrollo.

5. **Comprométase a pasar el tiempo necesario desarrollando líderes**: Desarrollar personas lleva mucho tiempo; para liderar en el Nivel 4 usted debe dedicar aun la mitad de su tiempo haciéndolo si quiere invertir de manera adecuada en esas personas. Para hacerlo establezca primero un sistema de apoyo que lo libere de responsabilidades; si tiene que hacer todo usted mismo tendrá poco tiempo para guiar a otros. Después determine la cantidad de tiempo que brindará a alguien, basado en el potencial de esa

persona. El valor de un líder está en la inversión que hace en otros, no en lo que pueda hacer personalmente. Esa inversión se debe hacer con sabiduría y debería ser una máxima prioridad.

6. **Cree un proceso de desarrollo personal**: Benjamín Franklin observó: "El ojo del maestro realizará más trabajo que sus dos manos". La habilidad de ver, discernir y analizar es esencial para desarrollar gente. Los líderes de Nivel 4 reconocen las habilidades en las personas y trabajan fluidamente con ellas. Pueden guiar a otros con diferentes talentos, temperamentos y estilos. Aunque el promedio de líderes trata de guiar a todo el mundo del mismo modo, los de Nivel 4 lideran a cada quien de forma distinta. Eso requiere creatividad y confianza.

    Una vez dicho esto, debo agregar que los líderes de Nivel 4 también originan estructura y estabilidad en el proceso de desarrollo. Para hacerlo tenga en cuenta las siguientes pautas:

    - *El proceso debe ser diario*. El secreto de su éxito lo determina su programación diaria. Nadie saca nada bueno de algo que rara vez practica.
    - *El proceso debe ser medible*. Aunque el crecimiento empieza internamente, se debe demostrar externamente. Por eso las metas de crecimiento deben ser algo que usted y su discípulo puedan ver y verificar. Si esa persona no sabe a dónde se

está dirigiendo, ¿cómo va a saber si alguna vez llegó allí?

- *El proceso debe incluir aspectos que la persona valore.* Si usted incluye aspectos que los demás deseen se verán motivados a lograrlos.

- *El proceso se debe alinear con las fortalezas que usted tiene.* Cuando alguien me pide tutoría, mi primera pregunta es: "¿En qué área?" Solo hago bien algunas cosas y puedo ayudar a la gente en las áreas de mis fortalezas. Al prepararse para desarrollar personas, enseñe desde esas fortalezas y anime a quienes lidera a buscar a otros que puedan enseñarles en áreas en que usted no puede hacerlo.

- *El proceso debe encajar en el plan ambicionado.* En mi libro *Put Your Dream to the Test* [Ponga a prueba su sueño] declaro que mientras más razones válidas tenga una persona para realizar su sueño, mayores serán las posibilidades de conseguirlo. Razones

> Aunque el crecimiento empieza internamente, se debe demostrar externamente.

válidas también aumentan las posibilidades de que una persona siga adelante con su crecimiento personal.

7. **Nunca trabaje solo**: Uno de los secretos para desarrollar líderes en el Nivel 4 es que, tan a menudo como le sea posible, usted tenga a su lado a quienes

guía para que puedan aprender a pensar y a actuar en una variedad de situaciones. Inicialmente su objetivo debe ser que lo vean como modelo de liderazgo. Pero lo más pronto posible delégueles responsabilidades que usted pueda supervisar; y apenas estén listos, deles poder para que actúen por cuenta propia.

8. **Armonice las partes suaves y duras del desarrollo**: Los líderes de Nivel 4 deben abordar simultáneamente problemas de las personas y asuntos comerciales, y tienen que ser capaces de realizar ambos aspectos de manera eficaz. Ese es un arte. Mientras trabaja en desarrollar personas, mantenga un enfoque relacional con ellas, valorándolas y añadiéndoles valor. Al mismo tiempo haga lo posible por obtener un buen resultado. Escriba una filosofía que le ayude a hacer las dos cosas. Por si le es de ayuda, escriba sus prioridades y póngalas en orden de importancia como una guía.

9. **Responsabilícese por dinamizar a otros**: Aunque es verdad que la gente que usted desarrolla debe estar motivada, también es cierto que los líderes crean energía e inspiran a otros hacia el logro de objetivos. Al trabajar en desarrollar a otros, trate de crear un proceso emocionalmente comprometedor que los anime a tomar riesgos y a disfrutar lo que viven. Demasiados líderes se desconectan. Tienen una mentalidad alienante, no atrayente, de "eso no es nada nuevo". Por el contrario, si usted tiene una manera de pensar de "eso me agrada", atraerá a las

personas y querrá dar lo mejor de sí cuando participe en los proyectos que les exponga.

10. **Permanezca accesible como líder, modelo a seguir, y capacitador**: Una puerta y un corazón abiertos invitan a las personas a entrar a la vida de un líder. Tal apertura solamente viene cuando un líder la inicia y se responsabiliza por exhibirla. Le animo a tomar esa responsabilidad, porque cuando lo haga desarrollará un vínculo especial con su gente. Apertura, humildad y transparencia siempre serán factores muy eficaces. Estas cualidades permiten a otros hacer preguntas, tomar riesgos y ser ellos mismos. Y lleva el desarrollo del liderazgo a un nivel totalmente nuevo.

Nivel 5:
EL PINÁCULO

La mayor realización en el liderazgo viene al desarrollar a otros líderes hacia el nivel 4

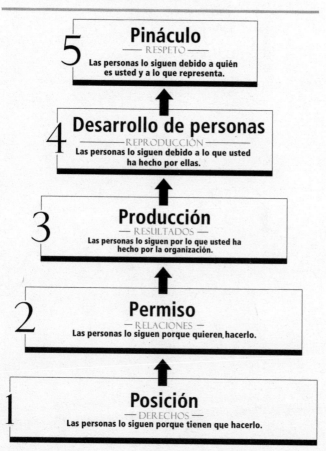

5 **Pináculo**
— RESPETO —
Las personas lo siguen debido a quién es usted y a lo que representa.

4 **Desarrollo de personas**
— REPRODUCCIÓN —
Las personas lo siguen debido a lo que usted ha hecho por ellas.

3 **Producción**
— RESULTADOS —
Las personas lo siguen por lo que usted ha hecho por la organización.

2 **Permiso**
— RELACIONES —
Las personas lo siguen porque quieren hacerlo.

1 **Posición**
— DERECHOS —
Las personas lo siguen porque tienen que hacerlo.

Raro es el líder que llega al Nivel 5: El Pináculo. El liderazgo en este nivel no solo es el clímax de liderar bien en los otros cuatro niveles, sino que también exige un alto grado de capacidad y cierta cantidad de habilidad natural de liderazgo. Se necesita mucho para poder desarrollar a otros líderes a fin de que alcancen el Nivel 4; y eso es lo que hacen los líderes de Nivel 5. Quienes llegan al Nivel 5 lideran tan bien y por tanto tiempo, que crean un legado de liderazgo en la organización a la que sirven.

> **Quienes llegan al Nivel 5 lideran tan bien y por tanto tiempo, que crean un legado de liderazgo en la organización a la que sirven.**

Los líderes Pináculo se destacan de los demás. Están un escalón por encima, y parecen llevar el éxito adondequiera que van. El liderazgo en este encumbrado nivel levanta a toda la organización y crea un ambiente que beneficia a todos en ella, lo que contribuye al éxito general. Los líderes de Nivel 5 a menudo poseen una influencia que trasciende la organización y la industria en que se desempeñan.

La mayoría de líderes que llegan al Pináculo lo hacen al final de sus carreras. Pero este nivel no es un lugar de descanso en que los líderes se detienen a observar sus logros, sino un lugar de reproducción desde el cual hacen el mayor impacto de sus vidas. Por eso quienes llegan al nivel Pináculo deben aprovechar al máximo mientras puedan. Con gratitud y humildad deben levantar tantos líderes como puedan, emprender tantos desafíos grandiosos como les sea posible, y extender su influencia para marcar una diferencia positiva más allá de su organización e industria.

Ventajas del Pináculo

La influencia que usted ha conseguido se extiende más allá de su alcance y su tiempo

Cuando escribí acerca del Nivel 1 manifesté que a medida que se asciende en Los 5 Niveles de Liderazgo, las ventajas aumentarían mientras las desventajas disminuirían. Sin embargo, El Nivel 5 no se ajusta a ese patrón. En el Pináculo solo veo tres ventajas importantes. Pero aunque son pocas, cada una tiene tremendo peso y enorme impacto.

1. El liderazgo Pináculo crea una organización de Nivel 5

Muchas empresas parecen luchar por mantenerse con vida. Otras batallan para avanzar lentamente hacia el crecimiento o el aumento de rentabilidad. Mientras tanto, unas pocas organizaciones se levantan por sobre las demás y parecen funcionar en un nivel extraordinariamente alto. ¿Cuál es su secreto? El liderazgo. Grandes organizaciones tienen grandes líderes, y las excelentes que funcionan a la mayor capacidad

(Nivel 5) llegan a ser lo que son porque las dirigen líderes de Nivel 5.

General Electric se ha mantenido durante décadas como empresa modelo. Año tras año la revista *Fortune* menciona a GE como una de las diez firmas con mejor liderazgo en el mundo. ¿Por qué? Porque por muchos años ha estado liderada por Jack Welch, un líder de Nivel 5, cuyo énfasis ha sido desarrollar a otros hasta llegar a ser líderes de Nivel 4: aquellos que producen otros líderes.

Puesto que los líderes de Nivel 5 capacitan gente para liderar a mayor escala, levantan la tapa del liderazgo para todos en la organización. Ya que producen muchos líderes y lo siguen haciendo durante sus largas carreras, sus empresas desarrollan una mentalidad de abundancia. Las personas en la organización reciben muchísimas oportunidades y esperan seguir recibiéndolas. Con el desarrollo de cada líder y la búsqueda de toda oportunidad, la firma se sigue fortaleciendo. A la larga, el liderazgo se convierte en parte de su ADN. Y aunque un líder ceda el puesto o se jubile, hay muchos otros líderes listos y dispuestos a tomar su lugar porque las organizaciones de Nivel 5 tienen una estructura de producción de líderes.

Ya que los líderes de Nivel 5 se han abierto paso a través de cada nivel a fin de llegar a la posición Pináculo, entienden y practican el liderazgo en un nivel alto. Han experimentado varios tipos de transformación con cada transición de un nivel a otro. Como resultado tienen la perspicacia que les ayuda a reconocer dónde se hallan otros líderes en el proceso, y los ayudan a superar los cambios requeridos para que avancen al siguiente nivel.

2. El liderazgo Pináculo crea un legado dentro de la organización

Los líderes de Nivel 5 desean hacer algo más que dirigir bien una organización. Quieren hacer más que tener éxito. Desean implantar un legado. El periodista Walter Lippmann tenía razón cuando afirmó: "La prueba definitiva de un líder es que deja en otros hombres detrás de él las convicciones y la voluntad para seguir adelante". Si usted alcanza el Pináculo del liderazgo tiene una oportunidad de impactar más allá de su posición y tal vez más allá de su propia vida. Lo logra desarrollando una generación de líderes *que a su vez desarrollen a la siguiente generación de líderes.*

> "La prueba definitiva de un líder es que deja en otros hombres detrás de él las convicciones y la voluntad para seguir adelante".
> —*Walter Lippmann*

Los líderes de Nivel 5 se miden por el calibre de los líderes que desarrollan, no por el calibre de su propio liderazgo. Su enfoque del liderazgo cambia como corresponde. Larry Bossidy, ex director ejecutivo de AlliedSignal, entendió esto cuando preguntó:

¿Cómo me estoy desempeñando como líder? La respuesta es: como se desempeñe la gente que usted dirige. ¿Aprenden? ¿Manejan conflictos? ¿Inician cambios? Cuando usted se jubile no recordará lo que hizo en el primer trimestre de 1994. ... Lo que recordará es a cuántas personas desarrolló.

No solo eso, usted recordará cuán bien las desarrolló y cuán eficazmente esas personas pudieron continuar después de que usted dejara de liderarlas. En organizaciones de Nivel 5, cuando el líder máximo cede el puesto, por lo general hay muchos otros listos a levantarse y tomar las riendas. Y la organización experimenta una continuidad desconocida para otras empresas con líderes de menor valía.

3. El liderazgo Pináculo provee una plataforma extendida para liderar

En Estados Unidos creemos que todo el mundo tiene derecho de hablar. Pero hasta en una sociedad libre debemos ganarnos el derecho de ser oídos. Los líderes de Nivel 5 han pagado la cuota y se han ganado ese derecho. Y debido a que lideran bien y desarrollan a otros para hacer lo mismo, su influencia se extiende más allá de su alcance. Quienes no se hallan en su esfera directa de influencia oyen hablar de ellos y les piden consejo. Los líderes de Nivel 5 pueden cruzar las líneas de su industria o su área de especialización para hablar con autoridad. La gente los respeta por quiénes son y por lo que representan. Eso les brinda una plataforma

> En Estados Unidos creemos que todo el mundo tiene derecho de hablar. Pero hasta en una sociedad libre debemos ganarnos el derecho de ser oídos.

mayor e influencia extendida. Muchas veces tienen la oportunidad de lograr un impacto más amplio en la sociedad o de hacer avanzar la causa del liderazgo, redefinirlo e invertirse en la siguiente generación de líderes.

Piense en los grandes líderes del gobierno, los negocios, la educación y la fe. Su influencia supera con creces a las organizaciones que dirigen. La autoridad de Nelson Mandela tiene pocas fronteras. Todo el mundo lo respeta. Jack Welch ya no lidera General Electric, pero internacionalmente se busca su asesoría en liderazgo. Durante décadas los presidentes de los Estados Unidos han buscado el consejo de Billy Graham. La influencia de estos líderes es extensa y su reputación es legendaria.

Con esta influencia extendida viene la responsabilidad de manejarla con integridad. Los líderes de Nivel 5 entienden que la más elevada posición de liderazgo no es un lugar para ser servidos por otros sino para servir a los demás. Tampoco es un lugar para recibir sino para dar.

Hace poco Margaret y yo vimos evidencia de tal mayordomía cuando visitamos el Museo Nobel en Estocolmo, Suecia. Nuestro guía nos contó historias de grandes hombres y mujeres que han hecho de nuestro mundo un lugar mejor en el cual vivir. Uno de quienes recibieron el Nobel fue Albert Einstein, quien una vez manifestó:

Extraña es nuestra situación aquí en la tierra. Todos venimos para una corta estancia, sin saber por qué, pero a veces aparentemente con el fin de realizar un propósito divino. Sin embargo, desde el punto de vista de la vida cotidiana solo sabemos algo: que el ser humano está aquí para beneficio de otros seres humanos... sobre todo para aquellos de cuya sonrisa y bienestar depende nuestra felicidad, y también para las innumerables almas desconocidas con cuyo destino estamos conectados por un vínculo de simpatía. Muchas veces al día me doy cuenta cuánto de mi propia vida externa e interna se erige sobre las labores de mis semejantes, tanto vivos como muertos, y cuán formalmente me debo esforzar por brindar mi aporte a cambio de lo mucho que he recibido.

La reputación de Einstein superó las salas de la academia y el campo de la física. Su influencia ha perdurado mucho después de la muerte. Eso es lo que ocurre con líderes y pensadores de su talla. Eso es lo que sucede con líderes que llegan al Pináculo.

El viaje de liderazgo tiene el potencial de llevar individuos a través de un proceso de toda la vida en tres fases: *aprender, ganar, devolver*. Las personas que al inicio del viaje consiguen una posición de liderazgo enfrentan una decisión. ¿Van a aprender ahora a liderar mejor o van a apoyarse en su posición, van a proteger su territorio, y van a jugar al rey de la colina para conservar lo que tienen? Quienes deciden aprender entran a la fase de *aprendizaje* y empiezan a avanzar poco a poco en los niveles de liderazgo. Normalmente, cuando alcanzan el nivel Posición comienzan a recibir el reconocimiento y las recompensas del liderazgo. Allí es cuando la mayoría de líderes entran a la fase de *ganancia*. Muchos se contentan con quedarse allí. Trepan la escalera en la organización, obtienen el respeto de sus compañeros, y obtienen un buen sustento para vivir. Solo aquellos líderes que deciden darse a otros y desarrollar líderes ingresan a la fase *devolución*. Los líderes que se dedican a desarrollar más líderes y a invertirse en la tarea, dando lo mejor de sus energías y recursos para levantar otros líderes, son los únicos que tienen la oportunidad de avanzar hasta el Pináculo.

Sin importar dónde se encuentre usted en su propio viaje de liderazgo, le animo a aprender todo lo que pueda y a seguir aprendiendo. Y cuando llegue a la fase de ganar, no se quede allí. No lidere a otros solo para su propio beneficio. Empiece a darse a otros y enséñeles a dirigir para que usted pueda entrar a la fase de devolución. Hágalo por largo tiempo y suficientemente bien, y tendrá la oportunidad de alcanzar el Nivel 5 y de experimentar sus ventajas.

Desventajas del Pináculo

Usted podría empezar a creer que es el único que importa

Cada nivel de liderazgo tiene sus desventajas. Este nivel no es la excepción. Pero he aquí la buena noticia: menos líderes se convierten en víctimas de las desventajas en el nivel Pináculo que en cualquier otro nivel. ¿Por qué? porque es difícil alcanzar el Pináculo sin una gran medida de madurez. Cada lección que los líderes aprenden en los anteriores niveles se convierte en un freno que les impide descarrilarse. No obstante, he aquí la mala noticia. Quienes son susceptibles a las desventajas del Pináculo caen dramáticamente. Pueden desbaratar todo aquello por lo que han trabajado hasta este momento.

He aquí tres aspectos negativos que usted debe observar si llega al Pináculo:

1. Estar en el Pináculo puede hacerle creer que ya llegó

Es irónico, pero uno de los más grandes peligros para líderes Pináculo en la cima es similar al de los líderes Posición en la parte baja: creer que ya llegaron. Si usted entra al liderazgo con una mentalidad de destino, y la lleva consigo mientras avanza por Los 5 Niveles de Liderazgo, podría creer que el Pináculo es un lugar en el cual descansar, disfrutar la vida, y aprovechar al máximo sus privilegios. Si ese es su modo de pensar, ¡cuidado!

> Es irónico, pero uno de los más grandes peligros para líderes Pináculo en la cima es similar al de los líderes Posición en la parte baja: creer que ya llegaron.

En su libro *Cómo caen los poderosos*, Jim Collins escribió que quienes caen tienen muchas veces una mentalidad enfocada en sus derechos, reforzada por la arrogancia. Escribió que tales líderes "ven el éxito como algo 'merecido' y no como algo fortuito, efímero o hasta difícil de obtener frente a desalentadoras posibilidades; las personas empiezan a creer que el éxito continuará casi sin importar lo que la organización decida hacer o no".

Las decisiones de un líder siempre tienen impacto... para bien o para mal. Los líderes que han llegado a la cima de su profesión o de su organización no pueden subestimar nada. Por buenos que hayan sido en el pasado, aún deben trazar estrategias, sopesar decisiones, planificar y ejecutar en un nivel elevado. El ímpetu puede superar muchos de los problemas, pero ni siquiera el más fabuloso de los ímpetus puede compensar continuamente la negligencia, la arrogancia o la insensatez.

Tampoco deben tratar a la organización como propiedad personal... aunque *sea* de su propiedad. Toda organización para la cual trabajan personas es un consorcio. Si usted es el líder, no puede tomar decisiones teniendo en mente solo a usted y sus intereses personales. A quien mucho se le da, mucho se le demanda.

Quienes alcanzan la cima de su esfera están siempre en peligro de creer que no les queda nada por aprender. Si esto sucede, es el principio del fin. Para ser eficaces los líderes siempre deben estar aprendiendo. Nunca se logra llegar... solo se puede luchar por ser mejores. Esa es la mentalidad que usted debe llevar todos los días de su liderazgo. Si ya terminó de aprender, está liquidado.

> Si usted ya terminó de aprender, está liquidado.

2. Hallarse en el Pináculo puede hacerle creer su propia grandeza

Casi nadie es más ridículo que el líder que se toma demasiado en serio y empieza a creer que es el regalo de Dios para otros. Sin embargo, esto pasa muy a menudo. La historia está llena de anécdotas de individuos que se dejaron llevar por su poder y posición.

Uno de esos líderes fue el rey Gustavo Adolfo de Suecia. Conocido como un brillante comandante militar, durante su reinado elevó a Suecia de potencia menor a gran potencia en Europa y dio lugar a lo que se ha conocido como la Época Dorada de Suecia. Pero igual que muchos líderes fuertes, comenzó a creer que automáticamente debía cumplirse todo lo que deseaba hacer.

Mientras peleaba en la Guerra de los Treinta Años, el rey quiso gobernar en el Mar Báltico. Para lo cual estuvo decidido a construir un barco que se alzara en belleza y tamaño por sobre las demás naves. Estableció las medidas y el armamento de la nave, aunque no tenía experiencia naval, y se los entregó a los constructores. Las siguientes palabras se escribieron respecto de esta aventura: "Nada puede ser más impresionante y estar más dedicado a glorificar a su real majestad que el hecho de que este barco lleve la decoración más extraordinaria que alguna vez se haya exhibido en el océano".

La nave fue llamada *Vasa*, en honor a la casa real del monarca. A medida que la guerra rugía, el rey se impacientaba por lanzar el barco al agua. Se hicieron pruebas de estabilidad, pero el monarca no toleraría un retraso. Entonces el 10 de agosto de 1628 *Vasa* se puso en marcha en su primer viaje. Miles de espectadores vieron salir lentamente a la nave desde el puerto de Estocolmo. Pero tan pronto como fue expuesta a una ráfaga comenzó a inclinarse, se ladeó, se llenó de agua, ¡y se hundió a pocos metros de la playa a menos de una milla de donde salió! Claramente la confianza del rey no fue suficiente para mantener a flote su sueño.

Cada vez que un líder comienza a creer su propia grandeza, está en problemas. Cuando las personas descuellan en un elevado nivel en su profesión, a su alrededor surge una clase de mitología. En las mentes de otros se vuelven más grandes que la vida. Esto muchas de las veces es una exageración. Los líderes de Nivel 5 no son tan buenos como el crédito que la gente les da; y no importa cuánto tiempo o cuán bien hayan liderado, ninguno está por sobre las leyes del liderazgo. Las leyes son como la gravedad. Se aplican a nosotros, creamos o no en ellas.

Si usted llega a ser un líder de Nivel 5 no olvide que igual que todos debió empezar en el fondo como líder posicional. Debió trabajar en forjar relaciones. Tuvo que demostrar su productividad. E invertir en las vidas de otros solo ocurrió con esfuerzo. Tenga confianza, pero también sea humilde. Si se ha convertido en triunfador, esto solo se debe a que otras personas le ayudaron a lo largo del camino.

3. Estar en el Pináculo puede hacerle perder el enfoque

Cuando los líderes alcanzan el Nivel 5 se vuelve extraordinaria la cantidad de oportunidades que reciben. Todo el mundo quiere oír lo que tales líderes tienen que decir. Pero muchas de esas oportunidades en realidad no son más que distracciones que no ayudarán a la organización o a la causa del líder.

En el libro de *De buena a grandiosa*, Jim Collins cuenta una historia que ilustra cómo puede ocurrir esto. El ejemplo que da es del ex presidente de Chrysler, Lee Iacocca. Collins escribe:

Lee Iacocca, por ejemplo, salvó a Chrysler del borde de la catástrofe al realizar uno de los giros más celebrados (y merecidos) en la historia comercial de Estados Unidos. Chrysler subió en el mercado 2,9

veces en un momento aproximadamente en la mitad
del mandato de Iacocca. Sin embargo, él desvió después su atención para convertirse en uno de los más
acreditados ejecutivos en la historia estadounidense.
Investor's Business Daily y el *Wall Street Journal*
registraron cómo Iacocca aparecía regularmente en
programas de entrevistas como *Today* y *Larry King
Live*, protagonizaba personalmente más de ochenta
comerciales, y abrigaba la idea de ser candidato a
presidente de los Estados Unidos (citado en cierto
momento: "Dirigir Chrysler ha sido un trabajo más
grande que dirigir la nación. ... Yo podría manejar la
economía nacional en seis meses"), y promocionó
ampliamente su autobiografía. Se vendieron más de
siete millones de copias del libro, *Iacocca*, y fue
levantado a una posición de estrella de rock. ... El
capital personal del hombre subió mucho, pero en la
segunda mitad de su mandato los valores de Chrysler
cayeron 31% por detrás del mercado general.[1]

Si los líderes que llegan al Pináculo quieren permanecer
la mayor cantidad de tiempo allí, deben mantenerse enfocados en su visión y propósito y seguir liderando al más alto
nivel.

Me apena admitir que de vez en cuando me he distraído
en mi propio liderazgo. Me ocurrió en EQUIP hace algunos
años. Durante los primeros ocho años de existencia de la
compañía nos enfocamos en capacitar internacionalmente a
un millón de líderes. Lo denominamos El Mandato del

Millón de Líderes. Esto consumió nuestra atención, y pusimos a trabajar todos nuestros recursos en llevar adelante el plan. Cuando alcanzamos nuestro objetivo, festejamos. Entregué a cada miembro del personal, a cada entrenador de liderazgo, y a cada uno de los principales donantes un anillo en apreciación por su ayuda. Pero entonces nos distrajimos. Seguimos capacitando líderes, pero experimentamos una desilusión. No me enfoqué en un nuevo objetivo, y el equipo tampoco lo hizo. Esa fue mi gran equivocación, y esto significó que no utilizáramos el ímpetu que habíamos obtenido para seguir avanzando a nuestro ritmo anterior. La buena noticia es que los líderes de EQUIP se agruparon, identificaron nuestra próxima gran montaña, y reenfocaron una vez más nuestras energías en realizar el ascenso.

> Encuéntrese donde se encuentre en su viaje de liderazgo, no olvide que lo que lo llevó hasta allí no lo llevará al siguiente nivel.

Encuéntrese donde se encuentre en su viaje de liderazgo, no olvide que lo que lo llevó hasta allí no lo llevará al siguiente nivel. Cada paso hacia el frente requiere concentración y una disposición de seguir aprendiendo, adaptándose, formando estrategias, y trabajando. Usted no permanece en lo alto sin visión, humildad y trabajo duro.

Mejores conductas en el Nivel 5

Cómo usar el Pináculo como una plataforma para hacer algo más grande que usted mismo

El liderazgo siempre debería enfocarse en los demás, no en el líder. Eso se aplica en todo nivel, y es especialmente importante en el Nivel 5 porque tener gente que siga por profundo respeto es la cúspide del liderazgo. Los líderes Pináculo tienen mucho talento, y deben usarlo bien mientras están en la cima para hacer más que ayudarse a sí mismos. He aquí mis sugerencias:

1. Asegúrese de que haya suficiente espacio en la cima

Una de las cosas más importantes que puede hacer cualquier líder de Nivel 5 es hacer espacio en lo alto para otros líderes. La mayoría de líderes tienen como objetivo cultivar *seguidores*. Pero reunir seguidores no crea espacio para otros líderes. Como líder Pináculo usted debe crear ese espacio, lo cual empieza en el Nivel 4 con el desarrollo de líderes. Si continuamente hace eso y promueve líderes cada vez que pueda, usted crea en la organización un ciclo de cambio positivo que abre espacio para líderes. Eso podría parecer contrario a la intuición. ¿No crearía menos espacio tener más líderes? No. Y he aquí la razón: cuando usted desarrolla un líder que desarrolla a otros, está creando más espacio en la cúspide porque aumenta el tamaño y el poder de la organización como un todo. Cada vez que usted desarrolla buenos líderes y les ayuda a encontrar un lugar para que lideren e impacten, ellos reúnen más personas para sí. En consecuencia, la organización crece (junto con su potencial) y esta necesita de más líderes buenos. Este proceso crea un ciclo de expansión y una clase de ímpetu hacia la cima para que otros líderes ayuden a impulsar la organización hacia adelante.

Desarrollar líderes desde el nivel Pináculo requiere gran habilidad e intencionalidad. No es una tarea fácil. Aun más difícil es desarrollar líderes que se dediquen a desarrollar a otros líderes en lugar de liderar solamente. Al comparar líderes que solo tenían seguidores con líderes que desarrollaban a otros líderes, empecé a notar algunas diferencias sutiles pero claras. He aquí las características de un líder de Nivel 5 que desarrolla líderes:

El deseo del líder: Ser reemplazado en vez de indispensable

A principios de mi carrera de liderazgo me gustaba que las personas me necesitaran. Y era música para mis oídos cuando alguien me lo decía. Me encantaba oír cosas como "No lo conseguiríamos sin ti. ¿Qué haríamos si te fueras? Eres el único líder que nos comprende de veras". ¡Tristemente yo les creía!

La realidad es que nadie es indispensable. Peor aún, permitir que otros se vuelvan dependientes hace poco más que satisfacer el ego de un líder. Este es un estilo muy limitante de liderazgo que tiene corta duración.

El primer paso para desarrollar líderes es tener el deseo de desarrollar individuos que puedan triunfar sin usted. El escritor sobre el liderazgo y ex ejecutivo de FedEx, Fred A. Manske, hijo, observó: "El líder máximo es aquel que está dispuesto a desarrollar personas hasta el punto en que finalmente lo superen en conocimiento y capacidad". Ese debería ser siempre su objetivo en el Nivel 5.

> "El líder máximo es aquel que está dispuesto a desarrollar personas hasta el punto en que finalmente lo superen en conocimiento y capacidad".
> —Fred A. Manske, hijo

Enfoque del líder: Trabajar en las fortalezas de las personas y no en sus debilidades

Algunos líderes siguen un enfoque de consejería para desarrollar a otros. Con esto quiero decir que se centran en lo que las personas están haciendo mal o de manera deficiente, y enfocan su atención en ayudarlas a corregir esos aspectos. Es más, cuando comencé mi carrera pasaba mucho tiempo aconsejando a otros. Pero para mi gran frustración veía poco adelanto en la gente con la que trabajaba. Para ser justo, en realidad yo no era buen consejero. Pero tuve también un momento de "¡al fin lo entendí!" en que imaginé la razón principal de que no progresáramos. Yo me enfocaba en las debilidades de las personas. Esa no es manera de desarrollarlas.

Si usted quiere desarrollar personas debe ayudarles a descubrir y fortalecer sus fortalezas. Allí es donde tienen el mayor potencial para crecer. Ayudar a desarrollarles las fortalezas es el único modo de ayudarles a convertirse en líderes de talla mundial.

La actitud del líder: Ceder poder en vez de acapararlo

¿Jugó usted en su infancia a imitar al líder? El objetivo del juego era mantenerse en la línea del frente por tanto tiempo como fuera posible. Los chicos que ganaban eran los más agresivos en tratar de hacer algo que nadie más podía imitar. Como líder de Nivel 5 usted debe ser tan agresivo para ceder poder a otros líderes como solía reservárselo cuando era niño. Eso requiere una actitud de abundancia en que su mentalidad sea de "liderar juntos". Usted se debe convertir en un "potenciador" de talla mundial. Lynne Joy McFarland aseveró en el libro *Liderazgo para el siglo XXI: Diálogo con cien líderes destacados:* "Al potenciar el modelo de liderazgo se pasa de "poder en la posición" a "poder en las personas", en que a todas se les otorga roles de liderazgo a fin de que puedan contribuir a su plena capacidad".

> "Al potenciar el modelo de liderazgo se pasa de "poder en la posición" a "poder en las personas", en que a todas se les otorga roles de liderazgo a fin de que puedan contribuir a su plena capacidad".
> —Lynne Joy McFarland

La perspectiva del líder: Ver líderes potenciales como podrían ser y no como son

Una de las claves para desarrollar líderes en cualquier nivel es ver a las personas no como son o como otros las ven, sino como podrían ser. Contribuir a cerrar la brecha entre cómo es alguien y la realización de su potencial es lo que motiva a los líderes de Nivel 5 a levantar a otros al Nivel 4. Se requiere poco talento para ver *lo que se es*. Se necesita visión, imaginación, destreza y compromiso para ver *lo que se podría ser...* y para ayudar a hacerlo realidad.

El impacto del líder: Conocer lo que se debe saber lleva a un líder de Nivel 5 a desarrollar a un líder de Nivel 4

Liderar y desarrollar líderes no es tarea fácil; aquellos con gran potencial solo seguirán a líderes que los superen... en habilidad, experiencia, o en ambos aspectos. Alguien con calificación 9 en el liderazgo no seguirá a otro con calificación 5. Por eso los líderes Pináculo no pueden delegar el proceso de desarrollar líderes potenciales a otros menos talentosos que aquellos a quienes sirven de mentores. De otro modo se irán a otra parte a encontrar un líder de Nivel 5 que esté dispuesto a hacerlo. Los mejores líderes potenciales no se quedarán en la organización a menos que usted vaya hasta donde estos se encuentran, les extienda la mano, y les ayude a avanzar hasta su propio nivel.

2. Guíe continuamente líderes potenciales de Nivel 5

He estado enseñando y escribiendo sobre el tema de liderazgo durante tres décadas y media, y en ese tiempo he tenido el privilegio de trabajar con muchas organizaciones. Cada una de ellas ha sido única con preguntas, necesidades y condiciones diferentes de cualquier otra. Sin embargo, todas ellas han tenido algo en común: ¡Necesitaban más y mejores líderes! Ni una sola vez alguien en una organización ha dicho: "Tenemos demasiados líderes. Y los que tenemos son mejores de lo que queremos. ¿Nos podría ayudar a deshacernos de algunos?"

Hace poco asistí a una entrevista entre mi amigo Bill Hybels y el ex director ejecutivo de General Electric, Jack Welch. Bill le preguntó a Welch acerca de la sucesión (tema que enfocaré específicamente en un momento). Jack dijo que unos cuantos años antes de salir de GE hizo una lista de sucesores potenciales que incluía tres categorías: líderes de élite, líderes con potencial, y líderes con posibilidades remotas... y nombró varias personas.

Mientras Welch hablaba comencé a preguntarme cómo el hombre pudo elegir entre los líderes de élite, pero antes de que yo pudiera especular mucho, Welch me sorprendió al mencionar que su sucesor había venido de la categoría con posibilidades remotas. Y eso me hizo pensar en la importancia de la tutoría. Llegué a estas conclusiones:

1. Se deben tener muchos líderes buenos para seleccionar los mejores.

2. Usted debe dar lo mejor de sí a todos los líderes de Nivel 5 porque le podría sorprender quién termina siendo el más fuerte.

Cualquiera que sea su potencial de liderazgo, usted debe abrirse paso hasta el Nivel 4 para así poder invertir en otros. Pero si llega al Nivel 5 su responsabilidad es mayor. Solo un líder de Nivel 5 puede levantar otros líderes de Nivel 5. Si usted ha llegado al Pináculo, dé lo mejor de sí a sus mejores líderes potenciales y no deje de orientarlos.

3. Cree un círculo íntimo que lo mantenga bien cimentado

Cuando los líderes alcanzan el Nivel 4, su círculo íntimo los obliga a mejorar. La ley del círculo íntimo dice que quienes están más cerca de los líderes les determinan el potencial. Los miembros del círculo íntimo ayudan a los líderes a llevar a sus organizaciones a un nivel superior. Eso sigue siendo cierto en el Nivel 5, pero el círculo íntimo también debe cumplir otra función: mantener al líder bien cimentado. Como ya hemos explicado, es muy fácil para los líderes de Nivel 5 empezar a creer en su propia grandeza, y un buen círculo íntimo les puede ayudar a evitar esa trampa.

En *Cómo caen los poderosos* Jim Collins escribe acerca de la erosión de la dinámica de equipos sanos que puede ocurrir en organizaciones de gran éxito. "Hay un marcado descenso en calidad y cantidad de diálogo y debate; existe un cambio ya sea hacia el consenso o la administración dictatorial, y no hacia un proceso de discusión y desacuerdo seguido por un compromiso unificado para ejecutar decisiones". Cuando ocurren esas cosas, tanto el líder como la organización se encaminan hacia la desgracia.

Un buen círculo íntimo en el Nivel 5 permitirá a los líderes ser ellos mismos, pero los miembros también les dirán la verdad acerca de sí mismos. Esto hace que el trayecto sea agradable, evita soledad, e impide que los líderes desarrollen arrogancia. Y esta es la buena noticia: los miembros del círculo íntimo que usted levanta pueden convertirse en su gente favorita... como la familia.

4. Haga por la organización lo que solo pueden hacer líderes de Nivel 5

Estar en el Nivel 5 permite a un líder ver y hacer cosas que no se pueden hacer desde ningún otro lugar del liderazgo. Algunas son obvias. Si usted es el líder máximo de su organización, oriéntela. Debe ser en ella un buen modelo para todos, valorando a la gente, manteniéndose en crecimiento, practicando la regla de oro, siendo auténtico, exhibiendo buenos valores, y viviendo las prioridades correctas.

Otras cosas podrían ser menos evidentes y muy específicas para su situación y para su organización. Usted podría crear un producto o servicio innovador. Podría defender un valor o una causa que nadie más defendería con tanta eficacia. Podría ayudar a personas a mejorar sus vidas. Podría impactar su comunidad en una manera única. Podría relacionarse con gente que le ayude a hacer algo importante. Todo el trabajo que usted ha realizado y toda la influencia que ha obtenido con el paso de los años podrían estar en sus manos de tal modo que pueda hacer con eso algo mucho más importante. Además debería mantener ojos, oídos y corazón abiertos a las posibilidades. El éxito que disfruta no se le ha dado solo para usted. Los líderes de Nivel 5 tienen una plataforma para liderar y persuadir. Úsela cada vez que sea posible para transmitir lo que a usted le ha ayudado. Liderazgo es influencia. Aprovéchela para añadir valor a los demás.

5. Planifique su sucesión

A mediados de la década de los ochenta tuve el privilegio de pasar unos días con el experto en administración Peter Drucker. Un grupo de líderes tuvimos la oportunidad de sentarnos con él, escucharlo, tomar notas, y hacer preguntas. Aprendí muchas cosas maravillosas de este hombre, pero una pregunta que hizo me desafió más que todo lo demás. Durante la sesión preguntó a cada uno de nosotros: "¿Quién va a reemplazarte?"

Nunca antes me había hecho tal pregunta. Cuando Drucker la hizo, yo no tuve respuesta. Pero me alejé de mi tiempo con este experto decidido a vivir de tal manera que pudiera contestarla. Y desde ese día en adelante me dediqué a desarrollar a los líderes máximos en mi esfera de influencia, y a ayudarles a estar listos para liderar en un nivel tan alto como fuera posible.

Dejar un sucesor es la última ofrenda grandiosa que un líder puede entregar a una organización. Las dificultades de transición de liderazgo son demasiado comunes, e igual que pasar la posta en una carrera de relevos, es necesario planificar y ejecutar bien una transición de liderazgo. El éxito depende de que el líder con la posta se la pase al siguiente líder mientras ambos corren a toda velocidad. El escritor Lorin Woolfe afirma: "La prueba definitiva para un líder no es si toma decisiones inteligentes y acciones decisivas, sino si enseña a otros a ser líderes y si levanta una organización que pueda mantener el éxito aunque ese líder ya no esté". Los verdaderos líderes hacen a un lado el ego y se esfuerzan por crear sucesores que vayan más allá de ellos. Además planean pasar la posta del liderazgo en plena marcha, cuando aún están corriendo en la cima. Si un líder ya comenzó a bajar el ritmo, la posta se pasa demasiado tarde. Ningún líder debería perjudicar el ímpetu de la organización quedándose demasiado tiempo solamente para su propia satisfacción. El problema principal en organizaciones guiadas por líderes de Nivel 5 es que estos se quedan mucho tiempo. Por tanto, si usted es un líder de Nivel 5 que dirige una organización, planee su sucesión y salga *antes* de que sienta que debe hacerlo.

6. Deje un legado positivo

Alguien le preguntó una vez a Billy Graham qué era lo más asombroso de la vida. "La brevedad de ella", contestó él. Ahora que yo mismo tengo más de sesenta años debo concordar con Billy. Cuando somos jóvenes no vemos la hora de lograr algo en la vida: conseguir éxito, trepar la escalera, impactar. Si tenemos una personalidad clase A nos movemos rápido y tratamos de conquistar tanto terreno como podamos. Pero al envejecer nos damos cuenta que hay mucho más por qué vivir que tener éxito. Queremos marcar una diferencia. Y si pensamos al respecto desde muy temprano, tendremos la oportunidad de dejar un legado positivo. Eso es lo que deseo hacer. Espero que usted también.

Una de las claves para llegar al final de nuestras vidas sin remordimiento es hacer la obra de crear un legado perdurable. Si usted es un líder de Nivel 5, deseo animarle a usar la influencia que ahora tiene para forjar un mundo mejor. ¿Cómo? Primero, reconozca que lo que hace a diario, con el tiempo se convierte en su legado. Ya sea pasar tiempo con su familia cada día, ahorrar dinero e invertir cada mes, pronunciar todos los días palabras amables y alentadoras a otros… estas acciones se convierten en un legado de impacto positivo.

Segundo, decida ahora cuál quiere usted que sea su legado. ¿Cómo desea que lo recuerden? ¿Qué le gustaría que la gente dijera de usted en su funeral? ¿Tiene una visión del impacto positivo que quiere dejar? ¿Conoce lo que puede invertir en líderes potenciales que querrán ayudarle a construir ese legado?

Finalmente, comprenda que un legado es la suma de toda su vida, y no solo fragmentos. Si usted ha fallado, no hay problema. ¿Ha tomado su vida una senda que es menos que ideal? Olvídela. Ubíquese en la dirección correcta y a partir de hoy empiece a cambiar la manera en que vive. Cumpla la misión y la visión de su vida. Hágalo ahora antes de que sea demasiado tarde para cambiar.

No permita que al llegar los últimos días de su vida se esté preguntando lo que esta pudo haber sido. Decida hoy lo que será su vida, ¡y luego actúe cada día y todos los días para vivir sus sueños y dejar su legado!

Las leyes del liderazgo en el nivel Pináculo

Al considerar los diferentes aspectos del Nivel 5, por favor, tenga en cuenta cómo entran en juego las siguientes leyes del liderazgo:

La Ley del Respeto
Las personas siguen de manera natural a líderes más fuertes que ellas

Cuando escribí el resumen de Los 5 Niveles del Liderazgo en el primer capítulo de este libro usé la palabra *respeto* para describir el Nivel 5. Los líderes en el Pináculo han liderado tan bien y por tanto tiempo que se han hecho más grandes que la vida, y su reputación influye en la gente aun antes de que haya algún contacto con sus seguidores. Ralph Waldo Emerson aseveró: "Toda gran institución es la prolongación de un solo hombre". Ese sentimiento es una buena descripción de líderes de Nivel 5. Su presencia impacta.

> "Toda gran institución es la prolongación de un solo hombre".
> —*Ralph Waldo Emerson*

Es verdad que los líderes ganan respeto en cada nivel; lo hacen mostrando dignidad por la oportunidad de liderar en el Nivel 1, desarrollando relaciones en el Nivel 2, creando un equipo productivo en el Nivel 3, y desarrollando gente en el Nivel 4. Pero en el Nivel 5 el respeto que los líderes se han ganado empieza a hacerse compuesto. Todo el mundo quiere seguir a un verdadero líder de Nivel 5.

La Ley de la Intuición
Los líderes evalúan todo con enfoque de liderazgo

Todo el mundo es intuitivo. Todos tenemos fuerte intuición en nuestras áreas talentosas. Lo que los líderes de Nivel 5 tienen en abundancia es intuición de liderazgo, y como resultado ven todo con enfoque de liderazgo. Los buenos líderes aprenden a confiar en lo que Emerson llamó el "bendito impulso", o corazonada que les informa que algo es correcto. Los líderes de Nivel 5 aprenden a confiar en esos instintos y a actuar en base a ellos.

De todas las leyes de liderazgo que enseño, la de intuición es la más difícil. ¿Por qué? Porque a la mayoría de personas les cuesta mucho enseñar en las áreas en que deben ser intuitivas. Intuición es la habilidad de experimentar inmediata perspicacia sin pensamiento racional. Si usted puede realizar tareas de liderazgo sabiendo que están bien pero sin haberlas examinado con pensamiento racional, es difícil explicar por qué hizo lo que hizo.

Mientras más dotado esté usted en el liderazgo, más fuerte es quizás su intuición de liderazgo. Aprenda a confiar en ella. Y si su don en liderar no es fuerte, no pierda la esperanza;

aunque es verdad que su intuición de liderazgo tal vez nunca será tan desarrollada como la de un líder natural, aún así usted puede desarrollarla basándose en la experiencia de su liderazgo y al reflexionar en sus fracasos y triunfos.

La Ley del Tiempo
Cuando liderar es tan importante como qué hacer y hacia dónde ir

Íntimamente relacionada con la Ley de Intuición está la Ley del Tiempo, porque esta ley también es en gran parte intuitiva. Saber qué hacer puede ser relativamente fácil para un líder eficaz en el Nivel 3. Conocer el tiempo adecuado puede ser mucho más difícil. ¿Por qué? Existen muchos factores intangibles. Muchas veces en lo único que tenemos que confiar para tomar una decisión de tiempo es en una corazonada, y eso es muy difícil de explicar. La gente tiende a escuchar hechos concretos y a respetar la opinión de quien los expresa. La intuición no tiene tanto peso… a menos que se cuente con una trayectoria de evaluaciones correctas que la respalden.

Los líderes en el Nivel 5 tienen tanta experiencia y credibilidad que, a fin de realizar algo, otros les oyen las corazonadas con relación al tiempo. Si usted aún no se encuentra en el Nivel 5, entonces tenga en cuenta que otros quizás no confíen en su consejo en lo que respecta al tiempo. Pero no se desespere. Escuche su intuición, tome nota de lo bueno y lo malo, y desarrolle una trayectoria que le produzca la credibilidad que desea.

La Ley del Legado
El valor perdurable de un líder se mide por la sucesión

Ya he analizado la importancia del legado en el Nivel 5, así que no debo decir mucho aquí. Pero dejaré este pensamiento: El objetivo en la vida no es vivir para siempre, sino crear algo que sí lo haga. La mejor manera de hacer eso como líder de Nivel 5 es invertir lo que se tiene en las vidas de otros.

> El objetivo en la vida no es vivir para siempre, sino crear algo que sí lo haga.

La Ley del Crecimiento Explosivo
Para añadir crecimiento, lidere seguidores; para multiplicarse, lidere líderes

Cada vez que usted desarrolla un líder de Nivel 4, cambia su organización para bien y aumenta el potencial de la misma. ¿Por qué? Porque...

Cuando usted desarrolla un seguidor, gana un seguidor.
Cuando desarrolla un líder, gana un líder con todos sus seguidores.
Cuando desarrolla un líder de Nivel 4, gana un líder que desarrolla otros líderes, además de todos los líderes y los seguidores que estos lideran.

¡Por eso los líderes de Nivel 5 son tan poderosos y el potencial de sus organizaciones es ilimitado!

Ayude a otros a avanzar a Niveles 4 y 5

Cree momentos crisol para los líderes que desarrolla

En este punto en secciones anteriores del libro discutí las creencias que le ayudarían a avanzar al siguiente nivel de liderazgo. Sin embargo, cuando usted se halla en el nivel Pináculo, está en el lugar más alto del liderazgo. Por tanto, ¿qué voy a hacer en esta sección? Enseñarle cómo ayudar a *otros* a avanzar a los niveles más elevados del liderazgo. Una vez que usted ha alcanzado el Nivel 5, su enfoque no debería estar en su avance personal sino en ayudar a *otros* a avanzar tanto como puedan.

¿Cuál es el secreto de aprender a liderar? Estar liderando. Eso es como decir que se aprende a conducir un auto conduciendo un auto. O que se aprende a cocinar cocinando. Todo eso es verdad. El novelista Mark Twain lo dijo rotundamente: "Conozco un hombre que agarró un gato por la cola y aprendió 40% más acerca de gatos que quien no hizo lo mismo". Esto podría parecer un dilema sin salida, como el antiguo lamento de que no se puede conseguir un trabajo sin primero tener experiencia, pero es imposible conseguir experiencia sin primero tener un trabajo. Allí es donde usted entra a participar.

Como mentor, usted puede aportar experiencias que hagan mejorar a líderes inexpertos. Un poco de experiencia es mucho más eficaz que un montón de teoría. Es probable que usted haya oído el dicho: "Cuando alguien con dinero conoce a una persona con experiencia, por lo general quien tiene la experiencia se queda con el dinero y quien tiene el dinero se queda con la experiencia". Como líder experimentado, usted puede identificar líderes potenciales, puede imaginar qué clase de experiencias necesitan, y puede ayudar a proveerles un ambiente controlado donde los fracasos y errores no los saquen por completo del juego del liderazgo.

¿Podría usted identificar las experiencias que le enseñaron invaluables lecciones de liderazgo y que lo conformaron como persona y líder? Sin duda, yo puedo hacerlo. Estos son momentos crisoles. Mientras yo escribía *Las 21 leyes irrefutables del liderazgo* me sorprendió descubrir que recordaba una vivencia específica para cada ley. Estas experiencias cimentaron en mi conciencia de liderazgo todas las leyes. Por ejemplo, la Ley de la Victoria se había vuelto una realidad para mí en 1970 cuando llevé a mi organización a alcanzar una meta que casi todos creían imposible. La Ley del Círculo íntimo se me clarificó en mi cumpleaños número cuarenta, cuando tuve que admitir ante mí mismo que no era tan exitoso como había esperado serlo, y que si iba a lograr todos mis deseos debía desarrollar un círculo íntimo de otros líderes que trabajaran a mi lado.

Los incidentes clave en nuestra vida (momentos crisoles) nos han conformado. Nos han creado progreso. Y las experiencias de liderazgo que usted ha tenido, tanto buenas como malas, lo han convertido en el líder que hoy es. Lo mismo se aplica para quienes usted dirige y desarrolla. ¿Por qué no ayudar a otros a experimentar tantos avances positivos como sea posible mientras estén bajo su tutela?

Hace poco tiempo leí un artículo de Robert J. Thomas en *MIT Sloan Management Review* que confirma mis observaciones sobre desarrollo de liderazgo. Thomas sostiene que aquellas organizaciones que hacen un buen trabajo en desarrollar líderes usan experiencias crisoles como "una clase de forma súper concentrada de desarrollo de liderazgo". Él escribe:

> Los crisoles pueden darse dentro y fuera del trabajo. Algunos toman forma de revés: una muerte en la familia, un divorcio, la pérdida de un empleo. Otros implican una suspensión: un período intermedio por el que la gente atraviesa en el instituto de posgrado, en el campamento de entrenamiento, en una etapa de desempleo… incluso en la cárcel. Una tercera forma es el crisol del territorio nuevo, en la cual al individuo se le confía un nuevo papel social o se le pide que realice una tarea en un país desconocido.[2]

Thomas continúa describiendo dos organizaciones muy desiguales que organizan y manejan experiencias crisol para ayudar a que sus líderes se desarrollen y crezcan: La Iglesia Mormona y los Ángeles del Infierno. Él afirma:

Ambas organizaciones son entidades grandes, duraderas, complejas, multi-unitarias y multinacionales y
han tenido rápido crecimiento en las tres últimas
décadas. Las dos tienen fronteras cerradas y se dedican al reclutamiento selectivo de nuevos miembros, y
rara vez admiten convertidos en altas posiciones de
liderazgo. Pero ninguna de ellas padece de un débil
acervo genético de liderazgo. Cada grupo utiliza una
actividad particular como experiencia crisol para
desarrollar líderes.

Para la Iglesia Mormona el crisol más visible es la
experiencia misionera, una prueba de fe, identidad y
talento de liderazgo que también sirve como el motor
principal de crecimiento para la membresía de la iglesia. Para los Ángeles del Infierno toma la forma de
"trayecto" en motocicleta, un acontecimiento notable
en su similitud funcional a la de un viaje de deber
misionero. Un breve análisis de estos crisoles organi-
zativamente promovidos muestra cómo contribuyen
al desarrollo del líder en base a la experiencia.[3]

Thomas además señala de manera menos dramática que
Toyota, Boeing, General Electric y MIT también usan un
enfoque experimental para desarrollar liderazgo.

Si usted quiere sacar el máximo provecho a su influencia
en el Nivel 5, debe crear momentos crisoles que permitirán a
sus líderes alcanzar su potencial de liderazgo. He aquí cómo
sugiero que esto se haga.

1. Identifique y cree lecciones de liderazgo crucial que deban aprender

Empiece identificando las cualidades y habilidades esenciales que todo buen líder debe tener. Este será el plano para introducir experiencias clave y probar líderes potenciales a medida que estén listos. He aquí una lista que desarrollé después de mi cuadragésimo cumpleaños cuando comprendí la necesidad de dedicarme a desarrollar mi círculo íntimo de líderes:

Integridad	Solución de problemas
Visión	Comunicación
Influencia	Creatividad
Pasión	Trabajo en equipo
Actitud de servicio	Actitud
Confiabilidad	Autodisciplina

Una vez conformada la lista comencé a buscar oportunidades de poner líderes en situaciones en que pudieran aprender lecciones basadas en experiencias en esas áreas. Por ejemplo, cada vez que había un problema en la organización yo no lo solucionaba. En vez de eso enviaba a uno de mis líderes en desarrollo a que tratara de resolver la dificultad. Después analizábamos cómo solucionó el problema y qué aprendió. Para ayudar en la comunicación, una vez que los líderes terminaban la tarea yo les daba una oportunidad de hablar: a varios grupos, a los líderes, y a toda la organización. Después de eso discutíamos qué estuvo mal y qué estuvo bien, y qué podían hacer la próxima vez para mejorar.

Si yo quería ayudarles a desarrollar su influencia y mejorar su trabajo en equipo les pedía que reclutaran un equipo de voluntarios para un evento o programa, y que trabajaran con ese equipo para conseguir el objetivo. Capte la idea. Cuando usted dirige una organización no se puede enfocar solamente en cumplir la visión o en que se ejecute el trabajo. Cada desafío, problema, circunstancia o iniciativa es una oportunidad para cotejar líderes potenciales con una experiencia de desarrollo de liderazgo que cambiará quiénes son ellos. Trate de pensar en esos términos cada día.

2. Busque inesperados momentos crisoles de los que puedan aprender

Las personas no aprenden cosas solo porque deseamos que las aprendan. Los líderes de Nivel 5 entienden que los momentos de enseñanza llegan a menudo como resultado de "palancas" en las vidas de la gente. Los cambios se dan en las vidas de las personas cuando…

Sufren el daño suficiente que deben soportar (dolor y adversidad),
Aprenden lo suficiente de lo que quieren aprender (educación y experiencia), o
Reciben suficiente de lo que son capaces de recibir (apoyo y capacitación).

Los líderes sabios buscan momentos que caen en esas tres categorías; algunos se pueden crear, pero muchos simplemente ocurren. Los buenos líderes ayudan a la gente que lideran a aprender y a sacar lo mejor de esos momentos, explicándoles la experiencia y haciéndoles las preguntas correctas.

Por ejemplo, cuando las personas describen una pérdida en sus vidas, yo hago más que solo simpatizar con ellas. Les pido que me cuenten qué han aprendido de ello. Esa es la única manera en la vida de convertir una pérdida en ganancia. Mientras más grande la pérdida, más grande la lección potencial y la oportunidad crisol para desarrollo de liderazgo. Todos experimentamos muchísimo más de lo que comprendemos. La labor de usted como líder de Nivel 5 es ayudar a la gente de alto nivel que está desarrollando a dar sentido a lo que experimentan y a encontrar valor en ello.

3. Use sus propios momentos crisol como pautas para enseñar a otros

Todo líder debe recurrir a sus propias experiencias y logros crisol como material para ayudar a liderar a la siguiente generación de líderes. Para hacerlo debe examinar esas vivencias e identificar las lecciones que ha aprendido de ellas. Es muy probable que las experiencias y lecciones que le permitieron eliminar estorbos de liderazgo en la vida de usted ayuden a otros a eliminarles los suyos propios.

> Las experiencias y lecciones que le permitieron eliminar estorbos de liderazgo en la vida de usted ayuden a otros a eliminarles los suyos propios.

Mi recomendación es que dedique tiempo con papel y

lápiz (o computadora) a identificar sus propios momentos crisol. Luego imagine cómo estos podrían ayudar a quienes usted está desarrollando. Estas son las categorías que usé para analizar mis experiencias crisol de liderazgo:

Innovadores

Estas son vivencias que animan a la gente a empezar a desarrollar una cualidad o disciplina. Por ejemplo, cuando en 1972 alguien me desafió a articular un plan concreto de desarrollo personal que yo estaba usando para crecer, y no lo conseguía, me comprometí a adoptar un plan de crecimiento personal y a seguirlo diariamente.

Rompehielos

Estas experiencias ayudan a líderes a seguir adelante después de un tiempo de estancamiento. Por ejemplo, en 1980 tomé la difícil decisión de dejar la organización en que había estado durante toda mi carrera para trabajar en otra que creí que me proporcionaría más oportunidades de alcanzar mi potencial.

Rompe-nubes

Estas experiencias levantan más alto a los líderes, permitiéndoles ver las cosas como podrían ser. Como pastor de una iglesia pequeña comencé a visitar grandes congregaciones y a entrevistar a sus líderes. Esto me brindó visión dentro de un mundo más grande fuera de mi propia experiencia limitada.

Rompe-estorbos

Estas experiencias permiten a la gente tomar una decisión que determinará la dirección de su liderazgo. En 1995 dejé una organización que había dirigido con mucho éxito a fin de iniciar y liderar una compañía propia con potencial ilimitado.

Rompecorazones

Estas experiencias hacen que los líderes hagan una pausa y evalúen dónde están y qué están haciendo. Tuve un infarto en 1998 que cambió toda mi perspectiva de vida, familia, trabajo y liderazgo. Volví mi atención hacia mi salud, y planifiqué cómo viviría a propósito.

Rompe-récords

Estas experiencias son estimulantes, ya que permiten a los líderes romper los obstáculos de su liderazgo. Cuando EQUIP alcanzó su meta "millón de líderes", que había parecido casi imposible cuando la pusimos, me di cuenta que el equipo y yo éramos capaces de más de lo que imaginábamos si trabajábamos juntos.

El propósito de reflexionar y registrar los avances importantes de liderazgo es hablar de ellos con otros líderes potenciales. ¿Por qué los entrenadores hacen que jugadores exitosos del pasado regresen al equipo a fin de contar anécdotas de sus victorias de antaño? ¿Por qué las compañías exaltan a líderes del pasado que levantaron la organización, para convertirlos en leyendas que viven más allá de sus años de servicio? ¿Por qué la iglesia recuerda a los héroes de la fe? ¿Por qué estudiamos a grandes líderes de la historia? En realidad, ¿por qué cuento tantas de mis propias historias? Los líderes hacemos eso porque esperamos que estas anécdotas inspiren a otra generación de líderes a que alcancen su potencial.

Quiero animarle a identificar sus experiencias de grandes avances y a contarlas como historias a los líderes que usted desea desarrollar. Al mismo tiempo, quiero advertirle que algunas personas lo llamarán arrogante o egocéntrico cuando las cuente. No permita que eso lo desaliente. No conozco mejor manera de comunicar importantes verdades a otros. La gente ha estado usando historias para enseñar lecciones de vida durante todo el tiempo que los seres humanos hemos estado en este planeta. Cuente las suyas y ayude a la siguiente generación a tomar sus lugares como líderes.

4. Exponga estas historias a otras personas y organizaciones a las que impactarán

Una de las mejores maneras que descubrí para inculcar cualidades y destrezas de liderazgo en mis líderes en desarrollo era pedirles que entrevistaran a buenos líderes. Hacer preguntas y buscar modos de desarrollar cierta cualidad es una manera maravillosa de hacer crecer a otros. Primero, mi gente debe mantenerse atenta a buscar buenos líderes y organizaciones bien lideradas, lo cual empieza a desarrollarles una conciencia de liderazgo. Segundo, deben tomar la iniciativa (y a veces ser persuasivos) en conseguir la entrevista.

Tercero, deben prepararse para la entrevista, lo cual los hace pensar con mayor profundidad acerca del liderazgo. Cuarto, la experiencia misma de la entrevista pone a mi gente en el mundo del otro líder y los expone a otra cultura que les ayuda a crecer. Y finalmente, analizar la entrevista y hablar al respecto con la persona que les asignó la tarea les ayuda a hacer específicas las lecciones… especialmente si se les exige que implementen y enseñen lo que aprendieron. Muchas veces después de pedir a mis líderes en desarrollo que hicieran una entrevista, estos regresaron diciendo: "Yo creía que esta cualidad de liderazgo era fuerte en mi vida hasta que la presencié en la vida de ese otro líder. Tengo un largo camino por recorrer".

Aprendí de mi padre, Melvin Maxwell, el valor de las experiencias con grandes líderes y organizaciones bien dirigidas. Papá me presentó a Norman Vincent Peale cuando yo estaba en séptimo grado. El Dr. Peale era un excelente comunicador y tenía una actitud positiva. Él hizo una gran impresión en mí que me permitió mantener una actitud positiva. Papá también me presentó a E. Stanley Jones cuando yo estaba en la secundaria. Este gigante de la fe cristiana era misionero, escritor y fundador de un movimiento de renovación. Estas y otras experiencias ante la iniciativa de mi padre marcaron mi vida desde muy joven.

He tratado de emular a mi padre en igual manera tanto con mi familia como con los líderes en mis organizaciones. Por ejemplo, cuando mi hijo Joel tenía dieciséis años, Margaret y yo hicimos arreglos para que conociera a la Madre Teresa en India. La posesión más valiosa de Joe es una foto junto a esta mujer extraordinaria. Y durante la década de los noventa cuando mi iglesia necesitaba expandir su visión para ser desafiada a crecer, llevé a cien de los líderes a visitar la iglesia más grande del mundo en Corea del Sur. Esto les cambió su perspectiva total.

Los líderes en el Nivel 5 tienen acceso a liderazgo, entidades, oportunidades y experiencias que no lo tienen los líderes emergentes. Aproveche todo esto al máximo para beneficio de su gente. Aunque usted aún no se halle en el nivel Pináculo, sí tiene acceso a sitios que no disponen sus líderes. Compártalos. Usted puede brindarles experiencias que les impactarán el resto de sus vidas y que podrían seguir creando ondas de liderazgo en generaciones futuras. No desperdicie esa oportunidad.

Como líder de nivel Pináculo usted no sabe el impacto que se producirá cada vez que desarrolle un líder de Nivel 4. Piense en esto. En la antigua Grecia había un líder llamado Sócrates. Sin duda usted ha oído hablar de él. Quizás le sorprenda saber que aunque este se trataba de un importante filósofo que aún tiene influencia hoy día, Sócrates nunca escribió cosa alguna. Sin embargo, una de las personas a quien él guió sí lo hizo. El nombre de ese líder era Platón. A diferencia de su mentor, Platón fundó su propia academia, donde enseñaba y orientaba a otros líderes y pensadores. Uno de esos jóvenes líderes fue un hombre llamado Aristóteles, quizás el de más influencia moderna entre todos los pensadores y filósofos de la antigua Grecia.

Cuando Aristóteles era joven acudió a él Felipe de Macedonia, quien buscaba un tutor para su hijo de trece años. Ese muchacho era Alejandro, quien se convirtió en uno de los más grandes generales y gobernadores de la historia del mundo occidental. Hoy día lo conocemos como Alejandro Magno. Los expertos discrepan acerca de cuánto tiempo Aristóteles orientó al joven Alejandro, algunos aseguran que fue tan solo un año mientras otros dicen que fueron ocho. Pero parece claro que el estudiante de Platón hizo un profundo impacto en este joven encargado.

Se cuenta que una vez Alejandro y Aristóteles estaban conversando.

—¿Cuánto es uno? —preguntó Alejandro.

La pregunta era muy sencilla, pero el muchacho no era tonto, así que Aristóteles se preguntó cómo debía responder. ¿Debía su respuesta ser filosófica? ¿Matemática? ¿Teológica? ¿Dramatúrgica?

—Mañana te daré una respuesta —replicó el maestro.

Al día siguiente Aristóteles tenía la respuesta.

—Uno puede ser una gran cantidad.

En otras palabras, uno puede hacer un gran impacto, ¡especialmente cuando se es líder! Y en el caso de Alejandro, uno hizo un gran impacto. Antes de cumplir treinta años ya había conquistado el mundo occidental.

Cada vez que usted desarrolla un líder, marca una diferencia en el mundo. Y si desarrolla líderes que aprovechan lo que han aprendido y lo usan para desarrollar a otros líderes, no se sabe qué clase de impacto tendrá usted ni cuánto durará ese impacto.

Guía para sacar lo mejor de usted en el Nivel 5

A medida que reflexiona en las ventajas, desventajas, mejores conductas y creencias relacionadas con el nivel Pináculo de liderazgo, use las siguientes pautas para ayudarle a crecer como líder y desarrollar a otros hasta convertirlos en líderes de Nivel 4.

1. **Manténgase humilde y dispuesto a aprender**: El mayor peligro potencial interno de abrirse paso hasta el Nivel 5 es creer que ya llegó y que tiene todas las respuestas. Eso puede llevar a una arrogancia con el potencial de descarrilar tanto a usted como a la organización. La mejor manera de protegerse contra eso es mantener la disposición de aprender. Para ayudarle a desarrollar y conservar esa actitud, siga estos tres pasos:

   • Escriba un credo de aprendizaje que seguirá todos los días, el cual debería describir la actitud y las acciones que usted adoptará para mantenerse enseñable.

- Encuentre una o más personas más adelantadas que usted en el liderazgo y con quienes se pueda reunir periódicamente a fin de aprender de ellas.
- Dedíquese a un pasatiempo, una tarea o una actividad física que considere digna de su tiempo pero que también lo desafíe en gran manera y lo haga sentir humilde.

Estas tres actividades deberían ayudarle a recordar que no ha llegado y que aún tiene mucho que aprender.

2. **Mantenga centrado su enfoque**: Si usted ha llegado al nivel Pináculo de liderazgo, posee un conjunto de habilidades primarias (un punto óptimo o zona de fortaleza) que obtuvo allí. No permita que lo distraigan en el uso de esas habilidades. Identifique ese punto óptimo central, y redacte un plan para aprovecharlo al máximo en los años venideros.

3. **Cree el círculo íntimo adecuado para mantenerse bien centrado**: Todos los líderes que triunfan necesitan un círculo íntimo de personas que trabajen junto a ellos a fin de lograr la visión, de ayudarles a disfrutar el trayecto, y de mantenerlos bien cimentados. ¿Quiénes son las personas que cumplirán esos papeles en la vida de usted? Identifíquelas e invítelas a entrar en su vida y en su liderazgo. Mi círculo íntimo se ha convertido en una de mis más grandes alegrías en la vida. Esto es lo que les pido que hagan:

- Que me amen incondicionalmente.
- Que me representen según mis valores.
- Que me cubran las espaldas.
- Que complementen mis debilidades.
- Que sigan creciendo.
- Que cumplan sus responsabilidades con excelencia.
- Que sean sinceros conmigo
- Que me digan lo que debo oír, no lo que quiero oír.
- Que me ayuden a llevar la carga, no que sean carga extra.
- Que trabajen juntos como equipo.
- Que me añadan valor.
- Que disfruten el viaje conmigo.

Las personas en mi círculo íntimo me aportan estos aspectos, y a cambio les brindo lealtad, amor y protección; las recompenso económicamente; las desarrollo en el liderazgo; les ofrezco oportunidades; y participo con ellas mis bendiciones.

4. **Haga lo que solo usted puede hacer**: Siempre hay unas pocas cosas que solamente los líderes en la cima pueden hacer por su organización, departamento o equipo. ¿Cuáles son las suyas? ¿Ha dedicado tiempo a pensar detenidamente en eso? Si no es así, hágalo ahora. Y cerciórese que se conviertan en prioridad máxima.

5. **Cree un entorno sobresaliente de desarrollo de liderazgo**: Uno de los factores más importantes en crear una organización de Nivel 5 es desarrollar y

conservar un ambiente donde todo el tiempo se estén desarrollando líderes. Si usted lidera una organización, debe asumir la responsabilidad de crear ese entorno. Elabore maneras estratégicas de crear ese hábitat y de promover desarrollo de liderazgo en cada nivel de la organización. Asegúrese además de liberar a sus mejores líderes para que pasen tiempo desarrollando a otros. Esto no debe ser un extra sino parte de las responsabilidades básicas de ellos.

6. **Cree espacio en lo alto**: Dé una mirada a su organigrama. ¿Hay vacantes disponibles para líderes talentosos que desean ascender? Observe los líderes que están cerca de lo alto del organigrama. ¿De qué calibre son? ¿Cuánto tiempo han estado en la organización? ¿Cuánto tiempo es probable que se queden? ¿Están tan firmemente atrincherados que los líderes talentosos que vienen detrás de ellos en la organización tienen pocas esperanzas de avanzar? Si no hay vacantes y los líderes que usted tiene no están yendo a ninguna parte, entonces no hay espacio en lo alto para otros líderes potenciales. ¿Cómo puede crear espacio? ¿Qué nuevos desafíos puede lanzar a sus líderes principales existentes para que abran sus actuales posiciones hacia otros? ¿Qué clases de expansión o qué tipos de iniciativas podría emprender su organización en que se requerirían líderes adicionales? Si usted no crea espacio en lo alto para líderes en desarrollo perderá gran parte de su fuerza

potencial, y finalmente empezará a perder sus nuevos talentos prometedores y capaces.

7. **Desarrolle sus líderes principales**: Los líderes de Nivel 5 deben dedicarse a desarrollar a los líderes principales en la organización en que trabajan. Cualquier persona que tenga el potencial de liderar tan bien como usted (o incluso mejor) debe estar bajo su vigilancia para darle tutoría personalizada. Empiece con lo mejor de lo mejor. Si usted no está sacando tiempo cada semana para trabajar con estos líderes, empiece a hacerlo hoy. Y asegúrese de utilizar los momentos crisol para desarrollarlos haciendo lo siguiente:

- Identifique las lecciones que todos los buenos líderes deben aprender.
- Encuentre maneras de enseñar cada una de esas lecciones.
- Enseñe a partir de los propios momentos crisol de usted.
- Expóngalos a personas que los impactarán positivamente.
- Capitalice inesperados momentos crisol.

8. **Planifique su sucesión**: Como ya mencioné, Peter Drucker es quien me hizo pensar en quién debía sucederme en mi organización. Antes de su pregunta al respecto, yo sinceramente no había pensado mucho al respecto. ¿Y usted? ¿Ha pensado en quién podría asumir la posición de liderazgo que usted tiene si no fuera a estar más en ese cargo? Si usted ha

desarrollado muchos líderes de Nivel 4, entonces comience a enfocarse en esos pocos que tienen el mejor potencial para reemplazarlo. Si no ha estado desarrollando líderes de alto calibre, entonces empiece a hacerlo. Comience a ayudar a sus líderes de Nivel 3 a avanzar al Nivel 4.

9. **Planee su legado**: Se cuenta que Alfred Nobel leyó su propio obituario, el cual por error se había publicado en el periódico, y que eso lo motivó a cambiar su enfoque de elaborar explosivos a recompensar a científicos y estadistas que abogaran por la causa de la paz y el desarrollo. Nobel reconoció que deseaba crear un legado positivo durante su estancia en la tierra. ¿Qué legado quiere usted dejar? ¿Cuál será el resultado final de sus esfuerzos y de su carrera de liderazgo? No espere a que otra persona le determine el significado de su vida. Identifique ese significado mientras pueda afectar su existencia, y empiece a hacer lo necesario para tratar de cumplir con su legado.

10. **Use el éxito de su liderazgo como plataforma para algo superior**: Si usted es un líder Pináculo, entonces la gente fuera de su organización e industria lo respeta, y además usted tiene una reputación que le proporciona un alto grado de credibilidad. ¿Cómo la usará? ¿Qué oportunidades tiene usted de contribuir a causas más grandes que la suya? Cavile un poco al respecto y luego aproveche su habilidad para beneficio de otros que no están en su esfera directa de influencia.

Retrato de un líder de Nivel 5

Entrenador John Wooden

Mi cumpleaños favorito de todos los tiempos fue el 20 de febrero de 2003. Ese fue el día en que pude conocer y almorzar con uno de mis héroes… no un general, un político ni una estrella de cine. Pasé tiempo con un maestro llamado John Wooden, quien resultó ser el más exitoso y conocido entrenador de baloncesto en el mundo. El hombre enseñó a jugar básquetbol a jóvenes varones en la UCLA y, más importante, a triunfar en la vida. Wooden era un líder de Nivel 5 a carta cabal.

Mi admiración y respeto por John Wooden comenzó cuando yo era solo un muchacho. Como usted puede ver, el baloncesto fue mi primer amor. Nunca olvidaré el día en cuarto grado en que asistí a un partido de básquetbol universitario. Me cautivó. Durante los doce años siguientes jugué baloncesto casi todos los días. Y como yo era gran fanático del juego oí hablar de Wooden. ¡Cómo podía ser de otro modo! Durante su permanencia con los Bruins de la UCLA, Wooden ganó 620 partidos en veintisiete temporadas. Sus equipos ganaron diez títulos de la NCAA durante sus últimas doce temporadas, incluyendo siete consecutivos desde

1967 a 1973. En cierto momento, sus equipos tuvieron una racha de ochenta y ocho victorias sucesivas. Realizaron cuatro temporadas perfectas de 30-0.[1] También ganaron treinta y ocho partidos consecutivos en torneos de la NCAA y un registro de noventa y ocho victorias de local en Pauley Pavilion. John Wooden fue elegido entrenador de baloncesto universitario NCAA del año en 1964, 1967, 1969, 1970, 1971, 1972 y 1973. En 1967 recibió el premio Henry Iba al ser designado entrenador de baloncesto universitario USBWA del año. En 1972 recibió el premio al deportista del año de la revista *Sports Illustrated*. Fue nominado al salón de la fama de básquetbol como entrenador en 1973, convirtiéndose en la primera persona en recibir esa honra como jugador y entrenador.[2] Cuando tuve la oportunidad de conocerlo realmente en persona quedé extasiado. ¡Había admirado al hombre durante casi cuarenta años! ¿Cuán a menudo se tiene la oportunidad de conocer a uno de los más grandes héroes? Y que esto sucediera en mi cumpleaños simplemente lo hizo más placentero.

Un día con el entrenador

Mi día con el entrenador Wooden empezó en su restaurante favorito. Durante los primeros treinta minutos del almuerzo conversamos y nos conocimos. El hombre era muy ameno y de fácil conversación. Al poco tiempo abrí una libreta que había llevado conmigo y pregunté: "Sr. Wooden, ¿le importaría si le hago algunas preguntas?" Yo había pasado varias horas preparándome para mi reunión, puesto que había muchas cosas que quería aprender de él. Después de aceptar amablemente a responder a mis preguntas, con mucha paciencia lo hizo durante las tres horas siguientes, empezando en el restaurante y terminando en su casa, cerca de ese lugar.

John Wooden era más que un maestro y entrenador. Era un filósofo sencillo. Sus pensamientos y teorías se han registrado en docenas de libros. Pero leer acerca de él y conocer sus citas es nada comparado con oírlo departir personalmente. El entrenador destilaba una dignidad interior que me hacía sentir valioso y humilde al mismo tiempo. La sabiduría de sus palabras era amplificada por el extraordinario carácter que manifestaba en su vida. No solo conocí al hombre; lo experimenté.

A medida que el entrenador hablaba yo esmeradamente hacía anotaciones, y sus ideas tenían credibilidad extra para mí porque podía sentir su preocupación por mí y el deseo de ser útil. Integridad, respeto y amabilidad impregnaban todo lo que decía. Su sabiduría era el resultado de haber vivido por sus principios durante noventa y tres años. Aun más sorprendente es que todo lo que este hombre hacía parecía muy natural.

Durante nuestra conversación me mostró una tarjeta muy importante para él. Expresó que su padre se la había dado cuando John tenía doce años (¡lo que habría sido en 1922!). Wooden declaró que la leía a diario, y que siempre hizo todo lo posible por vivir lo que se decía allí. En la tarjeta estaba escrito:

Cómo sacar el máximo provecho de uno mismo

Sé fiel a ti mismo.

Haz de cada día tu obra maestra.

Ayuda a los demás.

Saborea hondamente los buenos libros.

Haz de la amistad un arte.

Construye un refugio contra un día lluvioso.

Pide a Dios orientación y agradécele por las bendiciones
que te da cada día.

Creo que quienes lo conocieron estarían de acuerdo en que Wooden tuvo éxito en seguir el consejo de su padre, y que sus esfuerzos impactaron en gran manera las vidas de muchas personas. Ese día, cuando dejé a John Wooden, me di cuenta que había estado en la presencia de un hombre extraordinario… un verdadero líder de Nivel 5.

Fui afortunado al tener la oportunidad de conocer a John Wooden, y más aun de que durante los siete años siguientes tuviera el privilegio de reunirme varias veces con este hombre y aprender de él… porque aunque de lejos había hecho una gran impresión en mí, de cerca esta se fortaleció aun más. Es más, cuando enseño Los 5 Niveles de Liderazgo y me piden que dé un ejemplo de un líder de Nivel 5, John Wooden es la persona de quien más hablo, porque creo que cualquiera puede aprender extraordinarias lecciones estudiando la vida de este gran hombre. Como pensamiento de cierre de este libro me gustaría mostrar cómo la vida de John Wooden ejemplificó Los 5 Niveles de Liderazgo.

Nivel 1 Posición: La gente lo sigue a usted porque no le queda alternativa

John Wooden entrenó básquetbol durante treinta años. Como todos los líderes, empezó recibiendo una posición de liderazgo y tuvo la oportunidad de sacarle el máximo provecho. Muchos entrenadores confían fuertemente en sus posiciones. Su actitud es: *Yo soy el entrenador; ustedes son los jugadores. Háganlo a mi manera.* Este no siempre es el mejor enfoque a seguir, pero hay momentos en que es apropiado. Y Wooden usaba su posición cuando era necesario, aunque lo hacía con delicadeza.

Por ejemplo, los entrenamientos con el entrenador Wooden no eran largos, pero exigía total atención de cada jugador cada vez que practicaban. Si un jugador perdía el enfoque y aflojaba, el entrenador lo sacaba inmediatamente del entrenamiento.

Wooden me contó una vez que el banco era el poder más grande que un entrenador tenía para sacar lo mejor de sus jugadores. Si no jugaban a la manera de él, usaba su posición como entrenador para ponerlos en el banco y no permitirles jugar en el partido. Eso sucedió con Sidney Wicks, un jugador muy habilidoso de baloncesto en la UCLA. El primer día que Sidney se unió al equipo y entrenó allí, todos se dieron cuenta que era el jugador más talentoso del equipo. Sin embargo, también llegó al programa con una actitud muy egoísta. Quería jugar a su manera y no como el entrenador Wooden requería.

El entrenador dijo que Sidney pasó muchísimo tiempo en

el banco durante su primer año en el equipo. Eso frustró al jugador, porque no jugaba tanto como deseaba. El entrenador me dijo que Sidney preguntaba: "¿Por qué no puedo tener más tiempo de juego? ¡Usted sabe que soy el mejor jugador del equipo!" Wooden respondía: "Así es, Sidney, eres el mejor jugador del equipo, pero el equipo no da lo mejor de sí cuando estás jugando".

> La posición puede hacer que los jugadores se sometan, pero esto no hace ganar campeonatos.

Ser el entrenador del equipo le daba autoridad a Wooden, y debió usar su autoridad, al menos al principio, con alguien como Sidney. Cuando era necesario no dudaba en usar su posición. Pero igual que todos los grandes líderes, el hombre también comprendía las limitaciones del liderazgo posicional y hacía todo lo posible por aumentar su influencia con los jugadores. La posición puede hacer que los jugadores se sometan, pero esto no hace ganar campeonatos. El entrenador sabía que debía actuar en un nivel más alto de liderazgo para que su equipo rindiera mejor, y así lo hizo.

Nivel 2 Permiso: La gente lo sigue a usted porque quiere hacerlo

Una de las heroínas de John Wooden era la Madre Teresa. Muchas veces la citaba, diciendo: "Una vida no vivida para otros no es vida". El entrenador también vivía esas palabras. Construyó fuertes relaciones con sus jugadores, y siempre hizo lo que era correcto para ellos. Por ejemplo, el primer trabajo como entrenador universitario de Wooden fue en el estado de Indiana en 1947, después de su servicio en la Segunda Guerra Mundial en la marina de guerra. Ese primer año su equipo de baloncesto ganó el título de la liga universitaria de Indiana. Como resultado recibieron una invitación al torneo de la Asociación Nacional de Básquetbol Interuniversitario (NAIB, siglas en inglés) en Kansas City. Pero Wooden declinó la invitación. ¿Por qué? En esa época la NAIB tenía una política que prohibía a afroamericanos jugar en el torneo, y Wooden no estaba dispuesto a excluir del juego a Clarence Walker, uno de sus jugadores negros. Sin embargo, el año siguiente cuando el entrenador volvió a ganar el torneo de la liga del Estado de Indiana, aceptó la invitación para el mismo torneo después de saber que la organización había revocado su política de prohibir jugadores afroamericanos. Wooden entrenó a su equipo para el torneo final, donde sus jugadores perdieron ante Louisville. (Ese fue el único partido de campeonato que sus equipos perdieron alguna vez durante la carrera del entrenador.) Y Clarence Walker se convirtió en el primer jugador afroamericano en jugar un torneo postemporada.[3]

Durante su prolongada carrera, las relaciones de Wooden con todos sus jugadores fueron especiales. Y después de que su carrera como entrenador concluyera, mantuvo su vínculo cercano con los hombres que una vez liderara en la cancha. Cada vez que yo lo visitaba, nuestra conversación era interrumpida por una llamada de uno de sus ex jugadores que deseaba saber cómo se encontraba el entrenador. Además, cada vez que estábamos juntos en un auto pedía que nos detuviéramos en la oficina postal para enviar cartas que había escrito en respuesta a personas que le escribían o que le pedían que autografiara algo. Más de una vez me dijo: "Si como líder les escuchas, entonces ellos te escucharán". Él entendía que los líderes oyen, aprenden y luego dirigen.

> "Si como líder les escuchas, entonces ellos te escucharán".
> —John Wooden

Después de su muerte tuve el privilegio de asistir al servicio funerario en su honor en el Pauley Pavilion de la UCLA el 26 de junio de 2010. Su pastor, Dudley Rutheford, expresó:

Durante la última semana de vida le pregunté a John: "¿Recuerdas todos esos autógrafos que firmaste?" Y él contestó: "Sí". (En ese momento no sabíamos cuánto tiempo más iba a estar con nosotros.) Entonces le manifesté: "Entrenador, todas esas personas están orando ahora mismo por ti. Todo ese amor que diste, esa amabilidad que mostraste, esa gente está orando por ti en este mismo instante". Y él sonrió. El entrenador no se sentiría bien hoy de recibir toda la atención que está recibiendo, pero en realidad no tenemos alternativa, ¿verdad? Puesto que nos hemos visto obligados a reunirnos aquí hoy para celebrar la vida de este hombre. Yo rememoraba cómo el entrenador Wooden siempre saludaba generosamente y firmaba… todos los autógrafos que obsequió. Ahora pregunto, y simplemente levanten la mano: ¿Cuántos de ustedes tienen en su poder, en su casa, en su hogar, algo que él les firmara alguna vez? Levanten la mano si tienen algo firmado por el entrenador.

Miré alrededor del coliseo cómo miles de manos se levantaban. Calculo que 80% de los asistentes levantaron las manos. Este fue un reflejo de la amabilidad de Wooden y de su complacencia en que otros se sintieran especiales.

De seguro que el entrenador me hizo sentir especial. Me honró especialmente cuando me pidió que escribiera un prólogo para su libro *A Game Plan for Life* [Una estrategia para la vida]. ¡Qué privilegio! Fue mi oportunidad de hacer algo por alguien que había hecho mucho por mí. Así mismo, me encantó que él ofreciera escribir un prólogo para mi siguiente libro: *Sometimes You Win, Sometimes You Learn* [A veces se gana, a veces se aprende]. Con la ayuda de Don Yeager, co escritor de Wooden, esa fue una de las últimas cosas que escribió antes de su muerte.

El entrenador Wooden tenía un gran toque personal. Cada vez que lo visitaba, después que nos despedíamos, yo bajaba en el ascensor de su condominio y caminaba hasta el área de estacionamiento de visitas. Cuando llegaba a mi auto me daba vuelta y levantaba la mirada hacia el balcón de su apartamento. Y allí estaba él entrenador, observándome salir y despidiéndome con la mano. Ese siempre será mi más preciado recuerdo de él… relacionándose calurosamente como lo haría cualquier buen líder de Nivel 2.

Nivel 3 Producción: La gente lo sigue debido a lo que usted ha hecho por la organización

Los líderes de Nivel 3 producen, y eso sin duda se puede decir de John Wooden. Como jugador y como entrenador, fue un ganador. Aprendió a encestar en un aro que su propio padre le había hecho. Por tres años llevó a su equipo de baloncesto del colegio al campeonato del estado de Indiana, ganándolo en una ocasión. Fue tres veces All-American en Purdue, llevando a su equipo a dos títulos Big Ten y a un campeonato nacional. Y fue admitido en el Salón de la Fama de Naismith Memorial como jugador mucho antes de su admisión como entrenador.

Wooden fue un gran atleta que también participó en muchos deportes. Ganó campeonatos de baloncesto como jugador, pero su más grande hazaña atlética personal podría haber ocurrido en un campo de golf. *Golf Digest* registra a John Wooden como una de las únicas cuatro personas en hacer tanto un "tres bajo par" como un "hoyo en uno" en el mismo partido de golf. Esa hazaña la logró en 1947 en el Country Club South Bend en South Ben, Indiana.

Wooden empezó su carrera como entrenador de secundaria y profesor de inglés. En su primer año como entrenador de baloncesto su equipo obtuvo un registro negativo. ¡Eso es importante porque fue la única época *en toda su carrera de entrenador* que tuvo un historial negativo! En sus once años entrenando jugadores de colegio tuvo un registro de 218-42.[4]

Después de ser entrenador de secundaria en la temporada de 1947-48, Wooden se convirtió en el entrenador principal de la UCLA. Originalmente buscó esa posición en la Universidad de Minnesota, pues él y su esposa, Nell, querían permanecer en el Medio Oeste estadounidense. Y en realidad los Golden Gophers le ofrecieron el cargo, pero él no lo supo hasta después de haber aceptado el trabajo en la UCLA. Y puesto que ya había dado su palabra a la Universidad de California, declinó el ofrecimiento de Minnesota.

El entrenador Wooden transformó el programa de baloncesto de la UCLA en una sola temporada. Antes de su llegada habían perdido la temporada. El primer año de Wooden como entrenador allí, el equipo ganó el campeonato de la división sur de la Liga de la Costa del Pacífico (PCC, siglas en inglés) con un registro de 22-7. Esta fue la temporada con más victorias para la UCLA desde que empezara el programa de baloncesto en 1919.[5] El resto de la carrera profesional de Wooden se ha vuelto algo legendario, con un registro de 885-203 (porcentaje de victorias de .813). Diez campeonatos nacionales. Cuatro temporadas invictas. Denominado siete veces como entrenador del año de la NCAA.[6] Además *Sporting News* lo denominó en 2009 como el entrenador más grandioso de todos los tiempos en cualquier deporte.[7]

Puesto que Wooden había experimentado una profesión tan productiva como líder, me preguntaba qué extrañaría más él acerca de entrenar. Así que le indagué. Su respuesta me sorprendió. "Lo que más extraño son las sesiones de entrenamientos, no los partidos —dijo, y entonces explicó—. Yo deseaba ganar todos los partidos en que jugaba o entrenaba. Sin embargo, comprendí que a la larga ganar o perder no estaba en mis manos. Lo que sí estaba en mis manos era cómo me preparaba y cómo preparaba a nuestro equipo. Según eso juzgaba mi éxito, mis "victorias", lo cual sencillamente tenía mucho sentido". Entonces el entrenador resumió:

"Ganar partidos, títulos y campeonatos no es tan bueno como la gente dice, pero estar allí, en el trayecto, es mucho más bueno de lo que se dice". Esa es la gran perspectiva de un gran líder que siempre produjo en el Nivel 3.

Nivel 4 Desarrollo de Personas: La gente lo sigue debido a lo que usted ha hecho por ella

El entrenador Wooden aseveró: "Éxito es tranquilidad de espíritu que a su vez es resultado directo de la autosatisfacción de saber que usted dio todo de sí para convertirse en lo que es capaz de llegar a ser". Eso es lo que los líderes de Nivel 4 quieren para sí mismos y para quienes lideran: alcanzar su potencial.

> "Éxito es tranquilidad de espíritu que a su vez es resultado directo de la autosatisfacción de saber que usted dio todo de sí para convertirse en lo que es capaz de llegar a ser".
> —*John Wooden*

Así como cualquier líder que he estudiado, Wooden seleccionaba a los jugadores más talentosos que podía hallar y luego los desarrollaba para que se convirtieran en las mejores personas que pudieran llegar a ser. La lista de los miembros de sus equipos de la UCLA es una de "Quién es Quién" entre los grandes jugadores: Kareem Abdul-Jabbar, Bill Walton, Sidney Wicks, Walt Hazzard, Gail Goodrich, Keith Wilkes, Curtis Rowe, Marques Johnson, Dave Meyers y Lucius Allen. Sin embargo, el entrenador se sentía más orgulloso de los logros de sus jugadores en la vida, que de los logros que obtenían en una cancha de básquetbol. El rostro se le iluminaba cuando hablaba de hombres que cumplían responsabilidades en educación, gobierno, religión y comercio. Estos eran individuos que él había desarrollado. Una y otra vez sus jugadores aseveraban que el deseo del entrenador era usar el baloncesto para enseñarles cómo vivir y liderar, no cómo ganar campeonatos.

¿Cómo triunfó el entrenador Wooden tan eficazmente en el Nivel 4? He aquí mi opinión al respecto.

Triunfó en analizar y seleccionar jugadores

El entrenador siempre escogía jugadores que no solo jugaban bien al baloncesto sino que también eran buenos miembros de equipo, buenos estudiantes, y buenos ciudadanos. Lo hacía analizando cuatro aspectos:

- **Expedientes académicos**: Wooden quería buenos estudiantes en su equipo. Creía que el objetivo principal de ellos al entrar a la universidad era recibir buena educación, no jugar básquetbol. Buscaba y encontraba verdaderos estudiantes-atletas.

- **Vida familiar**: El entrenador expresaba a menudo que las prioridades de un individuo deben ser familia, fe y amigos. Y con relación a poner la familia por delante de la fe, decía guiñando un ojo: "Dios entiende". Creo que con eso él quería decir que se aprende mucho del carácter de las personas por cómo se relacionan con sus familias. Por ejemplo, me contó de un viaje de reclutamiento en que él y su asistente visitaron al mejor candidato de colegio en todo el país. El entrenador llevó los papeles de la beca para dársela al joven si la visita resultaba bien. No fue así. Durante la conversación el muchacho se refirió varias veces en forma irrespetuosa a su madre. Wooden salió sin ofrecer la beca. Cuando más tarde el asistente expresó su sorpresa, el entrenador replicó: "Un jugador que no respeta a su madre no respetará a su entrenador".

- **Evaluación variada de entrenadores**: Wooden solía decir: "Si usted puede ver a un jugador solamente una vez, es mejor no haberlo visto nunca". Para tener una clara perspectiva de los muchachos en que estaba interesado, preguntaría a cinco entrenadores que habían enfrentado al equipo de ese jugador: "¿Cuál fue el mejor jugador contra el que usted jugó este año?" Luego hablaría también con el entrenador principal de ese jugador. Solo después de todo eso consideraba evaluar al candidato para ofrecerle una beca.

- **Rapidez**: Los líderes deben considerar siempre qué característica individual es la más importante (después del carácter) para la gente de su equipo. El baloncesto es un juego de rapidez, así que Wooden escogía esa habilidad atlética por sobre cualquier otra. Así es como pudo ganar su primer campeonato nacional con un equipo en que cada iniciador medía menos de un metro noventa y dos. Su objetivo era tener a los jugadores más veloces en la cancha para que tuvieran la ventaja al rotar en la cancha. Razonaba que si su equipo realizaba cinco giros o más que su oponente durante un partido, esto les daría cinco intentos adicionales de anotar, lo cual les brindaría cinco o seis puntos de ventaja. Aquello muchas veces significaba la diferencia entre ganar y perder un partido.

Como todo buen líder, el entrenador Wooden tenía un panorama claro de lo que deseaba en su equipo. En consecuencia, reclutaba a los mejores jugadores, individuos que tuvieran potencial de ser desarrollados y de ganar campeonatos.

Su enseñanza era propicia para el desarrollo del jugador

Como ya he manifestado, no se puede ganar sin buenos jugadores. Pero si se tiene buenos jugadores, aún así es posible perder; para tener una oportunidad es necesario desarrollarlos. En eso John Wooden era inigualable. Su método era tan sencillo que cualquiera lo puede seguir:

1. **Explicación**: *Decirles* lo que usted quiere que sepan y hagan.
2. **Demostración**: *Mostrarles* lo que usted quiere que sepan y hagan.
3. **Iniciación**: Hacer que ellos le *muestren* que saben qué hacer.
4. **Corrección**: Pedirles que *cambien* lo que están haciendo incorrectamente.
5. **Repetición**: Pedirles que lo hagan bien *una y otra vez*.

Después de eso el entrenador dejaba que los resultados hablaran por sí solos. Él solía decir: "Si preparamos adecuadamente al equipo, podrían superarnos, pero nunca perderemos. Siempre ganamos cuando nos esforzamos al máximo en hacer lo mejor que podemos".

> "Siempre ganamos cuando nos esforzamos al máximo en hacer lo mejor que podemos".
> —*John Wooden*

Desarrollaba valores y cualidades en jugadores para ayudarles a experimentar verdadero éxito

Me enteré por primera vez de la pirámide del éxito del entrenador Wooden en la década de los setenta cuando yo era un joven aspirante a líder. Él comenzó a desarrollarla a mediados de la década de los treinta y la finalizó en 1948.[8] Fue entonces cuando se dedicó a enseñarla a sus jugadores, lo cual le brindó una manera concreta de enseñarles lo que consideraba importante. Enseñó esta pirámide a otros hasta su muerte.

Cuando descubrí la pirámide en una revista, la recorté y la pegué en mi estudio para poder revisarla todos los días. Me di cuenta que el interior presentaba cualidades y valores que yo debía adoptar y poseer. Usted los puede ver en la página que sigue.

Como usted puede ver, el entrenador Wooden consideraba que los valores que enseñaba eran mucho más importantes que el básquetbol.

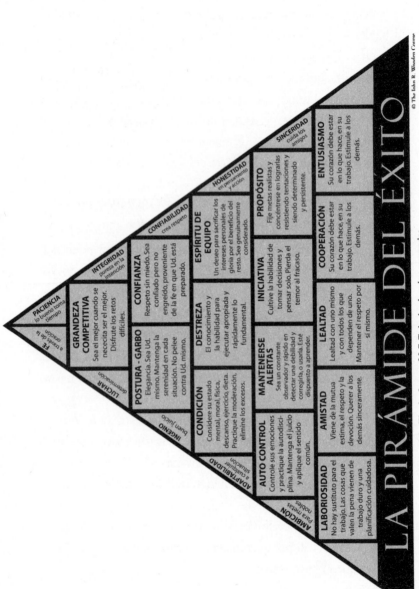

LA PIRÁMIDE DEL ÉXITO

PACIENCIA lo bueno toma tiempo

FE a través de la oración

INTEGRIDAD pureza en la intención

GRANDEZA COMPETITIVA Sea el mejor cuando se necesita ser el mejor. Disfrute los retos difíciles.

CONFIABILIDAD crea respeto

CONFIANZA Respeto sin miedo. Sea confiado pero no engreído, proveniente de la fe en que Ud. está preparado.

LUCHAR determinación

POSTURA - GARBO Elegancia. Sea Ud. mismo. Mantenga la serenidad en cada situación. No pelee contra Ud. mismo.

ESPÍRITU DE EQUIPO Un deseo para sacrificar los intereses personales de gloria por el beneficio del resto. Sea genuinamente considerado.

DESTREZA El conocimiento y la habilidad para ejecutar apropiada y rápidamente lo fundamental.

INGENIO buen juicio

CONDICIÓN Considere su estado mental, moral, física, descanso, ejercicio, dieta. Practique la moderación, elimine los excesos.

MANTENERSE ALERTAS Sea un constante observador y rápido en detectar una debilidad y corregirla, o usarla. Esté dispuesto a aprender.

INICIATIVA Cultive la habilidad de tomar decisiones y pensar solo. Pierda el temor al fracaso.

HONESTIDAD en pensamiento y acción

PROPÓSITO Fije metas realistas y concéntrese en lograrlas resistiendo tentaciones y siendo determinado y persistente.

ADAPTABILIDAD a cualquier situación

AUTO CONTROL Controle sus emociones y practique la autodisciplina. Mantenga el juicio y aplique el sentido común.

AMISTAD Viene de la mutua estima, el respeto y la devoción. Querer a los demás sinceramente.

LEALTAD Lealtad con uno mismo y con todos los que dependen de uno. Mantener el respeto por sí mismo.

COOPERACIÓN Su corazón debe estar en lo que hace, en su trabajo. Estimule a los demás.

SINCERIDAD cuida los amigos

ENTUSIASMO Su corazón debe estar en lo que hace, en su trabajo. Estimule a los demás.

AMBICIÓN para metas nobles

LABORIOSIDAD No hay sustituto para el trabajo. Las cosas que valen la pena vienen de trabajo duro y una planificación cuidadosa.

© The John R. Wooden Course

The Pyramid of Success está protegida por John Wooden Legacy, LLC. Todos los derechos reservados.

Nivel 5 Pináculo: La gente lo sigue debido a quién es usted y qué representa

No tengo duda que el entrenador Wooden llegó al nivel Pináculo del liderazgo. Hay evidencia de esto en todas partes. Desde 1977 el premio al jugador más codiciado del año en baloncesto ha sido el Premio John R. Wooden. Este es el equivalente al trofeo Heisman del fútbol americano, en que el ganador es anunciado durante una ceremonia realizada en el Club Atlético Los Ángeles. Dos acontecimientos anuales de básquetbol masculino llamados el Clásico John R. Wooden y la Tradición John R. Wooden se llevan a cabo en honor a este hombre extraordinario. Además, el 23 de julio de 2003 John Wooden fue a la Casa Blanca donde el presidente de los Estados Unidos lo condecoró con la Medalla Presidencial de la Libertad, el más alto honor de la nación.

Más evidencia en cuanto al respeto que el entrenador Wooden ha recibido de otros se pudo ver en sus honras fúnebres en el Pauley Pavilion de la UCLA. Asistieron miles de personas, entre ellas muchos de sus ex jugadores. Wooden se sentía mucho más orgulloso de los logros de estos después de que dejaban el básquetbol, y esos éxitos constituían un testamento a la habilidad del hombre para desarrollar líderes.

Durante la ceremonia, proyectores resaltaban la vida y los logros de Wooden. Una luz brillaba en su asiento en el coliseo donde había visto jugar a los Osos después de jubilarse. Ahora ese asiento ha sido retirado, y nadie más se volverá a sentar alguna vez allí. Una luz brillaba en la cancha de baloncesto para que todo el mundo observara los nombres de Nell y John Wooden, que es como llamaron a la cancha. Luces brillaban sobre los diez estandartes del Campeonato Nacional que recordaban los máximos logros de este entrenador, lo cual nunca se repetirá en el baloncesto universitario masculino.

Sin embargo, a pesar de todos los logros y premios, la profundidad del liderazgo de Wooden se puede medir mejor por su carácter. El pastor Dudley Rutherford lo resaltó en el sepelio al manifestar:

> Durante el funeral privado de John Wooden le dije a su familia que la grandeza de este hombre no yace en lo que hizo ni en lo que enseñó, sino en quién fue, en su carácter, sus valores, sus convicciones, su fe. Y aunque luchó con algunos problemas de salud durante los últimos años de su vida, ni una sola vez contrajo la malignidad del orgullo. Ningún médico le diagnosticó alguna vez el síndrome del egoísmo. Ningún electrocardiograma reveló rastros de ego, y ninguna resonancia magnética mostró alguna vez la más leve insinuación de prejuicio. Moralmente John tuvo un certificado de buena salud. Espiritualmente fue un hombre humilde que había puesto su fe y su confianza en Dios y en el único Hijo de Dios: el Señor Jesucristo. Y aunque John Wooden nunca fue bullicioso con relación a su fe, tampoco fue odioso con relación a esa fe; nunca se la presionó a alguien, simplemente vivió día tras día confiando, caminando, viviendo y creyendo en aquel que fue su Salvador y su Señor.

Durante el funeral, el locutor Dick Enberg describió que cuando se levantó para irse en su última visita a John Wooden, este le sonrió y se señaló la frente. Enberg describió cómo se había acercado y besado la frente de Wooden, diciendo. "Fue como besar a Dios". Al entrenador le encantaba una cita atribuida a Sócrates: "Te ruego, oh Dios, que yo pueda ser hermoso por dentro". Esa era la oración de John Wooden, y creo que el Señor la contestó.

Al final de las honras fúnebres los asistentes no salieron rápidamente. Pasaron dos horas honrando a un líder fantástico, y después solo deseaban quedarse y disfrutar del ambiente. Creo que muchos pensaban: *Quiero vivir y morir como él lo hizo*. Sé que yo lo pensé.

Muchas veces las personas no descubren lo maravilloso que un líder fue sino hasta que muere. Van al funeral o a las honras fúnebres y se sorprenden al descubrir cuántas vidas más fueron impactadas por esa persona. En el caso de Wooden no tuvimos que esperar para averiguarlo. Jugadores de cuatro décadas de equipos habían recibido el beneficio de su liderazgo, al igual que quienes sucedieron a estos jugadores en la cancha. Y millones más lo habían visto desde lejos mientras llevaba equipos a la victoria. Quisiera ser más como él: dador, cultivador, maestro, entrenador, líder y amigo. Wooden fue sabio, sincero, de principios, disciplinado, humilde, lleno de humor, valiente y fiel. Fue un líder de Nivel 5. El mundo necesita más seres como él.

Notas

Usted puede tener un plan audaz de liderazgo para su vida

1. John C. Maxwell, *Las 21 leyes irrefutables del liderazgo*, Thomas Nelson, Nashville, 2007.

Nivel 1: Posición

1. D. Michael Abrashoff, *It's Your Ship* [Es tu barco] Warner Books, Nueva York, 2002, p. 4.
2. "¿Problemas con encontrar el regalo perfecto para su jefe... qué tal un poco de respeto?", Oficina Ajilon, 14 de octubre, 2003, http://www.ajilonoffice.com/articles/af_bossday-101403.asp, accesado el 25 de septiembre, 2006.
3. Vea *Today Matters*, Center Street, Nashville, 2004, para las doce áreas que enfoco y los hábitos que uso a diario para manejar mi vida.
4. Cartoon copyright © 2010; reimpreso con cortesía de Bunny Hoest.
5. John C. Maxwell, *Liderazgo, principios de oro*, Grupo Nelson, Nashville, 2008.
6. Cartoon copyright © 2001 por Randy Glasbergen.
7. "Estudio Gallup: Empleados comprometidos inspiran a Company Innovation", *Gallup Management Journal,* 12 de octubre, 2006, http://gmj.gallup.com/content/24880/Gallup-Study-Engaged-Employees- Inspire-Company-Innovation.aspx; accesado el 2 de julio, 2010.
8. Marco Nink, "Empleados desenganchados plagan a Alemania", *Gallup Management Journal,* 9 de abril de 2009, http://gmj.

gallup.com/content/117376/Employee-Disengagement-Plagues-Germany.aspx; accesado el 2 de julio de 2010.

Nivel 2: Permiso

1. Janet Lowe, *Jack Welch Speaks: Wit and Wisdom from the World's Greatest Business Leader*, [Jack Welch habla: Ingenio y sabiduría del líder más fabuloso del mundo de los negocios], Wiley, Nueva York, 2007, p. 89.
2. Íbid.
3. "Escuchas activas", Departamento Estadounidense de Estado, http://www.state.gov/m/a/os/65759.htm; accesado el 28 de julio, 2010.
4. Martin Kalungu-Banda, *Leading like Madiba: Leadership Lessons from Nelson Mandela* [Cómo liderar como Madiba: Lecciones de liderazgo de Nelson Mandela], Double Story Books, Cape Town, Suráfrica, 2008, pp. 13–15.
5. Bill Hybels y Mark Mittelberg, *Becoming a Contagious Christian* [Cómo llegar a ser un cristiano contagioso], Zondervan, Grand Rapids, MI, 1996, p. 57.
6. Warren Bennis y Burt Nanus, *Leaders: Strategies for Taking Charge* [Líderes: Estrategias para tomar el control], Harper Business, Nueva York, 1997), p. 52.
7. Mateo 7.12, RVR60.
8. Hadiz de an-Nawawi 13.
9. Talmud, Shabbat 31a, citado en "La universalidad de la Regla de Oro en las religiones mundiales", www.teachingvalues.com, 23 de septiembre de 2002.
10. Udana-Varga 5, 1, citado en íbid.
11. Mahabharata 5, 1517, citado en íbid.
12. Shast-na-shayast 13:29, citado en www.thegoldenrule.net, 23 de septiembre de 2002.
13. Analects 15:23, citado en íbid.
14. Epístola al Hijo del Lobo, 30, citado en www.fragrant.demon.co.uk/golden, 23 de septiembre de 2002.
15. Sutrakritanga 1.11.33, citado en íbid.
16. Íbid.
17. Proverbios 27.6, RVR60.

18. Pauline Graham, ed., *Mary Parker Follett: Prophet of Management* [El profeta de la administración], Beard Books, Baltimore: 2003).

Nivel 3: Producción

1. Joel Weldon, "Los empleos no tienen futuros, las personas sí", *The Unlimited Times*, boletín electrónico, http://cmaanet.org/files/shared/CONTROLLABLES.pdf; accesado el 19 de agosto, 2010.
2. Walt Mason, "El hombre bienvenido", en *It Can Be Done: Poems of Inspiration* [Se puede hacer: Poemas de inspiración], ed. Joseph Morris y St. Clair Adams, 1921, Project Gutenberg, 2004), http://www.gutenberg.org/files/10763/10763-8.txt; accesado el 19 de agosto, 2010.
3. Origen desconocido.
4. Jim Collins, *De buena a grandiosa: Por qué algunas compañías dan el salto... y otras no*, HarperCollins, Nueva York, 2001, p. 139 en el libro en inglés.
5. Henry Ford en entrevista con *The American Magazine*, julio de 1928, vol. P. 106.

Nivel 4: Desarrollo de Personas

1. Drucker, Peter, *On the Profession of Management* [Acerca de la profesión de administración], Harvard Business Review, Cambridge, MA, 2003).
2. George Barna con Bill Dallas, *Master Leaders: Revealing Conversations with 30 Leadership Greats* [Líderes Maestros: Conversaciones reveladoras con treinta grandes del liderazgo], BarnaBooks, Carol Stream, IL, 2009, p. 61.
3. James A. Belasco y Ralph C. Stayer, *Flight of the Buffalo: Soaring to Excellence, Learning to Let Employees Lead* [El vuelo del búfalo: Cómo volar hacia la excelencia y aprender a dejar que los empleados lideren], Warner Books, Nueva York, 1994, p. 19.
4. Everett Shostrom, *El Manipulador*, Bantam, Nueva York, 1980.
5. "El muchacho y el azúcar", Cuentos para niños, Gandhi Memorial Center, Washington D.C., http://www.gandhimemorialcenter.org/for_children, accesado el 8 de abril, 2011.

6. George Barna con Bill Dallas, *Líderes Maestros*, Tyndale, Wheaton, IL, 2009, p. 62.
7. David Sedaris, *Naked* [Desnudo], Back Bay Books, Nueva York, 1997), p. 215.

Nivel 5: Pináculo

1. Collins, *De buena a grandiosa*, p. 29.
2. Robert J. Thomas, "Crisoles del desarrollo del liderazgo", *MIT Sloan Management Review* 49, no. 3, primavera 2008, p. 15.
3. Íbid, p. 16.

Retrato de un líder de Nivel 5

1. "John Wooden: Legendario entrenador, Octubre 10, 1910 — Junio 4, 2010", sitio web oficial de Atletismo en UCLA, http://www.uclabruins.com/sports/m-baskbl/spec-rel/ucla-wooden-page.html; accesado el 24 de septiembre, 2010.
2. "John Wooden: Vida y Tiempos", UCLA, http://www.spotlight.ucla.edu/john-wooden/life-and-times; accesado el 23 de septiembre, 2010.
3. "NAIA Celebra el mes de la Historia Negra: La historia de Clarence Walker", video, YouTube, http://www.youtube.com/watch?v=6TPw7UnCG3g; accesado el 23 de septiembre, 2010.
4. "John Wooden: Legendario entrenador".
5. "Registros temporada por temporada", *Historia de la UCLA*, http://grfx.cstv.com/photos/schools/ucla/sports/m-baskbl/auto_pdf/MBB_History_99-128.pdf,116; accesado el 24 de septiembre, 2010.
6. "John Wooden: Legendario entrenador".
7. "Sporting News: Los cincuenta entrenadores más grandiosos de todos los tiempos en las noticias deportivas", *Sporting News*, julio 29, 2009, http://www.sportingnews.com/ncaa-basketball/story/2009-07-29/sporting-news-50-greatest-coaches-all-time; accesado el 24 de septiembre, 2010.
8. "La pirámide del éxito de Wooden", El curso John R. Wooden, http://woodencourse.com/woodens_wisdom.html; accesado el 24 de septiembre, 2010.